哲学史

仲島陽一

行人社

哲学史／目次

1　序論

（一）哲学とは何か

哲学とは何かと哲学者に問えば、答えは十人十色になる。たいていのことはそうだと言えなくもないが、哲学の場合その違いは激しい。つまり専門家すべてが同意する部分はほとんどなく、対立する部分さえ稀ではない。そこでそれらを説明するとなると、結局この本全体を読んで、個々の「哲学者」が「哲学」をどう考えているかを知ってもらうしかない。しかしそれではあまりに不親切なので、私が「哲学」をさしあたりどう定義しておくかを示すことにしよう。すなわち哲学とは人生と世界についての根本的な考察である、と。たとえば、何のために生きるのか、とか、真理とは何か、とか、すべての出来事は運命なのか、といったものである。これがさしあたりの私の定義であるということで言いたいのは、それに反対する哲学者は山ほどいる、ということである。私がこの定義を選ぶ（他の定義を選ばない）理由をここで全面的に述べることはできない。それは哲学の内容そのものの議論と切り離せないからである。よって全面的でなく、さしあたり必要と考える点だけを補いたい。まず言葉の意味として、ここで言う「世界」とは、「世界平和」とか「世界情勢」と言うときのものでなく、「存在するものの全体」のことである。哲学で「世界」と言うときふつうはこの意味である。一般の人には「宇宙」のほうがこの意味では思い浮かびやすいかもしれず、またその語を用いる哲学者もいるのだが、専門家的には「宇宙」の語は天文学的観点のほうが強く感じられるので、哲学用語としては「世界」のほうが好まれる。次に「根本的な考察」と言うとき、何が「根本的」か曖昧だ、という疑問または批判があろう。曖昧さがあることは認めるが、それでよい、というのが私の答えである。これは客観的な厳密な規定はできない。何が根本的で何がそうでないかのおおまかな区別は誰にもある。（そうでなければ曖昧すぎてよくない。）どこで線を引くかはまったく同じではないが、そのこと自体が哲学の問題であって、哲学の定義自体のなかに、これが「根本的」だと規定しないほうがいいということである。ここでもう出てきているのが、哲学の用語や論理の曖昧さ（厳密さ）の問題である。私は、常識的な言葉遣いや論理を、出発点という意味での前提とする。これにも反対の哲学者はいる。またむしろ「常識を疑う」ことや「無前提」ということこそが哲学の「常識的」イメージかもしれない。しかしこれは哲学の内容のことであり、手法として一切の常識や前提を抜きに始める、ということではない。私は、曖昧さのある言葉は使わないとか、証明された命題しか認めないとかいうことは、不可能と考える。よって言葉の意味も考え方も出発点としてはなるべく常識に沿うようにし、問題が生じるときに検討する、という道筋をとりたい。

（二）哲学は学問か

「哲学」という日本語は「学」の字を含むので、学問の一種であるようにみえる。しかしたいていの教科書や詳しい辞書をみると、「哲学」は（西周がつくった）翻訳語であり、原語（英語なら philosophy）の語源は「知恵への愛」であって、つまり必ずしも学問でなくてもよいことがわかる。とはいえまた、早くもプラトンにはこれを学問的知識と位置付ける考えが現れ、アリストテレス以降では哲学を学問の一つ、学問のなかの学問、第一の学問とさえみるのが主流であった。しかしまた、そうは考えない者もいつもおり、哲学観の違いや対立がある。カントは、哲学についての「世間の観念」と「学校の観念」の二種類に分け、前者を人生の知恵のようなものに、後者を「学問としての哲学」にあてている。私が哲学を、「人生と世界についての根本的な考察」と定義して学問の一種としなかったのは、次のような理由からである。①「学問としての哲学」は不可能と考える。またそれが既にあると認める者はほとんどいない。②現存していなくても学問であることをめざしているという哲学者は少なからずいる。しかしそうめざすべきだという主張にあまり説得力を感じない。哲学をなるべく幅広く考えたい。③私の定義は「学問としての哲学」を排除するものでない。よって私自身の哲学観とは別に、いろいろな哲学観を含む「哲学史」を取り扱うことが可能である。

(三) 宗教と哲学と科学　学問は客観的真理の獲得を目的としている。私はそう考えるが、この命題自体は「客観的真理」ではない。学問とは何かという議論は哲学の一部であり、学問の定義、本質、目的などに関していろいろな説がある。よってこれは私の哲学によるものとしてうけとめて進んでほしい（ただしふつうの人にとっては常識的な観念と思われるので、ここで正当化の議論はしない）。すると哲学が必ずしも学問でないなら、「客観的真理」以外の何を得ようとするのか。わかりやいものとしては「価値」の探求である。何が幸福か、とか、普遍的な善悪があるのか、とかの問題である。それらは学問の内容ではない、と言えば異論もあるかもしれないが、それらは「科学」で扱われない、と言えばほとんど異論はないであろう。**科学**が価値を扱うときは、幸福感と経済的豊かさは相関するか、とか、この民族ではどのような道徳意識が強いか、といった、価値についての事実を知ろうとするのであって、これはすばらしいと思うとかそれは悪いことだというような価値的言明を行うものではない。そして認識内容そのものが問題であって、質量保存の法則やエネルギー保存の法則は誰が言い出したか、誰が証明したかというようなことは直接にはどうでもよい。しかし哲学ではプラトン哲学であるとかヘーゲル哲学であるとかいう固有名詞はたやすく度外視できない。すると哲学はむしろ、法然上人を信じるとかマホメットを最大の預言者として信じるとかの**宗教**とどう違うのか問われよう。哲学は宗教で求められる儀式や制度はないとはいえ、宗教にも「人生と世界についての根本的な考察」を示す部分はある。世界の成り立ちからあれこれの自然現象まで説明を与えたり、生き方死に方について指示を与える宗教まである。内容においても、機能においても、宗教と哲学はかなり重なる。違いとしては、次の二点が挙げられよう。①哲学は「人間的理性」という足場を離れない。宗教は神仏のような人間を超越した存在からの「啓示」を最終的な根拠とする。②哲学も「科学」とは違うので、事実についてであれ価値についてであれ、主観的または主体的な「信念」のようなものが残るが、しかしそれはあくまでそのような信念として示すのであって、宗教と違い、それが絶対的または客観的な妥当性を持つような「真理」「正義」だとはしない。

宗教と哲学と科学とは、この順に生まれた三姉妹のようなものである。求めるところはうんとおおまかには似ている。しかし手法が異なり、時には違いを認めつつ協力もするが、時には他を全面否定する大げんかもある。哲学を学ぶときには、この違いを踏まえる必要がある。自然科学的傾向の強い人は、哲学においてもそれが真か偽かを過度に問題にする。だが少なくとも今日の哲学にはそれは的はずれであり、それゆえそのような諸学は姉の「哲学」から独立した。また社会科学的傾向の強い人は、諸哲学を社会制度や社会的立場に還元して足れりとすることがある。そこに大きな関係があることは私も認めるが、哲学にはそれに還元されない固有の諸問題を扱っているのであり、そこに自らぶつかっていかないでそれを外から「説明」しても哲学したことにはならない。他方で哲学を宗教の代用品のようにとらえる人もいる。哲学にもある種の「信」があり、それによって結果として安心立命などが得られるということはある。しかし哲学そのものはあくまでも人間理性の営みなのであり、その信念を神仏などの超越者からの啓示などとして客観的な「真理」「価値」とすることは許されない。それゆえ哲学は長姉の宗教から独立したのである。だれだれの哲学というのはやめて哲学を科学にしようと努めている哲学者はいる。また哲学の完成は宗教にならざるを得ない、と主張する哲学者もいる。しかしどちらも少数派であり、私自身も賛成しない。なお科学についての哲学である「科学論」や宗教についての「宗教哲学」は哲学の分野の一つである。

(四)哲学と芸術・道徳　では哲学は芸術のようなものとは考えられないか。つまり価値あるものの探求であるとともに、自分が価値と認めたものについての表現行為である、とするなら両者はかなり重なる。実際ロマン派の思想家や、ポストモダンの一部の人は両者の区別を必要と考えない。しかし私は、哲学は学問的である必要はなくても理論的であることは必要と考え、両者を区別したい。芸術の場合、表現者にとって問題なのが表現されたものの内容的価値でなく、その表現効果や表現方法であってもよい。小説の主人公の言動に作者が賛成である必要はない。しかし著者が正しいとかよいとか考えることを書くのではなく、書かれていることが「おもしろい」だけで哲学になるとは考えない。ただ、理論は直観抜きにはあり得ないし、内容と方法が緊密に結びついてどちらかが単なる手段とは言えない場合もある。たとえばモンテーニュやパスカルの作品などで、これらは文芸であるとともに哲学でもある、と言って当然と思う。しかしこれは実在においては両方にあてはまるものもあるということで、概念としては芸術と哲学は別のものだと私は考える。なお芸術についての理論的考察としての「芸術論」または「美学」は無論哲学に属する。

哲学は多かれ少なかれ価値に関わり、価値で大きな部分を占めるのは善悪の価値、すなわち**道徳**である。では哲学は少なくとも一部は道徳なのか。そうでなく、哲学は道徳そのものというより、道徳についての理論的考察（「道徳哲学」または「倫理学」）であると答えたい。哲学などなくても道徳はある。ただ、直観なき理論がないように、哲学など知らないという人の道徳的意識のなかにも考察や反省が無ではないので、道徳と道徳哲学との境目に曖昧さがあってもよいと考える。これをはっきり分けて「学問としての倫理学」をめざす人には二つの場合がある。第一は、道徳的言明（言葉）の論理的分析を行うか、道徳的な意識や行動を「社会的事実」として経験科学的に研究するかで、いわゆるメタレベルの研究である。第二は、道徳規範が学問的に導出できるという立脚点から「規範学」としての倫理学を唱えるものである。私としては、第一のものはあってよいが、哲学の手前にあるか向こうにあるかであって、哲学そのものとは言いにくいと感じる。第二は立脚点に無理があると考えるので支持しない。よって「倫理学」という長年用いられている用語は敢て排斥しないが、それが「学問」であるということは求めない。

(五) 哲学の効能　哲学は何の役に立つのか。これに対し、そもそも「役立つ」とはどういうことか、と言い返すのが哲学である。問い返されたとき、実は自分が「役立つ」ということについて独善的な、あるいは偏狭な観念しか持たず、それに基づいて「役立たない」と切り捨てているだけなのかもしれない、と反省してみてもよい。老子は「無用の用」を説いた。

何の役にも立たないとしたうえで、哲学する人もいる。弱い場合は興味をひかれる、強い場合はやらないではいられない、といった人である。そのような人にとっては、この問いに答えはいらない。強いて応答するなら問いと少しずれるが、こんなおもしろい問題がある、とか、こういう問題は切実に感じられる、といったことを挙げることになろう。しかしそれなら、そうでない人には哲学は無縁なのか、という問いと、そういう人はそれぞれの自己満足で哲学すればよいのか、という問いが起こる。これに対し、万人が哲学を学ぶべきだとか、哲学は自己満足で終わってはならないということを、強い意味での義務とすることはできない。しかし弱い意味での勧告として、哲学にはいろいろな効能があり、したがって単なる自己満足でない効能がある、と言うことはできる。

哲学無用論として、一つは科学主義からのものが考えられる。客観的真理が得られるなら、その学習の必要性や有益性はわかるが、そうでない、ソクラテスはこう考えた、とか、デカルトはこう言った、とかいうことを知ってどうなるのか、と。しかしそうした「哲学者」は、あなたやあなたのまわりの人々とそう違うことを考えているのではない。「人生と世界に関する根本的な考察」は誰でも行っているのであり、哲学者の場合は、それが比較的意識的、明瞭、体系的といった性格を持つだけである。したがって哲学を学ぶことは、自分やまわりの人々の人生観や世界観をよりはっきりと、よく深く知ることに結びつく。そのこと自体興味深い、と思う者も、それを活用する、という者もいるであろう。

もう一つ、哲学なしでも道徳はあり得るということから、では哲学が必要か、という疑問があるかもしれない。知識や思索があれば、本能的・直観的な道徳性に対して、より確かな、あるいはより深い道徳性が得られる、という答えがありそうだが、直接的な意味では私はその考えはとらない。むしろ逆を言いたい。「私は自分がしたいと思っていること〔の善悪〕について、自分の心にきくだけでいい。〔…〕私達が微妙な推論に助けを求めるのは、良心をごまかそうとするときだけなのだ」とルソーは言う（『エミール』第四編）。カントも、倫理学によってはじめて道徳が可能になるというのはむしろ人間精神を侮辱するものだと言う。ではなぜ、という問いに彼は、倫理学は消極的な効用を持つと言う。私なりに敷衍するとこういうことである。人間は本性的に邪悪ではなく、思想や理論がなくても義しく生きられる。しかし現実社会には間違った思想や理論もある。道徳に関しては、科学やある種の宗教と違って、「正しい」思想や理論がただ一つとは私は考えない。しかし「みんな違ってみんないい」とまでは言えず、「悪い」ものもなかにはある。それに動かされて悪くなってしまわないためには、広く学んだり深く考えたりすることが必要なのである。性善説の孟子も、「その放心を求める」工夫として学知の必要を認めている。カルト教団に洗脳されたりしないためにも、哲学は有効である。カルト教団がよくないことや、その悪さはかなり「実によって樹を知る」ことでもわかることは多くの人が認めようが、哲学らしくより異論の余地ある例を出そう。今の日本で特に有害と私が思う考えは、「起こっていることはすべて正しい」や、「人間は本性的に利己的だ」というものである。このような倫理学的自然主義や性悪説は、教科書に出る思想家のなかにも信奉者がいるし、評論家や経営者として名を上げた人が座右の銘として挙げることもある。良識ある人々からは不道徳な意識を示すものとして否定的に使われる「勝てば官軍」を、自著の表題として臆面もなく掲げる「勝ち組」実業家もいる。その意味ではむしろカルト宗教以上に有害であると私は考えている。哲学は神話との闘いとして生まれた（本書第2章）。科学の発達で自然神話の力はかなり弱くなったが、哲学の今日の使命としてこのような「現代の神話」との闘いがあると考える。そのことを含めて、故真下信一先生が説かれたように、「哲学とは哲学することであり、哲学するとは正しく生きることにほかならぬという哲学の古典的な志」（『真下信一著作集』第一巻、青木書店、一九七九年、九〇頁）を、私も継いでいきたいと思う。

(六) 哲学はイデオロギーか　今日の意味での「イデオロギー」という言葉はマルクスに由来する。彼は宗教、道徳、芸術がこれに属するとする。意味されているのは次のことである。①個人の個別的な意識や観念でなく、社会的に共有された意識形態である。「イスラム教」や「男女同権」のような。②科学と違って意識のなかで外界を再現することが問題でなく、外界を価値づけたり自分のふるまい方を決めたりする社会的で主体的な意識形態である。「牛は食べるべきでない神聖な動物だ」とか「豚は食べるべきでない汚れた動物だ」とかは、牛や豚の生物学的なまたは衛生的な性質を問題にしているのでなく、それらの対象の価値づけであり、また共通の価値を持った社会の一員としての自分のふるまい方が問題にされているのである。③経済が社会の土台とすればこれはその上部構造にたとえられ、自存するものではない。④そのあり方は土台のあり方によって制約され、したがってその内側からだけでは説明されつくされない。——以上の意味で哲学もまたイデオロギーであるということは、その後（マルクスの政治思想などには賛成しなくても）多くの人が認めその観点からの研究（「知識社会学」などとも言われる）がなされてきた。シェーラー、マンハイム、ブルデューなどが挙げられる。私も、哲学が少なくともイデオロギーでもあることは認めてよいと考える。

（七）哲学は性格の表れか

哲学の大部分は、「人生観」「世界観」を少し、あるいはおおいに理屈づけたものであるが、この人生観・世界観がその持ち主の（知的産物であるとともに）性格や心理特性の表れでもあると考えられよう。実際、すぐれた心理学者でもあったW・ジェームズは、種々の哲学学説を二系統に分け、それぞれを「軟らかい心の人」と「硬い心の人」に対応させている。すなわち前者は「合理論的」「一元論的」などであり、後者は「経験論的」「多元論的」などとする（『プラグマティズム』岩波文庫）。実際これはかなり妥当すると思われるし、たとえば前者が「理想主義的」、後者が「現実主義的」などと少し変形していくことも可能と思われる。

しかしここで問題なのは、たとえばある人が多元論を主張したり支持したりするのが、硬い（原語で言うと「タフな」）心の持ち主であるということ「に過ぎない」のではないということである。多元論か一元論か（それとも二元論か）という問題の固有の意味を理解したり考えたりすることなしに、「そういう性格だ」と整理するだけでは哲学したことにはならない。これは前節の「イデオロギー」についても言えることで、まとめて言おう。たとえば天台宗や真言宗が平安貴族の宗教であり、歌舞伎や浮世絵が江戸町人の芸術であるという指摘は、それらを理解したり評価したりするのに有益である（道徳を例に出せばよりわかりやすい）。しかしそれらの宗教や芸術はそのようなイデオロギー「に過ぎない」と切って捨てるならば、かなり不十分な理解になろう。イデオロギーの相対的自立性と言われるものである。哲学についても同様である。まずは内在的に哲学固有の論理において理解すべきである。しかしどこかで限界がある。「なぜそう考えるのかわからない」というその限界は、しかしすぐれた哲学であるほど、単に考えが足りないためでない。そのときこそこうした外在的な説明によらざるを得ない。つまり、奴隷所有者階級のあり方がよいものというのが自明になっているから、とか、幼年時代から母との対立が激しかったから、というような社会的、心理的（場合によっては生理的）要因によって「説明」せざるを得なかったりする。だからこうした説明は使うときも使い方が問題である。ある哲学（者）がイデオロギー的に女性蔑視であるとか心理的に女嫌いであるとか言うとき、（そのこと自体は指摘されたり非難されたりするのに値するとしても）それがその哲学のなかで些末なことなのか重大なことなのか、またまわりに受動的に従っているだけなのかその哲学が能動的に強調しているのか、などを考慮に入れなければあまり有効ではあるまい。

（八）哲学をどう学ぶか

カントは、人は哲学を学ぶことはできない、哲学することを学べるだけである、と言っている。これがいちばん大事なことである。つまり、哲学の内容を知識として知るということでなく、哲学的問題を自ら考えるということである。これは諸学でもある程度までは共通である。実験したり実務を体験したりすることは、（「研究」にとってはもちろんだが）「学習」においても必要性や有用性はある。しかし哲学におけるその重要性は程度でなく質的な違いである。たとえば「朝顔の生長」や「交通法規」の知識は、自ら考えることなしの単なる知識であっても、真理である限りは無意味ではない。しかし哲学上の、たとえば「イデア論」や「実存主義」の知識を得たとしても、それが正しい（よい）のか間違っている（悪い）のか、自分はそれに賛成するのか反対するのかをまったく考えなければ、何の意味もないであろう。哲学書を読んで、ある人々は既に自分が考えていた問題を、（より意識的、明瞭、体系的に）見いだすであろうから、哲学者達といわば対決するつもりで、さらに考えていけばよい。またある人々は、そこに示されている考えや、あるいは問題そのものが、新たに接するものであろう。その場合も、「カント倫理学」なり「弁証法」なりについて、知り、理解するだけでなく、それは正しい（よい）のか、自分はそれに（なぜ）賛成（反対）するのかを考えることが、決定的に重要なのである。またある人々は、「哲学」では何が問題とされてそれについてどのような探究や議論がなされるのかはある程度「わかる」が、そもそもそんなことがなぜ問題になるのか「わからない」、あるいはどうでもよいくだらぬことにしか思えないかもしれない。これは理解力が乏しい、つまり愚かということではない。何がおもしろいか、何が美しいか、といったことでは各人の「ツボ」があり、哲学にはまる人もはまらない人もいるに過ぎない。私は先に哲学の効能を述べたが、哲学なしでも立派に生きている人は山ほどいるし、逆に単に哲学に詳しいというだけではすぐれた人とは限らない。

(九) 哲学の内部と外部　再び学び方について

狭い意味での「哲学」(今日の大学の科目としての「哲学」はだいたいこれにあたる) の古典的な内部区分は、「存在論」「認識論」「価値論」に分けられる。より広い意味での「哲学」には、これに「論理学」「倫理学」「美学」が加わることになる。これらは無論関連しているので、哲学を「一通り学ぶ」ためには、これらすべてを多かれ少なかれ学ぶ必要がある。哲学の「概論」的な教科書はほぼそうなっている。そこで、前節で述べたこと以外で「学び方」として次のことが言える。こうした教科書や参考書の類は特に入門段階では必要であろうが、それだけでは哲学の「意味」や「味」はなかなかわからない。自分にとっておもしろそうな、あるいは魅力的に思われる哲学者自身の著作を読むことである。わからないことのほうが多くても、解説に助けられながらでもよい、ともかく実物に直接ぶつかることが重要である。次にざっとでも哲学史を知ることである。すると何を言っているのかまるでわからない哲学や、全然興味を持てない議論や、腹立たしくなる思想や意見にも出会うであろう。当面はそれだけでもいい。自分の (知識や思考力はもとより) 考え方や感じ方も必ずしも「当たり前」のものでなく、いろいろな世界観や人生観があることをうけとめるだけでも意味がある。以上のことは、深く考えることと広く学ぶことと言える。ともに必要であることを、孔子は「学びて思わざればすなわちくらく、思いて学ばざればすなわちあやうし」(『論語』為政十五、文献(3)三三頁。ちなみに『論語』はどの分野を学ぶにしても、というより生きていくうえで誰でも、優先して読まなければならない本であると私は考える）と述べた。「偏る」ことを恐れてはならない。偏っていない人はいない。偏らないことだけを求める人は卑怯者である。しかし自分や他の人がどう偏っているかに無知な人やそのことを理解しようと努めない人は確かに危ない。哲学は自分や他の人の偏りとどうつきあっていくかを考えていく営みである。

哲学の「外部」として、他の文化分野に親しむことも必要である。人文諸学、社会科学、自然科学を広く学ぶだけでなく、そのなかの少なくとも一つは一通り以上に通じることがかなり望ましい。学問はすべて結びつき合っているが、哲学は特に分科の学としての「科学」に対して総合性が求められる知的行為だからである。他の分野が無知に近くて哲学だけを振りまわしても不毛な屁理屈に終わる。また芸術や宗教についても鑑賞や理解にすぐれることは哲学にも有益である。

（一〇）本書について　いろいろな弁明については、敢て述べないことにしよう。一つだけ一般読者に言うとすれば、本書は哲学史の「できるだけ公正な」記述はめざしておらず、目標として中立的ないし「無難な」ことを最重要とはしていないということである。単純な理解の誤りや不足（いろいろあろう）だけでなく、理解の歪みや主張の偏りを含めて、専門家からすれば、あきれるところや憤慨するところがあろう。入門者に対して断っておきたいことであるが、まず「完全に公正な」記述はもとより不可能である。何をとりあげるかということだけでも既に書き手の主観が入る。しかしそれでだめということはない。（小なるものを大なるものにたとえさせてもらえば）二十世紀に一人で書いた哲学史としてラッセルのもの（『西洋哲学史』みすず書房）は有名である。しかしたとえば「バイロン」に一章をあてるということは、他の誰も思いつかないであろう。また「ヒットラーはルソーの帰結で」あるとか、「ヘーゲルの諸学説がほとんどすべて誤りである」とかの記述に、ルソーやヘーゲルの専門家の過半数は、理解不足や誤解による暴論と抗議するであろう。ルソーやヘーゲルを好まない者でさえ、過半数の専門家はこれを少なくとも極論とするであろう。にもかかわらず、この本はすぐれた哲学史に属するものと多くの専門家は評価しており、私もそう考える。つまり哲学とはそういうものなのである。それでも「平均的な」書き方をめざすという方針はあり、そうした本の意味もある。さしあたりそのような知識のほうをより求めている人は、本書は教科書というより参考書の一つと思ってもらえればいい。またそこに特にこだわりがない人も、本書を真理そのものや「定説」として鵜呑みにするのでなく、自分は納得できるか、賛成するか、別の考え方はないか、吟味しながら読んでもらうことを望む。

最後に各章末の文献についてだが、無論網羅的なものではない。挙げられた文献のなかに、より詳しく示しているのもあるし、今はそういうことはネットで調べやすくなったので、十点以内に絞ることにした。またたとえばプラトンやアリストテレスについてなら、まずそれらの「全集」が権威あるテキストとなろうが、専門書・研究書ではないということでそこにもあまりこだわらないことにした。私自身が読んだ日本語のもので、基本的なもの、本文中で引用されたり重視されたりしているもの、そのなかでは比較的読みやすいものをまず考えた。そのような入門者向けの考慮による部分と、私自身の勉強の範囲や、関心や、評価によって選んでいる部分と、両方混じり合った選び方になっている。

文献

（1）ダンハム『現代の神話』（上・下）泉誠一訳、岩波新書、一九五四年
（2）古茂田宏『醒める夢 冷めない夢─哲学への誘惑─』はるか書房、一九九五年
（3）『論語』金谷治訳注、岩波文庫、一九六三年
（4）岩崎武雄『西洋哲学史』有斐閣、一九六一年
（5）三木清『人生論ノート』新潮文庫、一九六七年
（6）フォーラム哲学編『言葉がひらく哲学の扉』青木書店、一九九八年
（7）南伸坊『哲学的』角川文庫、一九八五年
（8）『哲学中辞典』知泉書館、二〇一六年
（9）仲島陽一『共感の思想史』創風社、二〇〇六年
（10）同『共感を考える』創風社、二〇一五年

2　初期ギリシャ哲学

(一) タレス　最初の哲学者はミレトスの人、**タレス**（Θαλῆς, c.624–c.546 B.C.）である。タレスは天体観測を行い、ＢＣ五八五年の日食を予言した（ヘロドトス『歴史』第一巻第七四節）。ある夜観測中にどぶに落ちて女中に笑われたという話は、哲学者の世間知らずを笑うにふさわしい。しかしまた別の挿話では、この観察から当年のオリーブの豊作を予知して圧搾機を借り占めて儲けた（しかし利益は町の人々に分け与えた）といい、ここから、哲学者が保身や金儲けを顧みないのは世間知らずだからではなく、より価値ある事柄に専心しているからだ、と結論する後輩もいる。ともあれ天体観測は昔からオリエント諸国で盛んであったが、占星術という迷信でなく科学的予言（根拠が他人に納得でき、時・所・内容が明確に示された予言）に結びつけたことが重要である。またエジプトで測地術を学び、ギリシャに伝えた。ピラミッドの国であるエジプトでは空間関係の法則性について経験的知識の蓄積はあったが、それを証明しようとは思いつかなかった。しかるにタレスがはじめて簡単な幾何学上の証明を行ったことが、やはり重要である。しかしこれだけなら、タレスは科学と数学の祖であっても哲学の祖とは言えないであろう。

タレスが哲学の祖とされるのは、次の一句による。「すべてのものは水からなる」（DK. 11A12―DKはディールズ・クランツによる断章番号で、文献（1）などに記載）。――いったいこの言葉のどこがすごいのか。というより、こんな命題は間違いではないのか。――いや、第一に、問題の出し方がすばらしい。「すべてのものは何からできているか？」つまり彼はいろいろなものが何か共通のものからできていると考えた。多様性の根底にある統一性を探求しようとした。個々の事実やその理由の知識より、多くの事実を説明する原理の（科学的）知識ほど価値がそれだけ高く、「すべての」事象を統一づける（哲学的）知識は（あるならば）最も価値が高い。（科学は「科」学という語が示すように、現実には「生物」学や「経済」学というように特定の領域の知識である。）第二に、しかし世界全体の統一的説明をめざすものは哲学以前にもあった。それは神話である。「すべてのはじめ」についても神話は語るが、その答え方は異なる。哲学は世界を世界そのものから理性によって説明しようとする。神話のように想像力で虚構をつくることによってではない。哲学は理論として、「怪力乱神」なしで世界を説明するから、神話ほどおもしろくはない。すべてが水からなるという説は間違いであろう。しかし真偽を問題にし得る次元に私達をはじめて導いたことが偉大な功績である。神話はすべて虚偽である。人間は自由を得るためには真理を獲得しなければならない。哲学は真理を得るための神話との闘いである。
（二）ミレトス学派
タレスにおいて意義あるものは「すべてのもとにあるもの（万物の根源）は何か」という問いの出し方であり、弱点は「水」というその答えであった。それゆえ弟子たちは長所を継承し、短所を修正しようとする。弟子**アナクシマンドロス**（'Αναξιμανδρος, 611/0–c.545 B.C.）は「万物の根源は無限定なものである」とした。水という特定の一物質を根源とすることの不自然さや難点を解消しようとした気持ちはわかるが、「無限定なもの」という消極的規定によっては、私達が「根源」（'αρχη）をよりよく知ることには導かないであろう。また彼が複数世界説や進化論を提唱したことは、経験的論拠において不十分とはいえ、すぐれた着想と言えよう。

彼の弟子**アナクシメネス**（'Αναξιμενης, c.585–c.525 B.C.）は「万物の根源は空気である」として、また特定の一物質に戻った。「（空）気」を根源とするのもありがちな発想で理解できるが、「水」と五十歩百歩の感もある。たとえば空気が「濃密化」したのが土だと言っても、言葉の操作以上の説明になっているか、疑問である。

タレスとこの二人はミレトスの人なのであわせてミレトス学派という。なぜ哲学はこの時代にこの地域で起こったのか。当時ここはギリシャの植民市で商業が盛んなところであった。同時期隣接するリュディアにおいては史上はじめて鋳造貨幣がつくられている。ほぼ同時期同地域に哲学と貨幣が生まれたこと、これは偶然ではない。哲学に必要なのは抽象能力であるが、商業が育て、鋳造貨幣において目に見えるものとなるのが、抽象能力である。商業の基礎は交換であり、交換においては感性的に明らかな質的特性を捨象して、価値の担い手という同一性に還元したうえで量的に比較しなければならない。そして価値という抽象物を再び感性的に表示することを使用価値とする商品が貨幣である。貨幣経済においては多様な商品が貨幣を媒介として入れ替わるが、これはまさに諸物が根源物から、また根源物へと変化することと同様であり、この類比をヘラクレイトスは意識していた（DK. 22B90）。

（三）ピュタゴラス　ピュタゴラス（Πυθαγορας, BC6C 後半）については、ミレトス学派以上に不明瞭である。伝えによれば、ミレトスの対岸の島サモスに生まれ、エジプトで学び、クロトン（現イタリア）で教団を組織し、共同生活を営み、町の法律もつくったという。新興宗教の祖であるとともに数学者でもあるというのは一見妙だが、数の神秘主義というのは意外と多い。宗教家としては魂の輪廻を唱え、独自の戒律による「ピュタゴラス的生活」を説いた。数学者としては三平方の定理（ピュタゴラスの定理）の証明はあまりに有名である。哲学者としては「数と数における比が根源である」とした。この「数」とは自然数のことであり、したがってその「比」（ἁρμονια）とは有理数のことである。というよりそれ以外の数を「無理数」（irrational number）と呼ぶのは、そんなものは実在しないというまさにピュタゴラスの考えによる名称である。しかしたとえば直角二等辺三角形の底辺の長さ（等辺が1だとすると$\sqrt{2}$）が有理数でないことは、まさにピュタゴラスの定理によって証明されてしまう。ピュタゴラスはそのことを口にすることを弟子達に禁じたというが（このへんが宗教家だ）、学問の発展はとめられなかった。ところでハルモニアとはより一般的には「調和」であり、「調和」を重視するのはギリシャ思想一般の特徴である。宇宙（κοσμος）の根源が調和だという命題が、すべての現象には合法則性があるという意味なら、科学を促進する統制的原理となる。すべての現象には正当性があるという意味なら、不平不満を抑えつける保守的イデオロギーとなる。最後にハルモニアとは「和音」でもある。弦の長さや穴の距離が自然数の比として単純であるほどよい和音がつくれること（たとえば1：2なら一オクターヴ）に、ピュタゴラスは気付いた。「波動」についての近代物理学が、その理由を解明することになろう。

それにしても根源が「数とその比」とはどういうことか。ミレトス学派が、世界の統一性を一つの物質に求めたことの難点から、それをむしろ形式的（アリストテレスの言う形相的）なものに求めたということか。それが数学的に表されるような法則性とするならば、（ガリレオにも似た）すぐれた発想ではある。それにしてもそこからだけでは世界の内容的・実質的（アリストテレスの言う質料的）側面は出てこない。こちらを捨象ないし少なくとも軽視するのは、彼が倫理思想において身体を否定的にみる「魂」の教説を述べることと通底している。その保守性とともに、彼の哲学は物質的生産に携わる勤労者にはあまり好ましいものではない宗教的観念論だったのではなかろうか。

(四) ヘラクレイトス　**ヘラクレイトス**（Ἡρακλειτος, c.540–c.480 B.C.）はエフェソスの人である。

第一に、彼は再び根源を物質的存在としての「火」に措定する。「根源」が物質だということは**物質論**（materialism、唯物論）である。しかもその物質的世界の外にはどんな存在も認めない点において、神話的思考を徹底して排除している。「この世界は、神であれ人であれ誰かがつくったものではなく、決まっただけ燃え、決まっただけ消えながら永遠に生きる火として、あったしあるしあるだろう」（DK. 22B30）。空間的に世界の「外」がないのと対応して、時間的に世界（全体）は（世界内の諸事象が一時的であるのに対して）永遠である。

第二に、世界内の諸事象（万物）の生成消滅は法則（λογος）に従う。

第三に、「万物は流転する」（παντα ρει.）。静止は相対的なものに過ぎず、たとえば「同じ川」として変わらぬようでも、川とは水の流れにほかならず、その水は（流れている以上は、すなわち「川の」水である以上は）同じものではあり得ない。それゆえ「人は同じ川に二度入ることはできない」（DK. 22B90）。ギリシャ人には、変化は見かけで不変なものが「真の存在」だ（それゆえ後者に対し前者は価値がない、少なくとも低い）、という先入観がみられることが多いが、ヘラクレイトスは諸行無行こそ真相と観じていたようである。

第四に、では変化（生成消滅）の原因は何か。対立である。万物を「永遠の相の下に観る」保守主義者ピュタゴラスが「調和」を原理にしたのと反対に、「戦いが万物の父である」（DK. 22B53）とヘラクレイトスは言う。この言葉は軍国主義時代には政治的に利用されたようだが、無論彼はより深い哲学的意味において、すなわち事物を動かす原理一般としての対立のことを意味している。ただし古代ギリシャ人が実に戦争好きであったことを考えれば、彼が平和主義者であったとも考えにくい。

（五）エレア学派　クセノファノス（Ξενοφανης, c.570–475 B.C.）はイオニアのコロポンに生まれた南イタリアの放浪哲学者である。彼の教説として有名なのは、ホメロスも含む、ギリシャ人の擬人的な神観念の否定である。これもまた神話への痛烈な批判である。およそ認識の発展は脱中心化（décentralisation）の過程である。

パルメニデス（Παρμενιδης, c.515–c.450 B.C.）は南イタリアのエレアの人で、政治家、立法家としても功績をあげたという。彼の言葉で有名なものが二つある。①「有るものはあり、あらぬものはあらぬ」*。

なぜと問うならば、彼は論理学でいう同一律（とその裏返しとしての矛盾律）を挙げるようである。これは「同じ川は同じでない」と言うようなヘラクレイトスとは反対の思想である。ヘラクレイトスにおける矛盾の実在性の承認が変化の実在性の承認に結びつくように、パルメニデスは再び「永遠の相の下に」事物を観る哲学に戻るようである。ただしピュタゴラスの数学的・神秘主義的な「不変」哲学ではなく、論理学的で理詰めにおしていく不変哲学である。②「有ることと考えることとは同一である」。わかりにくい命題であるが、①と関連づければ、「『有る』ということは（『感じる』ことでなく）『考える』ことと一致する」の意のようである。なぜなら感性によってとらえられる諸事物は変化するものであり、その根底の不変の同一物は思考によってしかとらえられないからである。このことは彼の弟子のゼノンの説によってよりはっきりする。

＊「ある」が動詞連体形と連体詞とで紛らわしい場合は、「有る」によって前者を、「或る」によって後者を表記することにする。なお「あらぬ」などとくどい表現をするのは、ギリシャ語には（一般にヨーロッパ語には）端的な述語として使える「ない」という語がなく、「ある」を否定することによってしか「ない」を表せないという（重要と思われる）事実をも表現したいからである。しかしいまことわったので、以下必ずしも反復しない。

ゼノン（Σηνων, 490–430 B.C.）は四つの逆理によって有名である。「逆理」（αποριa）とは、明らかに間違っているように思われるが、論理的には反駁しがたい理屈のことである。①「飛んでいる（ように見える）矢は飛んでいない」。――なぜなら、「飛ぶ」とは異なる二点ＡＢ間の移動である。「飛んでいる（ように見える）矢」は、その飛行時間の任意の時点においては、ＡＢ間のどこかの地点にある、すなわち止まっている。一秒でもその一〇分の一、一〇〇分の一でも長さがある「時間」なら少しでも移動があろうが、長さのない或る「時点」なら或る「地点」にあって移動はない。ところですべての時点においてこのことは言えるから、いつでもこの矢は止まっており、ゆえに飛んでいない。②「仮に矢が飛ぶとしても、ある距離を移動できない」。――なぜなら、AからBに移動するにはその中間点であるCを通らなければならず、AからCに移るにはその中間点であるDを通らなければならず、以下同様に無限の地点を通らなければならない。ところで無限の地点を通過することは、どんなに速くても有限の時間内には不可能である。ゆえにAを出発した矢はどんな時間をかけても任意の他の地点Bに到達できない。③「仮に矢が移動できるとしても、前を進むものを追い越すことはできない」。――なぜなら、足自慢のアキレウスが前を進む亀を追い抜くためには、まずはじめ亀がいた地点（T_0）に行き着く必要があるが、これはある時間をかければ達成しよう。しかしその間に亀も進んでいるから、その時点では亀はやはりアキレウスの前（T_1）にいる。無論より短い時間で彼はT_1にも着くが、やはりそのときには亀はその前（T_2）にいる。以下同様に距離は無限に縮まるが、どこまでいっても亀のほうが前にいることになり、ゆえに追い越せない。（④の逆理は省略。）

以上の逆理の結論は、運動は実在しない、ということになる。こういう理屈を唱える者に対して、犬儒派の哲学者ディオゲネスは、黙って歩いて見せたという。論より証拠で運動は実在する、という心であろうが、常識で済むようなら哲学は、というより理論はいらない。ゼノンはいくらディオゲネスが歩いて見せても、それは運動があるように「見える」ことしか証明していない、と反駁できる。どう見えるかでなくどう有るかを、感覚でなく思考で把握しなければならない、というのがエレア派の挑戦である。そして運動が実在すること、少なくともゼノンの逆理にどんな論理的欠点があるかを示すことが、理論に課せられている。

（六）多元論と原子論　**エンペドクレス**（'Ενπεδοκλης, 492/0–432/0 B.C.）はシチリア島のアゲリゲントゥムの哲学者、政治家、医者、「魔法使い」であり、自己神格化してエトナ火山に投身自殺したという。万物の根源としては二種類に分けて考えた。まず土・水・火・空気の四つの「根」であり、アリストテレスの言う「質料因」にあたる。この四元素自体は不生不滅のものであり、それが集合離散して万物が生成消滅する。集合したときに量において優位な元素が合成物または混合物としての物体の質を規定する。集合離散が位置の移動である点、質の差異を量の差異に還元して説明しようとする点で、これは**機械論**である。次に運動の原因、アリストテレスの言う「動力因」であり、エンペドクレスは、諸元素を集合させる力が「愛」、離散させる力が「憎しみ」だとした。ここにきて現代人を苦笑させるような擬人的説明であり、また異種の元素を集合させることは同種の元素を離散させることであることを考えても、説明になっていないことはわかる。それにしても彼の教えは近代の物理化学の考え方にかなり迫っていることは、先の機械論に加え、元素を一つの物質に求めず複数の元素の結合分離により諸現象を説明すること、物質面だけでなく力ないしエネルギーの面からも考えること、その力をいわば引力と斥力のように反対方向のものとしたことに表れている。

アナクサゴラス（'Αναξαγορας, 500/497–428 B.C.）はイオニア地方のクラゾメナイの出身であるが、二十歳のときアテネに移り哲学を始め、市民から「理性」（νους）と呼ばれた。「太陽はペロポネソス半島よりも大きい」と述べて民衆から馬鹿にされたが、「太陽は燃えている石である」と述べるに及んで彼等の怒りを買った。なぜなら太陽は彼等にとって神アポロだからで、（日本で、天照大神とは燃えている石に過ぎない、と言うように）無神論者として処罰されかかった。民主派の首領として名高いペリクレスは彼の理解者であったが、この庇護者が倒れると身の危険を感じて亡命した。迫害された「進歩的知識人」の第一号と言えよう。彼は万物の根源は無限に多数で多様な姿・色・味を持ち、それ自体は不生不滅の「種子」（σπερμα）であるとした。どの種子を多く含むかで諸物の性質が決まるとするのはエンペドクレス同様であるが、ここでは「元素」よりも「原子」に近い考えになっている。そして機械論がより進んで、質的変化がより積極的に排除されている。そこでそれを補うかのように、動力因として「理性」（νους）が持ちだされるが、機械仕掛けの神のように外からとってつけた感がある。一般に量と質との区別と関連は、哲学上の要点の一つである。機械論が両者の移行をみるのは大きな進歩であるが、質を量に還元したり仮象とみなしたりするならば半面の真理にとどまる。（数学を範型とする哲学はこの弊に陥りやすく、古代ギリシャ哲学は数学を範型とする傾向が強かった。）

　レウキッポス（ゼノンに学んだか）を師とするとされる**デモクリトス**（Δημοκριτος, c.460–c.370 B.C.）はアブデラの人である。彼によれば、万物の根源は原子（ατομον、不可分物）である。原子は不生不滅であり、質的に違いはないが、形・大きさ・重さによって区別される。魂も一種の原子である。彼の**原子論**は、一面ではエンペドクレスやアナクサゴラスの多元論の肯定的帰結であるが、他方ではエレア派の否定的帰結すなわち反駁でもある。運動は実在するのであるから、ゼノンの逆理は論理的に反駁されなければならない。その欠点は無限分割を認めることだとデモクリトスは考える。思考においてはAB間を無限に分けられるかもしれないが、現実にはこれ以上分けられないという最小単位があるというのである。ここで問題になっているのは、連続と断絶との区別と関連という哲学上の要点である。確かに原子は化学的な方法ではもはや分割できない単位であるから、一つの断絶はあるのだが、現代科学ではそれが素粒子に分割できることを教える。すなわち世界には絶対の断絶ものっぺらぼうの連続もなく、両者を統一的に把握する必要がある。もう一つ。ドルトンに始まる近代原子論は、定数比例の法則や倍数比例の法則といった経験的法則から、それらを説明するより一般的な法則仮説としてつくられ（後に実証され）た理論であるが、古代原子論はここにみたようにかなり観念的な理論である（つまり内容上はつながっても根拠においては異なる地盤に立っている）。もう一つの哲学上の要点は、同一性と差異との区別と関連である。エレア派が「存在」の、ヘラクレストスが「生成」の哲学などと言われるのは、この問題に関わっており、両者を統一的に把握しないと（たとえばゼノンのように同一性に固執し運動＝変化を仮象としたりすると）半面の真理（哲学上の虚偽というのはたいてい半面＝全体的でない真理である）になる。この点ではデモクリトスは原子論にできる限りは統一的把握に成功している。ところで運動の実在を認め、かつ機械論的にそれを位置の移動と解するならば、原子が移動できる透き間（空虚）がなければならない。存在するすべては原子からなり、空虚はどんな原子でもないのだから「あらぬもの」である。ゆえに「あらぬものは有るものにおとらずある」とデモクリトスは言う。パルメニデスに対するまっこうからの挑戦であり、これまでの論理からその意図はわかるが、ここで矛盾（と同一律）という新たな、そして現代哲学でも論議中の難問が現れてくる。最後に、この運動の原因は何か。「必然という渦巻」だという。機械論をとれば強い決定論になることは論理的には一貫している。しかし同じ物質論・原子論をとりながら、後のエピクロスは人間の自由を認めるように修正した。デモクリトスの場合は機械論的・「唯物論」的な物質論の典型と言えよう。

（七）まとめと評価　哲学は一つのイデオロギーである。ということは第一に相対的自立性を持つことを意味する。初期ギリシャ哲学における諸々の移り変わりは、それゆえ論理的ないし内在的な移行としてかなりの程度みることができた。その法則性は、富永仲基なら「加上」と言うところだが、むしろ弱点の「否定」と表現したほうがよかろう。そして哲学上の「弱さ」とはふつう単純な虚偽というより一面性であるから、その否定の運動は、全面性への広まりと深まりという方向性を持つ。第二に、しかしイデオロギーは科学ではないから、対象の全面的把握に向かっての発展とは限らず、主体の存在様式の表現でもある。その点では外在的に、たとえば哲学者の性格を心理学的に、あるいはある哲学を支持した社会集団の経済的・政治的な性格を社会心理学的に把握することが、必要となることもある。彼等のほとんどがギリシャの周辺で活躍したことは、レーニンやM・ヴェーバーの辺境革命論を思わせる。

初期ギリシャ哲学の主題は自然であり、したがってそれは主に自然哲学である。それは神話的自然観からの脱却という意味において評価できるが、いまだ自然科学ではなかったという限界を持つ。つまり歴史的意義を持つが、科学の方法が確立した近代以降は内容上の意義は失った。ただ自然哲学としてはかなりよく考えられているので、私達が自然諸科学（それは常に個別的である）の成果に立脚して総合的な世界観をつくりあげまた育てていく（科学は絶えず進歩するゆえに）際に、うまく参照すれば有用ではある。これらの哲学者達は人事や社会について発言していないわけではないが、それは暦の付録にある格言のようなもので、いまだ理論とは言えない。これは彼等が人間社会と他の自然との質的な違いについてははっきりした意識を持っていなかったためと思われる。

文献

（1）『初期ギリシア哲学者断片集』岩波書店、一九七七年
（2）トムソン『最初の哲学者たち』出隆・池田薫訳、岩波書店、一九八四年
（3）ディオゲネス・ラエルティオス『ギリシャ哲学者列伝』（全三冊）加来彰俊訳、岩波文庫、一九八四年、一九八九年、一九九四年
（4）ファリントン『ギリシヤ人の科学』（上・下）出隆訳、岩波新書、一九五五年
（5）吉田洋一『零の発見』岩波新書
（6）アリストテレス『形而上学』（上・下）出隆訳、岩波文庫、一九六一年
（7）斎藤忍随『知者たちの言葉—ソクラテス以前—』岩波新書、一九七六年
（8）藤沢令夫『ギリシア哲学と現代』岩波新書
（9）古東哲明『現代思想としてのギリシア哲学』講談社選書メチエ、一九九八年
（10）ブチャー『ギリシア精神の様相』田中・和辻・壽岳訳、岩波文庫、一九四〇年

3　ソフィストとソクラテス

（一）**社会哲学の誕生**　第2章でみた初期ギリシャ哲学は、自然哲学であった。人間の生き方や社会制度について触れることはあっても、その言説は格言風のものであって理論的な考察とまでは言えない。ソフィストとソクラテスにおいては理論的考察の中心主題はむしろ人間とその社会に移る。この変化はなぜ起こったのか。ギリシャのいくつかのポリスにおける民主政の発達による。伝統墨守の社会や専制政治の下では、倫理や政治などを自由に考察し論議することが困難だからである。しかしこの社会変化はいっきに完成したものでないから、新しい社会哲学は保守的な思想との対立を避けられなかった。またこの新しい社会体制自体、確かにより多くの人々に社会的自由をもたらしたという点では進歩であったが、新興の経済的支配層による道徳的退廃をもただちに導き、それはこの社会哲学にも影響せざるを得なかった。

（二）**ソフィスト**　ソフィストとは本来「知者」の意味であるが、歴史的には古典期ギリシャに現れた、人間社会に関する知識や弁論技術を教えて金銭を得た人々のことである。

(1) **プロタゴラス**（Πρωταγορας, c.490–c.420 B.C.）。無神論者として告訴され逃亡したという。彼の言葉としてきわめて有名なのが、「人間は万物の尺度である」。ここから彼が人間中心主義であることがわかる。

(2) **ゴルギアス**（Γοργιας, c.483–375 B.C.）。不可知論者として知られる。彼の主張は、「①何も存在しない。②存在するとしても、人間によって認識され得ない。③認識されても、伝えられ得ず、説明され得ない」というものだという。

(3) アンティフォン・アルキダマス（'Αντιφων, BC5C）。法を自然法と人為法とに分け、自然法では万人が平等だと説いたという。

(三) ソクラテスの記録　**ソクラテス**（Σωκρατης, 470–399 B.C.）は自らものを書いていない。彼についての記録は、次の三つに限られる。①同時代の喜劇作者アリストファネスの作品『雲』。登場人物として「ソクラテス」が現れる。②弟子クセノフォンの回想録『ソクラテスの思い出』。③弟子プラトンの諸作品。対話篇になっており、登場人物として「ソクラテス」が現れる。

このうちふつうは質・量ともに最も豊かな③が最重視されるが当然であろう。ただしこれは史実の記録書ではないことが注意されなければならない。事実問題としてあり得ない「対話」もあるし、内容的に登場人物「ソクラテス」の口を借りて著者プラトンが自らの哲学を語っていると考えるべきところもある。ではどこが「本物の」ソクラテスで、どこが腹話術人形の「ソクラテス」なのか。そう問いを立てても、「史実の」ソクラテスについての他の資料が乏しいので、決定的には答えられない。ただ専門家の見解としては、概して初期の作品はよりソクラテス其の儘であり、後期の作品はよりソクラテス離れしているというが、これは一般論としても納得しやすいところである。大哲学者といえども、初期ほど師の祖述という面が大きく、後期ほど自説を押し出せるであろうから。この点で②の著者はなまじ自らは独自の思想家ではないだけに、師の説を忠実に伝えているようにも考えられる。しかしそれだけにその深いところがよくわからなかったのではないかという疑問もあり、素朴であるゆえに忠実だとすれば、プラトン化されたものを「真の」ソクラテスとみるのと逆の間違いになるであろう。つまり②と③はうまく組み合わせれば有効かもしれない。これに対して①はソクラテスに対する明らかな誤解を含むうえに、政治的（ソフィストないしインテリやそれと結びついた進歩派への反対）および興業的（登場人物「ソクラテス」を笑い者として喜劇としてウケをとるために戯画化する）意図があるので、一蹴されるために言及されるのが普通である。しかしそれが実際にウケたのは（弟子ではなく）外部からの「ソクラテス」イメージと重なったからこそであり、それはもとより「誤解」を含むが、ソクラテスをはじめから崇める態度でなくなるべく客観的な理解をめざすうえでは意味もあることを、私は後に示してみたい。

『雲』ではソクラテスがソフィストの一人とされている。ゴンドラに乗って現れ（当時としては観客の肝を抜く演出）、天文の観察をして自然を哲学している（題名はここに由来）。他方どら息子の馬道楽（いまならバイク狂でもあろうか）で借金に首が回らなくなった親父がこの息子をソクラテスの学校に送り込む。何でもそこでは屁理屈の力で道理ある相手をも負かせることを教えるというから、それを身に付ければうまく債務を踏み倒せると思ったからである。ところが入学した息子は親の意向に従うどころか、「子が親を殴ることは正しい」というような屁理屈を身に付けててんやわんや……。

(四) 倫理学の祖 ソクラテスは自然哲学者ではないという点で、この戯曲には明らかな誤解がある。彼が関心を持っていた対象は、自然でなく倫理であり、彼は「**倫理学の祖**」と呼ばれる。倫理とは人間の言動の「よしあし」に関する事柄である。彼以前にあった倫理への関心は理論的ではなかった。では理論的な知とそうでない知との違いは何か。それは(アリストテレスが言うように)単に事柄が「何(どう)であるか」を知っているだけか、さらに「何ゆえそうなのか」(根拠)をも知っているかの違いである。たとえば、「子は親に従うべきである」というのは倫理的判断である。(もしこれが正しい判断ならば)それを知っていることは倫理的な知識を持っていることになるが、倫理学的な知のためには、その根拠をも知っていることが必要である。これに対して、「親は子を愛しているから」とか「親は子よりも賢明だから」とか答えられるとして、これらは「正しい根拠」と言えようか。たとえば「愛する(賢明な)者には従うべきであるのか」、「愛さない(賢明でない)親には従うべきでないのか」、といった疑問にはどう答えるべきなのか。これに対して理論的でない立場からは、「ええい、屁理屈を言うな」と反応されようが、ソクラテスは(しかして倫理学者というものは)それでは満足できないのである。

(五) 倫理的よさとは心のよさ こうした倫理の探求が結局のところ至る問いは、「よく生きる」とはどういうことか、ということになる。これに対するソクラテスの答えは、「よい心(ψυχή、魂)を持つ」ということであった。そして心のよさが人間の徳(ἀρετή、卓越性)であるとした。そして彼は、「よく生きる」とは、大金や長寿や、健康で強く美しい身体や、高い地位や権力や、知名度や名声を得ることではない、とし、それらを気にかけてもよい心を持とうとしないのは恥だと言う。そのように言うということは逆に、彼の考えが一般的ではなかったこと、むしろ金銭・身体・地位・評判のほうが、一般の人々にとって「よい」と思われていたことを示している。

ではどういう根拠で、ソクラテスは「心のよさ」こそ大切だと言うのか。ここで重要なのは、彼は金銭・身体・地位・評判などを「悪い」とか、「気にかけるな」とかは言っていない、ということである。たとえば金銭はある意味では「よい」ものであるし、それを得ようと配慮することはそれ自体として「悪い」ことではない。しかし悪い心を持つ人であれば、なまじ大金を持つほうが大きな悪を行ってしまう。つまり金銭は「よい」使い方も「悪い」使い方もできるので、それは持ち主の心次第である。同じことが身体・地位・評判についても言える。要するにそれらはそれ自体として、あるいは絶対的によいものでない。他方よい心はまさにそれ自体としてよいものである。だから私達はすべてに先立って「よい心」を持つように配慮すべきだというのである。

(六) 知徳合一　ではどうしたらよい心を得られるのか。というよりなぜ悪い心の持ち主がいるのか。いやさらに、「悪い心」とは何なのか。たとえば国民全体の利益を図るべき地位にある人が私益を優先させることは「悪い」と言われよう。では彼はなぜその悪を行ったのか。悪の原因については諸説があるが、ソクラテスの考えでは、それは当事者がそれは悪いという(正しい)知識を持たなかったからだ、ということになる。つまり「よい心を持つ」とは「正しい知識を持つ」ということだとされている。これに対してすぐ持ちあがる疑問は、「悪いとわかっていても行ってしまう」こともあるのではないか、ということであろう。そう反論されたら彼はどうするか。「いや、そういう人は本当はわかっていなかったのだ」とがんばるのである。つまりそういう人は、それが法律上や建前上「悪いとされている」こと、または露見すると世人の非難を受けるような行為であることは「知って」いたが、それはそれが本当に「悪いことである」のを「知って」いるのとは別であり、たとえば「それくらいは多くの人が秘かに行っている、だからばれたのは不運だ（または要領が悪い）が行為自体は悪いとは言えない」などと考えている、と言うのである。このようにソクラテスの立場はあくまでも、「心のよさすなわち徳とは（倫理についての正しい）知識（すなわち知恵）である」というものであり、「**知徳合一**」と呼ばれる。そこからすると有徳になるためには知恵を得なければならず、人を徳へと赴かせる力は知恵への愛好、すなわち「哲学」（φιλοσοφια）であるということになる。

（七）哲学の端緒　人は哲学しなければならない。ではどのようにしたら哲学できるのか。というよりなぜ人は哲学しない、すなわち知恵を愛好しないのか。知恵なら既に持っていると思い込んでいるからである。既に所有していると思うものを人は得ようと求めないし、愛好することも少ない。非倫理的な知識については、人は自らが持っていないことを容易に認める。三次方程式の解き方や、ボスニア・ヘルツェゴヴィナの歴史についての無知は、多くの人が認めよう。しかし倫理、すなわち「よい生き方」についてはほとんどすべての人が「わかっている」つもりである。「健康第一」「地獄の沙汰も金次第」「まわりの空気を読んで流れに乗っていけば無難じゃないの」「過ぎたことはくよくよせず前向きに」「強い人にかわいがってもらえるように」等々であり、わざわざ学ぶどころか、こどもや後輩や友達に説教したり助言したりすることさえあろう。それについて「わかっていない」のではないかと思うのは、よほどへこんだときくらいであろうし、またそれは理論的に学ぶべきことだと思うことはまずあるまい。そこで哲学の第一歩は、自らの無知を知ることであるということになる。あるいは無知である自らを知る、と言ってもよいがこれが「**汝自身を知れ**」という格言で表される。

　では人はどのようにして自らの無知を知るか。というよりここで前提となっているのは、人が自らの無知について無知であるということである。「無知の知」に至るには、挫折体験を待つしかないのか。だが「悪い生き方」をまっとうしてへこたれない者もいよう。生を終える間際に、いままでの生き方が悪かったと悔いる者もいよう。眠っていた馬が、獅子に襲われてから目覚めているべきだったと悟っても遅い。せめて耳元の虻によってでも、早く目覚めさせられていたらと望むであろう。

（八）哲学者の役割　このような「虻」はいなかったのか。それがソクラテスであった。彼は自分の無知を自覚していた。それゆえ自らを「知恵者」（σοφος）とか「知者」（σοφιστης、職業的知識人）とは称さず「知恵を愛好する者」すなわち哲学者（φιλοσοφος）であると名乗っていた。ある日デルフォイの神託がある人に「ソクラテス以上に知恵ある者はいない」と告げた。彼はこれを不審に思い、自ら試みてみた。すなわち知恵あると思われる者にあたってみたところ、実は彼等が知恵を持たないことに気付いた。確かに彼等には個別分野の経験的ないし技術的な知識は持っている、舟や詩のつくり方、政治や戦争のやり方などの知識を。しかし彼等にも倫理に関する根拠づけられた知識はないことに気付いたのである。しかも彼等にはこのような意味での自分の無知に気付いていなかったこと、逆にソクラテス自身はこの自分の無知を知っていたという一点で彼等とは違っているということに気付いたのである。こうして彼はおのずから人々に自らの無知を気付かせることになった。またそれを自らの仕事と考えるようになったようである。つまりもともとはデルフォイの銘であった「汝自身を知れ」と神託「ソクラテス以上に知恵ある者はいない」とは、人はまず自らの無知を知らなければならないこと、そしてそれによって知恵を愛し求め（哲学し）なければならないこと、という意味にうけとめたようだからである。

（九）問答法　このとき人に「おまえは無知だ」と、頭ごなしに決めつけても無駄であろう。むしろ彼等は知っていると思っているのだから、むしろこの思い込み（δοξα、臆見）を手がかりとすべきである。たとえばソクラテスは勇気とは何かを人に問う。相手は、そんなの簡単だよ、と答える、戦争で命がけで戦う兵士が持つ性質が勇気だ、と。では、とソクラテスはさらに問う、大きな手術をする者や大きな事業を企てる者には勇気はないのか、と。そこで相手は訂正する、戦争であれどこであれ、大胆さが勇気である、と。ソクラテスはさらに問う、ただの向こう見ずや恐いもの知らずで無謀な戦闘や手術や事業を行う者も勇気があるのか。無論そうではない、と相手はさらに訂正する、「思慮ある大胆さが勇気である」と。以上がソクラテスの**問答法**（διαλεκτικη）の例であるが、ここからわかることをまとめてみよう。

(1)　ソクラテスがいつも問うているのは「…とは何か」ということである。これはすなわち「…」の定義ないし本質を求めているということである。そして実にこれが理論の出発点である。たとえば芸術においてはそうではない。勇気が主題なら、勇敢な一つの行為を絵や詩に表すなり、芝居で演ずるなりすればよい。また問答相手の答えは、まずは実例を挙げるが、これはまったくの間違いではないが、問われていること、すなわち事柄の定義や本質からはずれている。そこでソクラテスの再問はこのずれに気付かせ訂正させることにある。勇気とは武勇であるとするのは（論理学用語を使えば「外延」が）狭すぎるのであり、大胆さだというのは逆に広すぎるのである。これを一般化すれば、物事の定義ないし本質を得るためには、まずそれに属すると思われる実例を集めて、それらが問われていることに対して狭すぎないか広すぎないかを考慮し、ぴったりになったところで共通する性質を考えればよい、ということになる。

(2) 理論活動は白紙から始まるのでなく、臆見の吟味として行われる。臆見を持たないのは新生児くらいであろうし、臆見をいったん方法的に無視してまず明証的な真理から始める、といったやり方をとらない。なお臆見とは根拠づけられていない知識のことであって、内容的には真理であり得、虚偽とは限らない。

(3) ゆえに真理はソクラテスでなく相手が生み出すことになる。ソクラテスは相手自身が真理を生むのを助ける役をしており、彼はこれを「心の産婆術」と称していた。（ちなみに彼の母は本物の産婆であったという。）

（一〇）ソクラテス裁判　さてソクラテスはアテネ市民から訴えられ裁判にかけられることになった。告発理由は、①国家の認める神々を否認し別の神を導入した、②青年を腐敗堕落させた、の二点であった。

①についてソクラテスはきっぱり否認しつつ、そのような誤解を招いたかもしれない事情を説明する。すなわち彼にはある霊（δαιμων）がついており、彼が何かをなそうと、またはなしつつあるとき、やめるようにときおりそれに命じられるため、まわりには奇異にみえるふるまいをするからであろう、と。ところで「霊」は神ではなく、人と神との中間的存在であるから、それを認めることは神々を否認することにはならず、事実彼は国家の宗教を否認したことは一度もない。

②について。彼が青年を含む市民の教育に当たったことは事実であるが、彼等に法律や道徳に背くことを教えたことは一度もなく、たまたま彼の教えを聞いた者のなかから不心得者が出たとしても、それは彼の教えのためにではなく、彼の教えに反してである。

これらの弁明は、しかし裁判員達を動かすことができず、彼は死刑の判決を受けた。

ソクラテスの弁明は論理的には納得できるものであり、それゆえ裁判員達の決定は心理的および社会的に了解されなければならない。まずは、彼の弟子と思われていた若手政治家への社会的反感が不利な先入見となっていた。また確かに彼は、「借金を返さなくてもよい」（↓法律を破ってもよい↓国への不服従）とか、「親を殴ってもよい」（↓親への不服従）とかは説いていない。しかし彼は、なぜ国に、なぜ親に、従うべきなのかを問題にする。しかし保守的な層にとっては、国家の権力や親の権威、伝統とされる秩序には理屈抜きで従うべきであって、「なぜ」と問うことは、むしろそれを揺るがし掘り崩す（自己中の若者を付け上がらせる）ことであった。「太陽は（神でなく）燃えている石である」と言ったアナクサゴラスにもまして、危険な「進歩的思想家」として抹殺すべきであったのだ。思想的反動は、危機の社会の大衆をとらえる。ペロポネソス戦争の敗北、スパルタに対する従属的体制、貨幣経済の進展による格差社会化、これらが当時のアテネの人々の不安や不満をふくらませていた。かくして惰眠を貪りたい馬は、五月蝿《うるさ》い虻をその尾でびしりと打ち殺したのであった。

（一一）脱獄を拒否　死刑判決を聞いた弟子達は、ソクラテスに脱獄を勧め、その手はずも整えた。しかし彼はこれを拒む。法を犯すことは正しくないことだからであり、命惜しさにそうするならば、身体を正義よりも優先していることになり、彼の持論に反する。また死が生よりも悪いというのは臆見に過ぎず、死が何であるか知らないのに臆見に従うことも、彼の持論に反する。かくして彼は従容として刑死した。遺体の処置について尋ねた弟子達に、彼はさらに一喝する。諸君は結局わかっていない、身体よりも心のことを配慮せよ、とあれほど私が言っていたのに、と。七十一歳。

この脱獄拒否の一場に関して二つのことを確認しなければならない。①従来ここで彼が「悪法もまた法なり」と言った、と言われることがあるが、まったくの間違いであり、彼はそんなことを言っていない。そもそも法が悪いのでなく裁判員が誤審したに過ぎない。（「悪法もまた法なり」というのはそれ自体が問題的な命題であり、またこれをソクラテスに帰す誤りがどこからきたのかも興味ある問題であろう。さしあたり戦前の修身の教科書にあったようだ。）②彼は自らの行為を導くものとして、自らの思想を用いている。すなわち彼の知的活動は、ソフィストのような切り売りできる知識または技術として道具的に「役立つ」ものではなく、彼の「生き方」である。およそ倫理のような価値を含む思想の「よさ」は、事実問題のように純理論的または客観的に証明可能なものではなく、最終的にはそれを主体的に「生きる」ことによってしか示せないものである。(逆は言えない。つまり自ら実行していないような思想は価値がない、とは言えない。) ソクラテスはその生と死によって「知行合一」の模範を示した。い得る。

(二) ソクラテスと私達

これによってソクラテスはつまり「哲学(者)」の模範を示した、とも言い得る。わが国の終戦直後の同じような混乱期に、真下信一はかの有名な「主体性論」(一九四七年)で語っている。「哲学である以上は、それは、それによって生きそれによって死ぬことができるような全人格的確信の土台を提供してくれるものでなければならない」(『真下信一著作集』第一巻、青木書店、一九七九年、七七頁)。「哲学とは哲学することであり、哲学するとは正しく生きることにほかならぬという哲学の古典的な志をほんとうに継ぐものは誰でしょうか?」(同九〇頁)。

ソクラテスの刑死は、二千四百年前の一つのエピソードではない。真下は、現代日本のソクラテスとも言うべき、戸坂潤と三木清の獄死の直後にこれを語っている。それでも日本では「思想犯」を認めない新憲法ができて七十年になる(から昔話だ)、と言う楽天的な人には、次の引用をしよう。「なるほど、私達の間では、ソクラテスはけっして毒を飲むことはないでしょう。しかし彼は侮辱的な嘲笑や、死よりも百倍も有害な軽蔑を、もっと苦しい盃で飲むでしょう」(Rousseau, Discours sur les sciences et les arts: *Œuvres complètes, t.3*, Gallimard, p. 15.)。こう書いた者も、笑い者にされるだけでは済まず、後(一七六二年)、著作は禁書・焚書にされ、逮捕状が出て逃亡を余儀なくされ、隠れ家では宗教家に煽られた群集に石を投げられた。そして今日大学では(小学校でさえ)「金になる学問」が優先されて哲学などは追放される。哲学（戦後の個人主義と民主教育）が若者を堕落させたとして、倫理については強制（つまり理屈抜きの押しつけ）が進められ、国（現在の日本の最大のカルト教団である文部科学省が若者の「心」をコントロールしていることについては、三宅晶子『「心のノート」を考える』岩波ブックレット、二〇〇三年、などを参照）も保守政治家（民主党が二〇〇六年に出した教育基本法改定案は、与党案以上に若者の「心」を国家と宗教が統制する内容である）も、メディアや宗教家や占い師も躍起になっている。

哲学者もまたしばらくは、殉教した自らの祖を、己が十字架として背負って歩き続けなければならないのであろう。

文献

（1）プラトン『ソクラテスの弁明・クリトン』久保勉訳、岩波文庫、一九六四年
（2）クセノフォーン『ソークラテースの思い出』佐々木理訳、岩波文庫、一九七四年
（3）田中美知太郎『ソクラテス』岩波新書、一九五七年
（4）出隆「ソクラテスの哲学とその死」（一九三七年）『出隆著作集2 哲学を殺すもの』勁草書房、一九六三年：
または『ギリシアの哲学と政治』岩波書店
（5）『ギリシア喜劇Ⅰ アリストパネス（上）』（『雲』を含む）ちくま文庫、一九八六年
（6）コーンフォード『ソクラテス以前以後』山田道夫訳、岩波文庫、一九九五年
（7）出隆『ギリシャ人の霊魂観と人間学』勁草書房、一九六七年
（8）岩崎允胤『要説西洋古代哲学史』大阪経済法科大学出版部、一九九四年

4 プラトン

（一）生涯　**プラトン**（Πλατων, 427–347 B.C.）はアテネの人である。**ソクラテス**（第3章第三節以下）の弟子になり、二十九歳頃のとき、その刑死にあった。四十歳の頃、はじめてシチリアに旅行した。その際ピュタゴラス教団（第2章第三節）の影響を受けたと言われる。帰国後学校「**アカデメイア**」を創立した。多くの著作を書いたが、それは登場人物「ソクラテス」が他の人物と対話するという形式になっているので、「**対話篇**」と呼ばれる。これがどこまで実在のソクラテスの実際の対話を再現したものでどこまでプラトンの創作であるかを言うことは難しい。ただ概して初期の作品ほど再現的要素が強く、後期になるほど人物「ソクラテス」の口を借りたプラトン自身の哲学が語られる要素が強くなっているとみなされる。これは一般論としても自然であるが、はじめは師説の祖述が多く次第に自らの思索が練られていくと思われるからである。それにしても「初期」「後期」と言っても著作年代が不確定な作品も多く、プラトン以外歴史的ソクラテスの哲学を十分に伝える者が乏しい以上、両者の哲学の区別は常に多かれ少なかれ憶測的であることを断っておかなければならない。還暦過ぎてからまたシチリアに赴くことになる。新たに王となった者の後見役を、その地の友人から頼まれたためであるが、政変に巻込まれ、成果をあげるどころか一時は命も危なくなるところを逃げ帰る結末になった。最大の弟子は**アリストテレス**（第5章）である。しかしその影響はさらに及び、二十世紀のある哲学者は西洋哲学史はプラトン全集の注釈に過ぎない、とした。これは誇張ではあるが、こう言いたくなる者が出るくらい大きな影響を及ぼしたとは言える。

（二）存在論　プラトンの哲学上の出発点はいうまでもなくソクラテスである。ここでソクラテスが常に「…とは何か」ということを問題にしていたことを思い出したい。「…とは何か」の答えになるもの（たとえば「…」が「勇気」なら「思慮ある大胆さ」）を今日私達はたとえば「…」の「本質」と言うが、これをプラトンは「**イデア**」と言った。そして万物の根源（アルケー）はイデアであると考えた。

万物、すなわち諸々の存在は二種類に分けられる。すなわち現象とイデアとである。現象とは感覚の対象となる存在であり、たとえばある勇気ある人や勇気ある行為などである。ところで勇気ある人や行為が存在する以上は、勇気の本質も無でなくある種の存在であると考えざるを得ない。しかし勇気の本質（「思慮ある大胆さ」）は触ったり見たりできる勇気ある人や行為とは違った種類の存在であり、つまり「現象」ではない。「思慮ある大胆さ」は「勇気」のイデアであり、「鳥居強右衛門」や「内部告発」などは「勇気」の現象である。「縦横が不等な四角形」が「長方形」のイデアまたはイデアとしての長方形であり、「この原稿を入力しているパソコンの画面」や「それを印字する紙」などは「長方形」の現象または現象としての長方形である。「火星」や「金星」などは現象としての惑星または惑星の現象であり、「恒星の周囲を回転する天体」はイデアとしての「惑星」または「惑星」のイデアである。このようにすべての存在はイデアと現象との二種類に分かれる。プラトン哲学はこのような二元論である。

ではこの二種類の存在はどのような関係にあるのか。プラトンによれば、イデアが原型であり現象がその模造だという。(それゆえイデアが万物の根源であることになる。)この表現は比喩に過ぎない。諸現象がイデア「からつくられたもの」であり、イデアがそれらの「もとのもの」であることはどう証明されるのか。プラトンはそれを証明はしていないように思われる。彼が行うのはこの二種類の性格づけと価値づけとである。すなわちイデアは普遍的であり永遠であり、諸現象は個別的であり一時的であるとされる。「この長方形の紙」や「あの勇気ある人」などは確かに個別的一時的な存在である。「長方形」「勇気」(というもの、そのもの、一般)はこれに対し普遍的で無時間的というのはわからなくはない。そして普遍的・永遠なものは「完全」であり、個別的・一時的なものは「不完全」であるという。こちらはただちに納得できるものではなく、異論もあろう。事実と価値の混同として、あるいはその価値判断そのものに対して、反対の者もあろう。それについてここでは、事実と価値との分離は近代の考え方であること、普遍性や永遠が価値的にまさるとするのは西洋に一般的な考え方であることの指摘にとどめよう。つまりプラトンはこれらの考え方については反省せずに前提したうえで、イデアは現象に臨在し現象はイデアを分有する、と関係づけたとも言えよう。

(三) 認識論　存在が二種類であるように、認識も二種類となる。すなわちイデアの認識と現象の認識とであり、前者が物事が「何であるか」の、後者が物事が「どう思われる(現象する)か」の認識である。前者が「真の」あるいはすぐれた認識とされるのに対して、後者は（無知ではないにしても）劣った認識とされる。後者は感覚から得られ、前者は理性によって得られる。感覚による認識が個別的・一時的であることは認められよう。しかし普遍的で永遠の認識が「理性によって」得られるとはどういうことなのか。鈴木さんや田中さんのような個別の人間を認識するのは彼等を見たり触ったりすることによってであるが、人間が「何であるか」は確かに感覚では認識できない。それでも個々の人間についての認識「をまとめて」人間とは何かの認識を得るのであり、感覚「だけ」ではないとしても感覚「ではなくて」理性によって認識すると言うべきなのか。言うべきだ、とプラトンは主張する。

　プラトンがイデアの認識すなわち理論知（ἐπιστήμη）の範型としたのは幾何学であった。幾何学は古代ギリシャで確立した学問であり、それを範型とする点で彼はおそらくピュタゴラス教団を継いだのであろう。彼の学園の門には幾何学を学ばざるもの入るべからずと書かれていたという。幾何学とは空間的関係における法則性を探求する学問であり、たとえば二等辺三角形においては底角が等しいことの証明を行う。どう行うか。測って同じだったとか折って重なったとか言っても「証明」にならない。なぜか。（錯覚の可能性などを度外視しても）測ったり折ったりして同じと「見た」ものは「この」二等辺三角形であって、二等辺三角形「一般」ではないからである。では幾何学ではどうするか。二等辺三角形の「定義」から底角が等しくなら「ざるを得ない」ことを論理的に導くことによるので、感覚によるのではない。そもそも幾何の定義ではたとえば線とは「幅のないもの」とされるが、それは書くことも見ることもできないもので、証明に図を使うにしてもそこにある「線」は真の「線」ではない。つまり私達はそこにどんなに細くても「幅」を見てしまうが、証明の際は幅はないもの「として考えなければならない」のである。このような幾何学の方法を、プラトンは理論知一般の方法の範型とした。

これでプラトンが真理の認識を感覚でなく理性によると考えたことがわかったか。まだである。たとえばピュタゴラスの定理が真であることを理性で知るとはどういうことか。証明法の知識はなるほど教師に聞くなり本を読むなりすれば得られる。しかし問題は「見聞き」すればそれが「正しい」ということがどうしてわかるのかということである。無論教師なり教科書なりにある「から」正しいのではない。現に間違うこともあるし、また正しいにしても、正しいからそれらにあるのであって、ではなぜ「正しい」のかは疑問のままである。そこでプラトンは考える。言われたことが「正しい」とわかるからには、真の知識をあらかじめ持っているからであり、両者を比べて同じだから「正しい」と判断できるのだ、と。すなわち私達は理論知については経験に先立つ（アプリオリな）知識を持っているのだと。ではそれを「教わる」ことにどんな意味があるのかと言えば、しかし私達はそれを忘れているので、教師なり教科書なりによって提示されることでそれを思い出すのであると。この**想起**（αναμνησις）説は、その後合理論的な認識論に、とりわけ倫理的認識や美的認識の問題に際して大きな影響を与えていく。

（四）人間論　二種類の認識があるということは人間に二つの原理があることに導く。感覚という機能の主体は狭くは感官であり、広くはそれと結びついた身体である。他方理性の主体は魂であり、感覚と理性が別種である以上、これは身体（の一部としてのたとえば脳など）ではない。こうしてプラトンの人間論は**心身二元論**である。「こころ」と「からだ」が区別されること、両者が時にはちぐはぐであることは、誰でも体験する。「万智ちゃんが欲しいと言われ　心だけついていきたい花いちもんめ」（俵万智『サラダ記念日』）。

しかし問題は、そもそもそれらがもともと別のものであって生きている人間の場合はたまたま結合しているのか、それとも（区別はあっても）どちらかは他方に従属しているのかである。そしてプラトンは前者をとるのだが、この場合もピュタゴラスを受け継いでいる。すなわちピュタゴラスは魂の輪廻を説いた宗教家でもあった。プラトンはその宗教そのものは受け継がないが、心身二元論は「魂の不死」を導くので、むしろ後にキリスト教と習合した。プラトニズムの大きな影響はこのことにもよる。

（五）プラトン的愛　『饗宴』は「愛（ἔρως）とは何か」を題目とした対話篇である。まずは愛の経験的な様相が観察され、美しいとみなす愛する相手との結合欲求が注目される。対話者の一人はこれを、人はもともといまの二人で一体だったのであり、神がそれを引き裂いたので、己れの半身を求め結びつこうとする、と語る（恋人や配偶者を「人のよりよい半分」（one's better half）という表現はこれに由来する）。もとよりこれは神話であり、プラトン自身が文字通りこう信じていたとみなす必要はない。人が個人としては不完全であり、完全性を求めて美しい対象との一体化をめざす欲望が「愛」であるという意味である。ところで完全性には永遠性が含まれていた（第二節）。しかして個人は死すべきものである。その個人が永遠につながろうとする行為が子を得ることである。子を残すことが何らかの意味で「自己」の永遠化だというのは、少なくない人にとってわからないものではなかろう。しかしプラトンはさらに進む。子づくりに至る男女関係は愛としては低次元のものであり、より高次の愛は少年への愛だと言うのである。女性蔑視と少年愛は古代ギリシャの風習であるからプラトンもこれに掉さしているとは言える。しかしこれに彼は身体より魂を優位におくという彼の思想を結びつける。(「精神的な愛」のことをPlatonic loveと言うのはそのためである。)すなわち真の少年愛とは少年の感覚的な美しさへの愛でなく魂を問題にするもので、そこからは確かにこどもは産まれないがより完全なものすなわち知恵が生まれると言うのである。プラトンはその意味でこそ師ソクラテスは「愛の達人」であったと言う。だとすればさらに進んで「知恵への愛」(φιλοσοφια ＝哲学)そのものが最も次元の高い愛であるという結論になる。

(六) **哲学**　哲学とは「知恵への愛」であり、その知恵とは個別的な経験知ではなく普遍的な理論知であり、それは真実在である「イデア」の想起であった。以上を認めるとしても疑問になるのは、「思い出す」とは一度知ったことが前提であり、ではいつ最初に知ったかということである。ここでプラトンの心身二元論を出せば、それは魂の認識であり、魂は本来身体と別の実在であるから、身体と結合する(産まれる)前に「イデアの世界」にいたときに知ったのだ、と答えられる。生まれることでそれを忘れてしまうのであり、身体は魂の牢獄であり墓場であるということになる。哲学によってイデアを想起することとは魂がある意味で身体から分離することであるから、ある種の死であり、哲学とは死の訓練であるということになる。この説明を強く受け入れるほど宗教的・神秘的な性格が大きくなる。しかしこの神話的・比喩的な説明をより合理的に解釈することもできるし、輪廻説同様「イデアの国」がどこかに実在するとプラトンが考えていたかどうかは疑問の余地がある。事実彼は理論知の方法を、分析と総合による弁証論の方法として、合理的に説明しているところもある（『パイドロス』）。人が日常はそれを「忘れている」ことについても、身体を単純に断罪するのでなく、感覚知を（誤謬でなく）仮象として合理的に説明もする（『国家』における「洞窟の比喩」）。とはいえ確かに、仮象を通じて本質へというヘーゲル的な「弁証法」ではなく、プラトンの場合は、洞窟の壁に映ったものの影を見るのではなく、「魂の向きかえ」によって、太陽の光で物そのものを見るのだというように、二元論ではある。

いずれにせよ真理を得た哲学者は、そこでどうするか。別にどうしなくてもよい。プラトンによればそれが最高の価値なのだから。しかし彼はそこで話をやめず、哲学者はもう一度洞窟に戻り、他の人々も真理を見るように働きかけるべきだ、と言う。自己矛盾のおそれをおかしてもひとり悟ってよしとするのでないのはなかなか感動させる。やはり古典期ギリシャの哲学はポリスの哲学であり、「よく生きる」ということは「よき公民（ポリテース）として」ということが当然の前提であったのであろう。身体や金銭のような感性的な「善」でなく「魂のよさ」を真の徳とした師ソクラテスも、それを自ら実践するだけでなく、同胞公民にもそれを説いてやまなかった。しかしその彼は彼等から憎まれ、処刑されてしまった。この悲劇は弟子プラトンにおいても反復されないであろうか。

（七）哲人統治論　ソクラテスはよき公民として生きた。しかし罪人として処刑された。ということは自分がよい公民になるだけでは不十分であるということである。よい国家をつくらなければならないのだ。確かにソクラテスは、よい国家の**制度**を論じることが欠けていた。ではよい国家とは何か。よい個人なら、彼が説いたように、知恵に導かれる人であった。ならばよい国家とは知恵に導かれる国家である。知恵に導かれる国家とは、知恵ある者が統治する国家である。そこで彼は断ずる。哲学者が統治するか統治者が哲学するかしない限り、この世から不幸がやむことはない、と。これは最高度の知的エリート主義であり、民主主義ではない。しかし当時においてこれは過激な、いや奇矯な言葉である。なぜなら当時権力を持っていたのは、血筋による王や貴族であるか、経済力や軍事力に支えられた平民かであって、けっして知者や賢者ではないからである。プラトンの哲人統治説を登場人物「ソクラテス」に語らせている対話篇『国家』において、論敵は「正義とは強者の利益である」と主張している。たとえば王国においては「正義」とは王の利益でありそれに反するのは不忠であり不正であり、アテネのような民主制では「正義」とは多数派の利益でありこれに少数派が逆らうならどんな理屈をつけても不正だ、実にそれだけのことだ、という身も蓋もない思想である。日本式に言えば「勝てば官軍」主義である。そしてこの「力の論理」（英語式ではMight is right.）のほうは、極論というより当時のギリシャの現実政治（real politics）で猛威をふるっていたことは、たとえばトゥキディデスの『歴史』を読めばわかる。またこの対話篇の中でも、「ソクラテス」は絶望的な論戦をしていることを自覚しており、確かにプラトンは理想主義者であるが、甘い夢に酔っている空論家でなく、苦い現実を噛みしめて、なおへたれずに闘う論客であることが伝わる。

（八）身分制国家　さて統治者が哲人であるとすれば被治者は何か。武人と生産者であるという。すなわちプラトンの理想国においては三身分があることになる。そしてそれぞれの身分の「徳」（αλεθη）として、統治者が「知恵」であるように、武人には「勇気」を、生産者には「節制」をわりふる。これは個人の身体においては頭・胸・腹に対応するものであり、この三者の「調和」（ἁρμονία）が国家の「正義」だと言うのである。さらに統治者身分について、プラトンは財産と女性の共有を主張する。以上についてどう考えるべきであろうか。

まずプラトンの「共産主義」を語る（そして批判する）者があるが、これは正しくない。（少なくともマルクス以後の）共産主義は「財産」一般でなく生産手段の共有を考えるものであり、いわんや女性共有論はむしろ女性を生産手段（「子を産む器械」）視するブルジョワ思想として厳しく批判する（『経済学・哲学草稿』）。またそもそもプラトンのこの主張は「統治身分」についてであるが、身分や階級の廃止をめざすのが共産主義である。民主制にさえ反対するプラトンのこの共有論は、むしろ彼の国家主義（現実または建前としてのスパルタの影響が強い）からくるものと言うべきである。（共産主義は国家の死滅をめざすが、これはプラトンには思いもよらぬことであろう。）三身分制は、建前としては当時の良識に過ぎないかもしれない。「職分」としては今でもある程度そうだろう。たとえば「武人」には「知恵」が要らないのかと反問されれば、文民統制とは、自らの「知恵」は（職務では）統治者の知恵に従属する限りでだけ使うべきであり、裁判所の決定を「そんなの関係ねえ」と無視するような司令官は最悪であろう。しかし民主主義ではそのような武人でも、一公民としては統治者の選定や罷免に対して権利を認めており、したがって彼の「知恵」は単に専門家としてのものにとどまることはできない。言い換えれば民主主義の実行には、国民各々が、専門的能力とともに統治能力を、全体を「調和」させる能力を持つことが必要である。プラトンの身分制国家論は、各人が生得的に限定された能力を持っているという思想と結びついている。ここでも彼はその正当性を神話的にしか根拠づけていないが、今日でも信じる者はあろう。「科学的」DNA神話なども、エリート教育や落ちこぼし教育や格差社会を正当化するイデオロギーとしてよく使われるのであるから。しかしこの神話は既にアダム・スミスが反駁している。「人々の生得の差異は、私達が認めているよりも実ははるかに小さいものであり、〔…〕多くの場合、差異は分業の原因というよりもその結果なのである。たとえば哲学者と街頭のありふれた荷運びとの差異にしても、生得のものからよりも、習癖・習慣および教育から生じるように思われる」（『諸国民の富』第一篇第二章）。ただしスミスは分業の（弊害面の認識が弱くしたがって）その止揚を考えないので、（彼の場合では地主・資本家・労働者の三）階級の克服でなくその「調和」という展望にとどまってしまい、その点ではプラトンに舞い戻る。ただ違いを考えれば、スミスの「階級」は分業の結果として流動的であり社会自体の流動性（発展）と結びついて考えられているが、プラトンの「身分」は分業の原因として固定的であり社会自体の固定的理想と結びついている。この思想の原因として社会変化を望まぬ社会層の利益を挙げるイデオロギー論的説明だけで不足なら、事柄を永遠ノ相ノ下ニ観ル幾何学的精神をも挙げられよう。

民主主義をよしとする現代人としては、勿論プラトンの哲人統治説および身分制国家論には賛成できない。しかしだからといってプラトンの政治思想を単に捨て去るのはもったいない。むしろ私達はそれをつくりかえて再利用すべきであろう、確かに知恵ある者が統治すべきであり、そしてすべての国民が哲学者＝統治者になるべきなのであると。（ダンハム『鎖につながれた巨人』（上）岩波新書、一四頁、参照。すぐれた哲学入門書である。）おそらくこの主張は『国家』における登場人物「ソクラテス」が見舞われるに劣らぬ「大波」を覚悟せねばなるまいが。だがこうした再利用の実例として、次にカントをみてみよう。

（九）観念論と理想主義　カントは言う。「プラトンの説く『国家』は、暇な思想家でもなければ思いつきそうもない夢想的な完全性を標榜する著しい実例として諺にまでなっている。〔…〕しかし私達はこの思想をもっと追求し、また（このすぐれた思想家が私達にもはや助力を与えないところでは）自ら思索の労を新たにするほうが〔…〕こんな思想はとうてい実行できないというきわめて情けないしかも有害な口実を設けてまったく無用と棚上げするよりましだと思う。各人の自由を他のすべての人々の自由と共存させ得ることを旨とする法にしたがって制定され、人間の最大の自由を主眼とする社会体制は、少なくとも一つの必然的な理念〔イデア＝イデー〕である。〔…〕これほど完全な状態の実現は期しがたいにしても、こうした最大の完全を原型として提示し、これにしたがって人類の立法制度を最大の完全へできるだけ近づけようとするこの理念は確かに正しいのである」（『純粋理性批判』B372-374）。

プラトンのイデアの哲学（idealism）は「観念論」としては確かに批判されるべきであろう。しかし「理想主義」としては、受け継ぎつつ発展させていくべきである。最悪の意味での「現実主義」である「勝てば官軍」、裏から言えば「長いものには巻かれろ」は、最も有害な思想である。こうした最悪の思想家ニーチェはそれゆえプラトンの理想主義を批判する。こうした思想に対しては根絶に向けて全力を尽くしたいと思う。誤解されないように付け加えれば、私は寛容を方針とするので、向こうから暴力や強制力を使われない限り、その「論敵」を物理的ないし政治的に消そうとしたり同席しないとかいう意味ではない。ただその思想をなくしたいと思うのであり、あなたも同じ志を持ち、ともに闘ってもらいたいと思っているのである。

文献

(1) プラトン『饗宴』久保勉訳、岩波文庫、一九六五年
(2) 同『パイドン』村治能就訳、角川文庫、一九七八年
(3) 同『ゴルギアス』加来彰俊訳、岩波文庫、一九六七年
(4) 同『テアイテトス』田中美知太郎訳、岩波文庫、一九六六年
(5) 同『パイドロス』藤沢令夫訳、岩波文庫、一九六七年
(6) 同『メノン』藤沢令夫訳、岩波文庫、一九九四年
(7) 同『国家』(上・下) 藤沢令夫訳、岩波文庫、一九七九年
(8) 斎藤忍随『プラトン』岩波新書、一九七二年
(9) バーネット『プラトン哲学』出隆・宮崎幸三訳、岩波文庫、一九五二年
(10) ブラック『プラトン入門』内山勝利訳、岩波文庫、一九九二年

5　アリストテレス

（一）**生涯**　**アリストテレス**（'Αριστοτέλης, 384-322 B.C.）は古代ギリシャ最大の哲学者である。新興国マケドニアに生まれた。父は王フィリッポス二世の侍医。BC三六七年頃アテネに出、**プラトン**（第4章）の主宰する学校アカデメイアに入学し、最大の弟子となる。BC三四七年頃、プラトンの死によりアカデメイアを出て各地を遍歴。BC三四二年、フィリッポス王に招かれ、BC三四〇年頃まで王子（後のアレクサンドロス大王）の教育にあたった。BC三三五年、アテネに戻り、学校「リュケイオン」を創設した。多くの弟子を教え「逍遥学派」の祖と呼ばれた。また初期の著作は師プラトン同様対話体で書かれたが、残念ながら残されていない。今日読める彼の「著作」は弟子がまとめた講義録である。研究範囲はほとんど森羅万象に及び、「万学の祖」と呼ばれる。

BC三二三年、アレクサンドロス大王の死を契機にアテネで反マケドニアの機運が強まり、市民から瀆神のかどで訴えられた。彼は「再びアテネ人に哲学を冒瀆させないため」とソクラテス裁判を諷しつつエウボイアに亡命した。翌BC三二二年、胃の病で死去。遺書はきわめて周到に死後の指示がなされており、性格を示している。

　二十年間プラトンの下に学んだのであるから、彼の哲学がプラトンの大きな影響を受けていることは当然である。しかし結局彼はその亜流とはならなかった。ここにきわめて興味深い問題が現れる。「哲学」と言われるのは実は「誰々の」哲学として存在するが、では「彼の」哲学を決めるのは何か、換言すればなぜ数多の諸哲学が存在するのか、という問題である。無論ここで全面的には答えられない。一つの要因として「彼が誰に学んだか」があることは事実である。だが他に当人の「持って生まれたもの」の要因もある。アリストテレスは医者の子である。臨床医はまず目の前の病人をよく観察することが重要である。「逍遥学派」の名は、一説には、彼が戸外に出て気象や生物、人々やそのなりわいを実際に観察させたことからきたともいう。また医師の対象は動き成長し衰える生き物であり、アリストテレスの学問のモデルは生物学である。頭の中の論理操作を重視する幾何学をモデルとし、詩人的直感にすぐれたプラトンとは、「持って生まれた」資質が異なる。プラトンとの共通性と違いを意識しながら整理すると、アリストテレスの哲学はより把握しやすくなる。またこの二大哲学者をそのように理解できれば、この二人だけでなく、哲学全体を対照的な典型を通じて把握する道も開ける。ラファエロの名画「アテネの学堂」では、天を指差すプラトンと地を示すアリストテレスが並んでいる。理想主義と現実主義の二大巨匠が意味されている。

(二) 人間の活動　アリストテレスは人間の活動を三つに分けた。第一が**観想**（θεωρια）である。内容からは学問と言ってよい。第二は**実践**（πραχυς）である。内容からは政治と言える。第三は**制作**

（ποιησις）である。基本は経済だが、付随的に文化も入る。

これは少なくともそういう分類もできると納得できるものであるが、アリストテレスはこの三つに価値の序列もつける。制作（米作りや道具作りなど）が最も低くおかれる。なぜなら経済は人間の生物的生存を目的とする活動に過ぎないからというのである。実践はこれより価値が高いという。それは物に対する活動でなく、同種の他の人々に対するものであり、手でなく言葉を用い、共同体全体の善を目的とし、それによってまた自らの人間的卓越を示す行為であるとする。しかし観想が最も高い価値を持ち、それゆえそれは自己目的であるという。

この評価はアリストテレス独自というより古代人の通念を理論化したものである。逆に言えば近代人の通念と異なる。経済を最下位におくのは奴隷制と結びついている。他方で現代人は政治の目的を「景気対策」や「経済成長」などとして疑わなくなってきた。学問の価値も経済価値に結びつく技術的応用によってかなり計られる。生産活動の蔑視が古代の奴隷制に結びついている偏見であるように、経済価値の過大評価は近代の資本主義に結びついている。古いものを権威とせず嘲笑もできることは一つの見識であるが、私達自身が新たな（金銭の？　世間的価値観の？）奴隷になってはいないかの反省も必要であろう。

（三）論理学　アリストテレスが「万学の祖」と呼ばれる仕事をできたのは、彼がまず論理学をつくったからである。物知りは必ずしも学者ではなく、学問には論理が必要だからである。**論理学**とは正しい思考が則るべき法則・規則についての学問である。思考の内容には無関係にその形式における正しさを問題にするということから「形式論理学」ともいうが、以下単に論理学と略す。「万学」は溯ればアリストテレスに由来するとはいえ、他の学問はその進歩により彼のものとはかなり異なるものになったが、論理学に関しては彼がほぼ完成させてしまったのであり、応用などはあるとしても（たとえば記号論理学）、彼が言っていることに訂正の必要はないというのはすごいことである。そして今日の私達もこの論理学を学ばなければならない。

思考（考えること）は、概念をつくる、判断を行う、推理を行う、という三つの働きからなるので、論理学もこの三部門に分かれる。

概念とは思考内容の単位である。思考内容は感覚器官でとらえられたり体や道具で指し示されたりするものではなく、言葉で把握され表される。感覚や感情も言葉になるが、言葉にされた瞬間それは客観性も持つ。さもなければそれは他者には通じず、言葉になっていない。言葉の客観的な意味内容が概念である。「学者」のイメージは主観的で多様であり得るが、その**概念**は「学問研究を職業とするもの」といった辞書的な意味を指す。概念はその外延と内包が明確でなければならない。外延とはその概念に属する個体（「学者」に対しては、「湯川秀樹」「アインシュタイン」のような）の全体である。内包とはその概念に属する個体に共通する性質（「人間である」「職業を持つ」「学問研究を行う」のような）である。内包が多い概念ほど外延は小さくなる（「物理学者」は「学者」より内包が多く外延が小さい）。ある概念の外延は他の概念の外延に含まれており、この場合前者は後者の「種」概念、後者は前者の「類」概念という（「物理学者」と「学者」では前者が「種」、後者が「類」である）。これは相対的な関係である（「学者」は「物理学者」に対しては類であるが、「人間」に対しては種である）。ある概念の、同じ類に属する他の種との違いを「種差」という。「物理学者」の「学者」に対する種差は「物理学を専門とする」ことであり、「学者」の「人間」に対する種差は「学問研究を職業とする」と考えられる。学問において重要なのは概念の定義であるが、**定義**とは、属する概念と種差との結合による、ある概念の説明方式である。たとえば「二等辺三角形」の定義は「二辺が等しい（種差）三角形（類）」であり、「人間」を「理性を持つ（種差）動物（類）」と定義できる。最も広い外延を持つ諸概念は、それ以上広い外延を持つ概念がないゆえに属する類を持たず、したがって定義できない。そのような概念を**範疇**（カテゴリー）という。

二つの概念を結合して肯定または否定することを**判断**という。常に正しい判断が三つあり、これを**原則**という。①主語のある概念は述語のその概念において肯定される（**同一律**）。②主語のある概念が、述語の他の概念において、同時に同じ意味で肯定されるとともに否定されることはない（**矛盾律**）。③主語のある概念は、述語の他の概念において、肯定されるか否定されるかどちらかである（**排中律**）。

推理とは、既知の判断から新たな判断を導き出すことである。既知の一つの判断からの推理を直接推理、既知の複数の判断からの推理を間接推理といい、後者の代表は**三段論法**である。

(四) 存在論　論理学は正しい思考の形式の研究であるが、思考内容の研究はその内容によって分類される。すべての内容、すなわち存在一般を対象とするのは**存在論**である。そもそも「哲学」とは「知恵への愛」であり研究一般の別名とも言えるが、アリストテレスが「万学の祖」として諸学の基礎をつくったので、いわば狭義の哲学としてはこの存在論を彼は考える。「形而上学」（metaphysics）とも言われるが、これはもともとは弟子達がその部分の講義録に題をつけるときに「自然学」（フィジックス）の「後の」（メタ）ものという意味に過ぎなかったが、後に自然（感覚対象）を「超えた」（メタ）学問という意味にとられるようになった。

「存在」（ある）という語には二つの意味がある。一つは「がある」（**実体**、ʼουσια, substance）であり、もう一つは「である」（**属性**）である。属性はすべて実体の属性である。満月の「丸さ」、白百合の「白さ」などであり、その際「月」や「百合」は実体である。実体は「それ自体として存在するもの」である。

実体には四種類の原因（アルケー）がある。①**質料**（υλη, matter）：机が実体なら木材やスチールなどである。②**形相**（ʼειδος, form）：たとえば木材という質料が椅子でなく机という「その」実体をとらせている形であり、いわば設計図に当たるものである。③**動力**：たとえば木材を机にする際に職人が用いる力である。④**目的**：机なら「本を載せる」などである。

以上の四原因説の特徴は何か。第一に、古代の自然哲学ないし存在論の総括であるということであり、アリストテレス自身それを意識している。第二に、この四つはまったくの同格ではない。質料よりも形相が、動力よりも目的が優位におかれる。ここには直接にはプラトン哲学の影響が、一般的には観念論的傾向の優位がみられる。第三に、存在「一般」に目的因を想定すること（目的論）は、近代以後は受け入れられない見解である（明示的に批判したのはベーコン）。すなわち近代人の、あるいはむしろ科学的な見方からすれば、目的を持つのは人間の行為と道具や制度だけだからである。前近代の、または前科学的な人々が自然物の存在にも「目的」を想定するのは、直接にはそれが神によってつくられたとする宗教的観念と結びついており、より深くは自然物を擬人化するという幼児的精神構造に根ざす。第四にこれと結びつくが、たとえば「机」という道具に目的因を探求することは有意味でたとえば「本をおく」ことであるが、では本の目的は何か。たとえば「知識を得る」ことであるが、では知識の目的は何か、というようにつながっていく。このときアリストテレスはすべての事物の「一つの最終的な目的」があるとするのであり、それは世界全体の形相でもあり、いわば神による世界の設計図のようなものとなる。彼の存在論はこのような一神教的宗教観と結びついており、最も価値ある活動である「観想」の中でも最高のものはこのような神の観想であることになる。

何が実体であるか。プラトンはイデアであるとした。イデアは普遍的存在という意味でアリストテレスの形相と重なるが、アリストテレスはイデアを実体とみなさない。形相は現象から離存するイデアでなく、質料に内在する普遍性であり、両者が結合した個物が実体だとする。そうすると第一の形相である神も個物に内在していることになる。アリストテレスの宗教は一神教的ではあるが超越神でなく汎神論的である。

(五) **自然学**　自然物の質料は何種類あるのか。彼以前のギリシャ自然哲学はここで一元論から原子論まで、種々の説を提出してきた。アリストテレスは、土・水・火・空気の四種類を認めるので、**四元素説**と言える。ある意味では素朴だが、笑ってはいけない。近代科学は百いくつかの、原子に対応する元素を見いだした。しかしさらにその原子の構成要素としてより少数の素粒子が見いだされるというように、研究は続いている。感覚対象の自然を少数の原理から理解していくという学問発展の大道に、アリストテレスの発想は乗っている。

では動力はどうか。ここで注目すべきは彼が機械論者の見解をとらないことである。第一に運動を位置の移動に限定せず、質的変化を含め豊かに理解する。第二に運動を実体に内在するものとし、外力によるとしないことである。幾何学的に、プラトン的に見れば、おたまじゃくしは「なまずの孫」とも見えよう。しかし生物学的に、アリストテレス的に見れば、それは「蛙の子」である。すなわちおたまじゃくしの（外観は「小型のなまず」であってもその）本質は「蛙に成るもの」なのである。それを蛙に「成らせる」力はおたまじゃくし自体の中にある。おたまじゃくしは蛙の**可能態**であり、蛙はその**現実態**である。プラトンの哲学は本質的に時間のない幾何学をモデルとしており、アリストテレスの哲学は生成する生物の世界をモデルとして組み立てられている。父が医師であったことの影響とともに、ここにも現代自然科学への萌芽を示す論点が示されている。すなわち今日、質量と転換可能な諸エネルギーの概念がある。そしてたとえば化学的エネルギーは力学的エネルギーの「一種」ではないが、原子や分子の存在や位置の移動という物理的世界に依拠している。また物理的な「力」は今日四種類が見いだされていて、それらの転換や統一をめぐる考察がさかんである。

しかしアリストテレスの運動観には大きな限界もある。それは運動が最終的には循環とされ、質的発展を認めないことである。天体の回転やそれによる季節や昼夜の循環はわかりやすい。おたまじゃくしは蛙に成るが、蛙はおたまじゃくしを生む。形態は変化するが本質は変わらず、瓜のつるになすびはならず、文字通りの意味で鳶が鷹を生むことはない。当時の自然研究では自然の進化は認められず、これが人間活動においても、（観念、「設計図」においてはじめにあった）「目的」を実現する活動、円環的、自己完結的行為に大きな価値をおく、アリストテレスの見方とつながっている。

いわば世界全体の設計図である「形相の形相」は神である。万物はこの最終「目的」を目指して運動するが、神そのものは不動であって他の万物を動かしていく第一動者である。「これは、まさに自らは何もしないで見ているだけで奴婢を働かせる主人の像ではないか」（文献（2）四二頁）。神が自らに似せて人をつくったのでなく人が自らに似せて神をつくったことを論証したのはフォイエルバッハであった（第19章）が、アリストテレスの神観念もその実例の一つである。

(六) 社会・倫理思想

(1) 人間の本質として、アリストテレスは二つを挙げる。第一は「理性」であるとともに「言葉」でもある**ロゴス**（λογος）を持つということである。第二は、国家すなわち**ポリス**（πολις）を形成してその中で生きるということである。第一の点からは彼の哲学が合理主義的であることが、第二の点では彼以後の「世界市民的」すなわち個人主義的な思想（ストア派とエピクロス派）と異なることがわかる。

(2) 徳の本質として、アリストテレスは**中庸**を挙げる。中庸とは算術的平均ではなく、事柄に適しており、不足でも過度でもないことである。たとえば食に関して、禁欲主義で栄養不足になることも、快楽主義で偏食や肥満になることもよくなく、その人に適した熱量をバランスよい食材でとるべきである。

金遣いに関して吝嗇も贅沢もよくなく、敵に対して臆病も向こう見ずもよくない、といった具合である。こうした考え方は儒家や仏教にもみられ、通俗的には民間にもよくある、いわば良識的なものとも言える。完全なる「善のイデア」に向かっての絶えざる努力を説いた理想主義者プラトンに対して、現実主義者アリストテレスの特徴がみえる。念のために言えば「現実主義」とは現にあるものをすべて肯定する現実追随ではない。(我が国ではしばしばそれが混同される。)「不足」や「過度」としての悪は現存し、私達はそれを否定しなければならないというのが現実主義的な倫理思想であり、「存在するものはすべて正しい」というのは謙虚を装った傲慢な強者の思想か、「倫理」や「思想」の語に値しない奴隷根性かである。

ところで私達はどのように徳を得ることができるか。ソクラテスおよびプラトンは知性によるとした。彼等を継ぐアリストテレスも、それを第一とはするが、より現実主義者である彼はそれだけとはしない。何がよいことであるかを理性で認識する知性的徳とともに、よいことを習性的に身につける道も認める。いわゆるしつけなどはよい例であり、寝坊しないとか知人に挨拶するとかは、理屈抜きに習慣化したほうがよい。なぜなら基本的な生活習慣的徳ほど、理屈では説明しにくく、そうしないと人に嫌がられる、ということを、(知性の発達しない)こどもの頃からわからせる必要があり、またある規範は理性的根拠に乏しい共同体内の習俗に過ぎない(たとえば寝て飲食することや室内で着帽することは日本ではよくないが古今東西そうではない)からである。

(3) 道徳的な人間関係をアリストテレスは**親愛**(φιλια)とする。一種の愛であるが、プラトンが価値づけた、完全なものへの憧れである愛（ἔρως）と比べると、やはりより現実主義的である。親愛では相手がよりすぐれているのでなく、自他の等しさによって成立するという。といっても相手が自分と同様に駄目だということでの馴れ合いでは道徳的に価値あるものとしての親愛にはならず、相手のよさを認めることが必要である。そしてこの「よさ」とは第一にはやはり道徳的な「善さ」であって、悪い奴は親愛の対象とならない。しかし彼の現実主義はここでとまらせず、いわば「立派な人」でなくても、付き合って楽しい人、面白い奴も親愛の第二の対象と認める。さらには付き合えば自分が得する相手もまた、親愛の第三の対象となるのであり、プラトンの、崇高かもしれないがいささか窮屈な道徳と比べると凡人にも取り入れやすい。

(4)　プラトンは理想の国家を哲人王による君主政とした。アリストテレスもまたこれを最善とする。しかしそうでないとしても「悪い国家」とはしない。国家の目的は共同体全体の福利であり、それが実現されていればよい国家であり、その担い手は第二の問題とする。一人の権力者がよい国家を担うのは君主政であるが、君主が自分のために国権を用いるならば僭主政である。特定の少数者が権力を持って共同体の福利を実現するのは貴族政であるが、彼等が自らの身分のために国権を用いるなら寡頭政である。大衆自身が権力を持って国家の福利を実現するのは民主政であるが、彼等の各々が自らの利得追求にはしって国家の福利が害されるならば衆愚政である。君主政・貴族政・民主政とも正統性を持ち、僭主政・寡頭政・衆愚政はそれぞれの堕落形態であって不当とする。さらに正統な統治形態の中では、君主政・貴族政・民主政の順でよいとするが、不当な統治形態の中では、衆愚政・寡頭政・僭主政の順でより少なく悪い、と考える。大衆が権力を持てば、足を引っ張り合ってすごくよい国家にもならないかわり、とんでもない悪政をどしどし進める危険も少ない、というわけである。

民主主義を社会的価値として既に確立した私達としては、上の考えに微笑または苦笑するかもしれない。しかし次の考えには、私達もいまだ苦しんでいる論点を含む。すなわちアリストテレスは、君主政における君主と人民との関係を父と子の関係に、貴族政における貴族と平民との関係を夫と妻の関係に、民主政における多数派と少数派の関係を兄と弟の関係に類比させていることである。私達は、父と子、夫と妻、兄と弟のあるべき関係について、すっきりした観念を社会的に共有するに至っていないからである。

(5) それにしても父子・夫妻・兄弟はともに自由人の間の関係である。このほかに奴隷があり、アリストテレスは奴隷制を正当なものとして認めている。私達には驚きであろうが、古代ギリシャで一般人はもとより、有名な思想家で奴隷制を否定した者はいないのであり、これも彼の現実主義(であり、その消極面の表れの一つ)である。彼によれば自由人と奴隷との関係は人間と動物との関係に、そしてまた魂と肉体の関係に類比されている。ここにも彼の思想が支配階級のイデオロギーであるということと、それが哲学的観念論と結びつくということが表れている。

(6) 「経済学」もその源はアリストテレスにあるが、今日のその名称(の語源)で彼が意味しているのはむしろ「**家政術**」である。物質面での家(奴婢もおらず核家族が基本の今日の家族より広範な経営体である)の経営が扱われている。ここで興味深いのは、彼がこれを「**貨殖術**」と対置していることである。観念論的ではあってもプラトンのような精神主義者でない彼は、経済的富の追求を是認する。しかしそれは自己目的ではないので、有限であるとする。貨殖術はいわばその堕落形態であり、貨幣そのものが目的とされるので無限となるという。貨幣が自己目的になるということは、貨幣の量的増加が追求されるということであり、野球好きでも番組作りに夢があるのでもないのに、「時価総額一位」になりたくて球団やテレビ局の買収を図る投資家の行為（G-W-G′）である。家政術の場合貨幣は質の異なる物品を入手するための媒体に過ぎない（Wa-G-Wb）。アリストテレス哲学は古代ギリシャ人の知恵の総決算である。そのため今日からみて古い偏見もまた含むが、今日の社会の偏見に反省をもたらす面も含む。彼の哲学はいろいろな意味で教えるところが多い。

文献

（1）出隆『アリストテレス哲学入門』岩波書店、一九七二年
（2）『世界の大思想20　アリストテレス』河出書房新社、一九七四年
（3）アリストテレス『形而上学』（上・下）出隆訳、岩波文庫、一九六一年
（4）同『弁論術』戸塚七郎訳、岩波文庫、一九九二年
（5）同『政治学』山本光雄訳、岩波文庫、一九六一年
（6）山本光雄『アリストテレス—自然学・政治学—』岩波新書、一九七七年
（7）ファリントン『ギリシヤ人の科学』（上・下）出隆訳、岩波新書、一九五五年
（8）工藤晃『マルクス「資本論」とアリストテレス、ヘーゲル』新日本出版社、二〇一一年

6　後期古代哲学

（一）概観　私達は既に、「初期ギリシャ哲学」（第2章）と、盛期のギリシャ哲学として「ソクラテス」（第3章）、「プラトン」（第4章）、「アリストテレス」（第5章）をみた。本章は、アリストテレス以後のギリシャ哲学と、それを継ぐ古代ローマの哲学を扱う。それは理論的にはプラトンやアリストテレスからみて後退という印象を否めない。しかし「ストイック」や「エピキュリアン」という語が（通俗化に伴いやすい意味のずれを含むが）今も通用しているように、ある種の強い影響力を持ちもし、実際いくつかの点ではかなり関心や魅力を与えるものでもあって、泡沫思想とは言えまい。時代背景を考えると、盛期ギリシャ哲学がポリスの哲学であったのに対し、この章ではグローバリゼーションと個人主義という（共同体の崩壊という意味では表裏一体の）潮流の中でのものとして、今日とも似ているかもしれない。後期古代哲学は、宗教へと解体していったのだが、今日はどうなるのであろうか。

（二）初期ストア派　**ゼノン**（Ζηνων, c.336–c.264 B.C.）はストア派の祖である。クセノフォンの『ソクラテスの思い出』を読んで哲学に志した。ＢＣ三〇〇年頃から、アテネのストア・ポイキレという広場で教えはじめた。「ストア派」の名はこれによる（文献（1）中二〇九頁）。質朴な生活を忍耐強くおくった。高齢（九十八歳）で足をくじいたとき、神の召命と感じ、その場で息を止めて死んだという（同二二九頁）。世界の原理を、ヘラクレイトスにならい（第2章第四節）、火でありロゴス（λογος）であるとした。神は理性を持ち計画的に世界を生成させる技術的な火とする。この火がすべての種子的ロゴスを含み、それに従って個々の存在が生じるとする。魂は気息（πνευμα）だとした（同三二六頁）。認識論としては感覚論をとり、表象は魂における刻印とし（文献（2）九二頁）、ロゴスすなわち自然に従うことが善であり徳であり幸福であり人生の目的であるとした。これを**徳の自足**（ʽαυταρκη）という（文献（1）中三〇四頁）。他の外的なもの、生死、健康と病気、財産や地位や名声などは善でも悪でもないという。すなわち幸福は**不動心**（ʽαπαθεια）の境地にあるとした。

クレアンテスはゼノンの弟子である。師と同じ年で、既に生きすぎたとして食を絶って死んだと伝えられる（同三四九頁）。

クリュシッポスはクレアンテスの弟子である。初期ストア学派の説を体系化したとされる。驢馬が自分のいちじくを食ったのを見て笑いすぎて死んだという説もある（同三六〇頁）。

彼等は現実から生じる把握的表象を真理の基準とした（同二四七頁）。倫理的基準として一致させるべき自然を、クレアンテスは共通な自然（宇宙）とだけ考えたが、クリュシッポスはそれと同時に人間的自然（人間性）とも考えたという（同二七五頁）が、ここにはストア派倫理における一貫性のなさから、その根本的な不足点が垣間見られる。

(三) エピクロス派　**エピクロス**（Ἐπικουρος, c.342–c.271 B.C.）は、サモス島の生まれであり、BC三〇六年頃、アテネに移り学校を開いた。若いとき、反マケドニア運動の挫折に遭遇した。

デモクリトスの物質論と原子論（第2章第六節）を継ぎ、実在するのは原子と空虚だけと考えた。また無から有は生じないとして、世界の永遠性と無限性を唱えた（文献(3)一一—一三頁）。世界は限りなく多くあり、多様である（同一五頁）。また絶対的な上下はない（同二五頁）。原子は外力を受けないとき、等速直線運動をする（同二五頁）。ただしデモクリトスは原子に直線運動しか認めなかったが、エピクロスは原子固有の重さによる運動の偏差を認めた。これによってデモクリトスの決定論と異なり、偶然性の存在を認めた。神もまた原子であり、最極小の原子とし、諸世界の隙間に存在し、人間世界には無関心で干渉しないと考えた。魂もまた原子である。

認識論としては感覚論をとる。事物はその表面から絶えず像（εἴδωλα）を高速で発するとし、それが感官に達することをもって認識の端緒とした。

価値論としては幸福主義をとった（同六九頁）。幸福の内容は快楽とするので一種の快楽主義ではあるが、彼にとって最高善は**精神的快楽**（ἀταραξία）であって、もと「エピクロス派」の意味の語「エピキュリアン」が今日意味しがちな「放蕩者の快楽」ではない（同七二頁）。これは煩わされない境地であり、ここにはいくつかの含意がある。第一に、彼は肉体的快楽をしりぞけるわけではないが、そこには限度があり、苦痛のないことがそれであり、したがって精神的快楽には及ばない消極的なものとされる。第二に公共生活はこの精神的快楽を乱すものとして避けることが勧められる。「隠れて生きよ」

がエピクロス派の標語であり、隠遁とまではいかないが、少数の気の合った友人だけで趣味的な暮らしをするのを望む。第三に、神や死や超自然力の観念もこの精神的快楽を乱すものである。これを克服するために必要なのが学問である。すなわちまず神は先述のように人間には関わらないので、人間のほうでもおそれる必要はまったくない。次に死については、それは私達にとって何ものでもない、なぜなら私達が実在するとき死は実在せず、死が実在するとき私達は実在しないからとする（同六七頁）。

彼は、「われわれは、同時に、笑ったり、哲学を研究したり、家事をとったり、その他さまざまの営みをしなければならない。そして、正しい哲学の教えを伝えることを、決してやめてはならない」（同九四頁）と説く。

ルクレティウス（Lucretius, c.94–55 B.C.）はエピクロスの哲学を『諸物の本性について』（De rerum natura）（文献（4））という詩でまとめた。

エピクロス派の存在論と自然哲学は、時代を考えれば少なからず評価できるものと言えよう。その原子論や機械論は、確かに今日からは足りない点や、部分的には荒唐な点もある。しかし結果としてより、その考察態度が全体として、観察と仮説と類推に基づきそれなりに合理的であるのをみるべきであろう。そしてその合理主義が大胆な宗教批判に進んだことは、さらに評価できる。ただし彼等が宗教の知的基盤をみたが社会的基盤をみなかったのは、弱点ではある。私達が死をおそれるのは、「自分」が自然的に何であるか、つまり原子の集合体であることがわからないためであるよりも、社会的に何であるか、つまり「あらゆる幽霊の透明な複合体」（宮沢賢治）であり単に「個人」ではないことがよくわからないためである。宗教はその真理を疎外された形で、つまり「神」や「魂の不死」の観念で表明することによって人々をひきつけている。

マルクスはデモクリトスとエピクロスとを比べたその学位論文において、原子の運動の偏りを認めることで自由が存在する余地を与える点で後者をより評価した。「各人の自由な発展が万人の自由な発展の条件である共同社会」を求めていくこの思想家が、一貫して自由を求めたという点では興味深い。しかしエピクロスの側に即して言えば、自由の基盤を原子運動の偏りに求めるのは無理と言わざるを得まい（文献(3)の訳者は「その努力は貴重」とする（二〇二頁）が、文献(4)の訳者は「甚だ曖昧不徹底で、我々には了解できない」とする（三二五頁））。総じて古代異教哲学は自由を適切な基盤でとりあげることに成功しなかったのではあるまいか。

エピクロス派の倫理思想において、評価されるのは身体的——ある意味で自然的——快楽の有限性の教えである。欲望をかきたてようとするのが今日の消費資本主義であり、「人間の欲望は無限だ」というのは事実ではなく（今日では新自由主義の）イデオロギーである。無欲や禁欲を説く必要はないが、知足の思想は、封建的または軍国主義的な「我慢」の押しつけでなく、むしろ脱原発をはじめ未来を切り開いていくものでさえある。ただし公共世界から逃避するエピクロス派の思想自体はそこに向かわない。他者の不幸に共苦せずむしろそこに快をみるようなその個人主義（たとえば文献(4)六二頁）は、他者の喜びと自分の喜びを広く結びつけることにもつながらず、「エピクロスの園」は、悪い意味でのオタクたちの閉じこもり場にとどまっている。それにしても、現実生活と遊離した純然たるお遊び（「ルサンチマン」でない「愉しい知」）に堕した「ポストモダン」というオタクの罪深さと比べると、エピクロス派はより健全である。すなわちそれは人間の悩みを癒さないような哲学はむなしい（文献（3）一一八頁）とし、人間の精神的救済をめざしているからである。

（四）アカデメイア派　ピュロン（Πυρρων, c.365–c.275 B.C.）はエリスの生まれで、アレクサンドロス大王の東征に従いインダス河畔まで行った。インドでジャイナ教徒と、ペルシャでゾロアスター教徒と交わったという。帰国後は公務と世間的交際から遠ざかり、簡素で謙虚、規則正しい生活をおくった。事物を確実に知る可能性を否定し、「判断中止」（εποχη）を主張した。そのためか学校は開かず、書物も著さなかった。σκεπσιςとは本来「考察」の意味であるが、ピュロンと弟子達が万事「考察」中という意味で愛用したので、後「懐疑」の意味となり、ピュロン派（ピュロニズム）を**懐疑主義**（scepticism）ともいうようになった。判断停止では生活はできない。このため友人がそばにいて守ってもらった、と言われたり、また、哲学に関しては判断停止だが日常行為では思慮を働かせ行動した、と言われたりしている。エリスではおおいに崇められたというがいわば隠者としてであろう。一般人が真似できる、また真似すべきものではない。生活に無力な哲学である。

カルネアデス（Καρνεαδης, c.214–c.129 B.C.）は、確実な認識を否定しつつも、「説得的表象」があることを認めた。これは当然だが、すると問題になるのは説得性の根拠であり、それに関するカルネアデスの論述はよくて陳腐である。ＢＣ一五五年、アテネは政治的な請願を目的に使節をローマに送ったが、それはストア派、逍遥学派、アカデメイア派の代表であった（公務を忌避するエピクロス派は送らなかった）。彼等が行った弁論や講義はローマの知識人や若者を魅了した。とりわけカルネアデスが、一つの命題を説得的に弁護しつつ、翌日はそれを否定する弁論を見事に繰り広げたことが反響を呼んだという。この「反響」には当惑や反発もあろうが、若者を中心に「賛嘆」もあったであろうことは、巧言令色を退ける質実な古ローマが、口舌と詭弁の国に堕落する兆しを読み取れよう。

セクストゥス＝エンピリコスは懐疑派の主張を体系化した。

キケロ（Cicero, 106–43 B.C.）はローマの政治家、弁論家で、最高官である統領を務めた。カティリナの陰謀を阻止し、カエサルの弁護を排して処刑するなど、共和政末期の混乱のなかで、法の支配と道徳的秩序の回復を一貫して追求した。アントニウスの政敵として暗殺された。哲学者としては折衷的とも言われるが、ギリシャ哲学を、用語のラテン語訳を含め、ローマ世界に移植した功績は大きい。

プルタルコス（Πλουταρχος, c.46–125）は『対比列伝』の歴史家および『モラリア』のモラリストとして有名である。基本的にはプラトン主義者だが、動物愛護を唱える点など興味深い点も多く、さらに検討評価されるべき思想家であると思われる。

（五）後期ストア派　**セネカ**（Seneca, 4 B.C./A.D. 1–65）はローマ帝政初期、植民地拡大で物質的に繁栄し精神的自由は失っていった時代の宮廷政治家である。皇帝ネロの少年時代の家庭教師となり、その即位とともに補佐役となり、はじめの五年間の善政に寄与した。しかしその影響力の低下とともに暴君化していったネロから離れて別荘にこもり、思索と著述に専念した。しかしピソらによるネロ暗殺計画に際し共謀とされ自殺を命じられ、従容として最期を遂げた。第一の義務は自然の保持であり、続いて自然に即したものを取ることとした（文献(9)一七四―五頁）。

エピクテトス（Epiktetos, c.60–c.138）は、今日のトルコ出身。奴隷として生まれた。哲学を学び、解放後その教師となった。著作はなく、弟子がその言葉を記録した。「世界市民」の主張をした。

マルクス・アウレリウス・アントニウス（Marcus Aurelius Antonius, 121–180）は皇帝（在位一六一―一八〇年）であり、いわゆる「五賢帝」の最後を飾る。内憂外患が相次ぐなか、家庭的不幸にも耐えつつ、統治した。辺境の地で国防の陣頭指揮をとりながら綴った『自省録』は、ストア派の最後を飾る著作になった。侵された病が不治とみるや、配下に遺言し、飲食医薬を絶って従容として生を終えた。

ストア派の論理学と存在論は、アリストテレスより進んだものとは考えられない。それゆえ独自の価値を持つものとして研究するに値するとは考えられない。彼等において中心となる観念は「ロゴス」である。それは論理学においては「論理」であり、存在論においては「合法則性」であり、倫理思想においては従うべき「法（のり）」である。正しい思考が則るべき規則（論理）が、存在そのものの合法則性と一致すべきことは基本的には正しいと言うべきである。しかし自然法則と道徳規範を（たとえば「自然」の名で）連続させてしまうのは、洋の東西を問わず前近代思想に特徴的な誤謬である。たとえば朱子が、「然る所以の故と当に然るべき則との二つ」を同じ「理」の単なる適用範囲の違いにしている（『大学或問』）ことが端的な例である。「自然に逆らう」ことは確かによからぬ結果のもととなろう。しかし人間は「文化」的ないし「精神」的存在として（人間以外の）「自然」との緊張関係にも立っている。キリスト教は（疎外された形においてではあるが）、そのことに気付いてもおり、その意味では確かに古代異教的「自然主義」を抜け出す契機を持っていた。この自然主義のためストア派の合理主義は、自然を活用する方面に進まず、むしろ合法則性を「運命」として諦めさせることに導いた。そのような「賢者」を讃えるべきでないのは、神意がなくんば雀一匹落ちないと悟る信心家をほめるべきでないのと同様である。首を切るとの脅かしで精神の自由を奪おうとする強者に、エピクテトスが、いつ自分の首は切られ得ないと言ったか、と反問するのは壮烈であり、感動的である。自力でできることとできないことの諦めということは、ゴジラ松井やイチローなどすぐれたアスリートたちも口にしている。しかしストア派の場合、この「自分」が孤立した個人であるため、この内面の「自由」の確かに崇高な擁護は、他の面では無抵抗でまさに情けない奴隷根性と表裏一体になっている。

ヘラクレイトスにおいて「ロゴス」は物質と一体であり、いわば「気の理」であったが、ストア派は観念論的でむしろ「理の気」として自然をとらえるようにみえる。人間論としてはそれは身体と感情の軽視につながる。彼等は感情をほとんど病的状態とみた（文献（8）など参照）。感情（パテー）の理論（ロゴス）を意味する語が「病理学」（英語ならpathology）になってしまったのはこのためである。先に「不動心」と訳したアパテイアは感情に動かされないことであるが、そんな境地が幸福であるというほうが正気とは思われない。ローマに入ってストア派はますます意志を重視するようになったが、もともとそれは意志が強く非情なローマ人に適した思想と言えよう。欲望を満たすことを道徳的価値とみなさないというのは、厳密には正しいであろう。特に、快楽主義に溺れてしまった一九八〇年代以降の日本はよりストイックであるべきであろう。もともと日本人は道徳的には、顔で笑って心で泣く自己統制を旨としていた。けれどもこの「自分への厳しさ」は、感情そのものの蔑視や他人への厳しさではなかった。私達は「英雄、涙あり」と思い、「義理に強くて人情に弱い」のをあらまほしき人間とみなしてきた。克己復礼は、仁と恕に裏付けられて、十全な倫理となろう。また快楽や欲望は道徳的善ではないとしても、幸福のための価値であることを否定する必要はなかろう。有徳であれば幸福であるというストア派の「徳の自足」は、ごく少数のそういう奇特な人がいるとしても、現実離れしすぎており、それを人間一般に求める必要もない。快は善ではなく、私達は幸福を求めざるを得ないにしても、それに先立って「幸福に値すること」として善を追求しなければならないことを求めれば十分であろう。公共的義務を重視するのも、ストア派のよい点である。エピクロス派の快楽主義と私生活主義とに対して、現代日本で学ぶべき面である。隠れて生きるべきではない。確かに欲のためにしゃしゃり出るのは唾棄すべきことである。しかし義のために台上の燈火たるのが賢者の務めであろう。ただしストア派の社会倫理が制度論にほとんど及ばない心がけ論に終わってしまうのが、やはりプラトンやアリストテレスから後退している。

ストア派は自殺を認容する。自殺は個人が持つ最後の自由であると私は考える。自殺反対論の多くは、「命」は当人の持ち物ではないとすることによる。これはある程度正しい。私が生まれ生きているのは、親やまわりの人々のおかげである。個人が「所有権」を（したがって放棄する権利を）持つのは、当人の労働の産物にであるというロックの論理に従えば、生命が自己労働の産物であるのはある程度までに過ぎないので、完全な「我が物」とは言えない。命は先祖から預かり子孫に伝えるものであるがゆえに大切にしなければならないという儒家の論理も、この意味ではある程度正しい。神を持ち出す自殺批判も、「神」が共同体の疎外された観念であると読みかえるならば、了解可能であろう。生物は生への本能を持つので、単なる生存を道徳的義務とするのは無意味であると私は考えるが、「自分の命を大切にする」ことは、上の意味から個人に道徳的に課されていると考える。私としてはそれらのために生きている人々は偉いと思うし、また事実問題としても、ただ自分個人の快楽を追求するのでなく、その「ために」自分が生きているものを（集団でなくこどもや配偶者でも）持っているという人々のほうが幸福を感じているという調査結果もある。しかし諸個人が家族、国家、人類などの「おかげで」生きているという事実から、それらの「ために」生きるべきであるという価値が自動的に出てくるわけではない。よって一般に人は単に自分の損得だけで死を選ぶべきではないが、その選択が許される場合もあろう。たとえば正義のために闘っている者が不正な強者の手におち、同志を売るように拷問でせめられたような場合。ごりごりのストア派ならそれでも頑張り抜く「べき」なのであり、結果殺されてしまっても死は悪でないのだからもって瞑すべしとするであろう。そうす「べき」なのは間違いでないが、頑張り「抜け」ない弱さを、私は悪とは言い切れないので、それよりはと自死を選んでも、責められないと思うのである。また自分の死が誰にとっても損害や悲しみにならず、自分にとっての労苦でしかないような人の場合、尊厳死を罪とするのは酷ではあるまいか。よって私は自殺は望ましいことでなくできるだけ避けるべきではあるが、時には個人に残された最後の自由として許容されなければならないと思うのである。

（六）新プラトン派　プロティノス（Plotinos, 204–269）はアレクサンドリアで学び、ローマで学校を建てた。肉体を持って生まれてきたことを恥とし、自分の肖像を描かせなかった。世界を絶対的一者からの流出（emanatio）と解釈した。

「一者」とは何か。彼は明確に説明しない。さしあたりそれは「神」であると解釈するしかない。それを「一者」と言うのは、複数の「神々」でなく唯一だと考えるから、つまり一神教を哲学風に言ったのであろう。ところで「神」という語に明確な意味が付与されたことはないが、プロティノスの場合も、結局それが何なのか明らかにはされない。したがってそういうものが実在するのかどうか、それの「流出」が世界なのかどうか、「一者」や「流出」を見た者もなく、それについて経験的に納得できる検討を行うことはできない。ただそういうものだと「信じて」しまえば、世界は神である一者（何様でおすかわからないが何かありがたいものなのだろう）と「本当は」同じものなのだから、世界（およびその一部である自分）との一体感を得、忘我恍惚（エクスタシー）の域に入って何か救われたような気分にさせられるというのであろう。彼の本を読むことは、まじめに何かを学ぶためにはまったくの時間の無駄である。むしろ、人をまじめな思考からそらしながら、自分は「哲学」めいた学習をしているという気分、そして「世界」を理解したという思い込み、救われたという自己満足感にさせてしまうという有害な結果となる。新プラトン派において私達がみるのは哲学の自壊である。

以上の哲学的「批判」は身も蓋もないので、外在的な観点を含めて哲学的「訂正」を試みよう。新プラトン派の難点は、一なるもの（神）から多なるもの（世界）が「なぜ、どのようにして発出したのかを説明すること」であると言われる（文献(10)六四頁）。この問題が説得的に解決されないのは、問いの出し方が間違っているからである。多なるものははじめからあるのである。もとより多から一が「発出」したわけでもなく、統一性と多様性とははじめからあるものとしてその区別と関連の両面において把握されなければならない。ではなぜある人々は新プラトン派を支持し、これが大きな影響を与えもしたのか。いくつか理由が考えられるが、そのなかで最も弁護の余地があると私が考えるのは、対立を克服したいという思いによるものである。確かに悪である対立は区別の一種であり、ここから区別一般、つまり世界が多であることの克服に赴こうとするのである。これは「軟らかい心」の人にとって特にそうであろう（第1章第七節参照）。区別と対立との区別は、哲学にとって、また実生活にとってきわめて重要である。これが明らかでない者は、対立をなくそうとして区別一般（世界の多様性や人々の多数性）の撤廃を求め、一なるものとの心情的合一を求めがちになる。本当に探究しなければならないのは、区別はどのようにして対立になるのか、どのようにしたら対立のない多様性（「億の巨匠が並んで生れ／しかも互ひに相犯さない／明るい世界」宮沢賢治）が得られるのかということである。

（七）古代哲学から中世哲学へ　アリストテレス以後、ギリシャ哲学は衰えていった。それはギリシャの社会と文化そのものが衰えていったからである。政治的にギリシャを征服したローマ人は、ギリシャ哲学を摂取し継承する文化的な能力を持っていたが、それを発展させることはできなかった。ローマの社会と文化が衰えたとき、古代哲学全体も衰えざるを得なかった。前者の衰退の原因についての考察は本書の対象を超えるが、それに伴って後者が衰退したということは、哲学が自立的に展開するものではないことを示している。前者を滅ぼした人々は、さしあたりは、後者を継承する能力を持たなかった。

それは哲学そのものの終末にはならなかったが、哲学が再興されるには、古代哲学の（アラビアを通じた）想起とともに、まったく新たな立脚点や観点も必要であった。それは本章の舞台となっている地中海世界の北と東から、すなわちゲルマン人とキリスト教とからやってきた。

文献

（1）ディオゲネス・ラエルティオス『ギリシャ哲学者列伝』（全三冊）加来彰俊訳、岩波文庫、一九八四年、一九八九年、一九九四年
（2）山本光雄・戸塚七郎訳編『後期ギリシア哲学者資料集』岩波書店、一九八五年
（3）『エピクロス―教説と手紙―』出隆・岩崎允胤訳、岩波文庫、一九五九年
（4）ルクレーティウス『物の本質について』樋口勝彦訳、岩波文庫、一九六一年
（5）『世界の名著14 キケロ、エピクテトス、マルクス・アウレリウス』中央公論社、一九八〇年
（6）岩崎允胤『人類の知的遺産10 ヘレニズムの思想家』講談社、一九八二年
（7）アナス／バーンズ『古代懐疑主義入門』岩波文庫、二〇一五年
（8）セネカ『怒りについて 他二篇』兼利琢也訳、岩波文庫、二〇〇八年
（9）『キケロー選集10〔善と悪の究極について〕』永田康昭・兼利琢也・岩崎務訳、岩波書店、二〇〇〇年
（10）『世界の名著15 プロティノス、ポルピュリオス、プロクロス』中央公論社、一九八〇年

7　キリスト教の成立

（一）はじめに

言うまでもなくキリスト教は宗教であって哲学ではない。これを「哲学史」でとりあげる理由は二つある。一つは、それが世界観と倫理という哲学と重なる領域において重要な内容を持ち、大きな影響を与えたからである。もう一つは、それがその後の狭義の「哲学」そのものにも大きく影響し、中世以降の「哲学史」はキリスト教の理解抜きにはあり得ないからである。

しかしこれを「哲学史」としてとりあげるには固有の困難がある。他の章では、この哲学者がこう書いた、という事実が出発点だが、この章では「事実」の確定がまず難しい。というのは典拠（主として『新約聖書』）は宗教書であり、理性的理解を超えるものを求めている。私はこれを「神の言葉」とは認めないが、素朴な神話の編纂物とも、ためにする宣伝的な虚構とも思わず（ただしどちらの要素も含んでいるが）、少なからず事実にも基づくものと考える。では「何が」また「どのような意味で」事実に「基づく」のかと言えば、基本はその立場でもいろいろな見解に分かれる。私は本章では、（思想的にだけでなく）事実問題に関する解釈においても、「多くはそう信じられている」ことをいわば無難に伝える書き方をできる限り避けるようにした。多くの異説、異論があることを踏まえたうえで読まれたい。

(二) ユダヤ教　キリスト教は**ユダヤ教**を批判的に継承した。それゆえキリスト教の理解には、ざっとでもユダヤ教を知ることが必要である。

ユダヤ教はユダヤ人の民族宗教である。ユダヤ人はパレスチナに住んでいた民族の一つであるが、飢饉によって、少なくともその一部がエジプトに移り、奴隷的な境遇にあった。BC十三世紀、彼等は**モーセ**を彼等の神の預言者としてその指導の下にエジプトを脱出した。モーセによって**律法**（その中心が「十戒」）を与えられた彼等は、ペリシテ人などパレスチナの他民族を攻撃・侵略して建国し、神殿を立て、ソロモン王の時代には栄えた。後に『旧約聖書』と呼ばれることになる聖典の編纂も始まったが、それにみられる彼等の宗教は、他の民族宗教と異なる特異な性格を持っている。多神教でなく**一神教**であり、そのヤハウェは「妬む神」として、他の神を激しく排除する。他の多くの民族宗教と異なり、神は単に世界に秩序を与えたというのでなく、この神は世界そのものを「創造」したとされ、したがって神自身は空間的にも時間的にも世界の「外に」ある（超越神）。「創造」は神の意志によるものであり、したがって神は世界の「原理」や「法則性」のようなものの別名ではない（人格神）。これらはキリスト教においても（またイスラム教においても）受け継がれる神観念である。

ユダヤ人の国はその後東のアッシリアおよび新バビロニアによって滅ぼされた。強制連行され再び奴隷的境遇にあった（「バビロン捕囚」）ユダヤ人は、ペルシャ人によって解放され、エルサレムを中心に国を立て直したが、今度は次第に西のローマ帝国の支配を受けるようになった。そのようなユダヤ人のなかには、救世主（メシア）を待望する者も現れてきた。

(三) イエスの教えと活動　キリスト教の教祖は**イエス**（'Iησους, c.4 B.C.-A.D. 30）である。広義の、またふつうの意味でのキリスト教はそれゆえイエスの教えから始まる。

イエスはおそらくガリラヤ地方のナザレに生まれた。少なくとも法律上の父であるヨセフは大工であり、長じたイエスもそれを助けていたと考えられる。宗教改革者**ヨハネ**が現れて布教し、ヨルダン川で洗礼を行った。イエスもまたそれを受けた。ローマからガリラヤの統治権を与えられていたヘロデ王の不道徳を批判したヨハネは投獄され、首をはねられた。イエスは独立した宗教思想家として民衆に宣教を始め、弟子を得ることになった。

イエスは「福音」すなわち「神の国」が近づいたことを告げた。これは「神の国」は（オリエント的、あるいは普遍的な比喩的表現として）「天国」とも言われたが、（後の観念とは違って）「天」に、そもそもどこか空間的に「ある」ものでなく、時間的にここに「来る」ものである。終末論とも呼ばれるが、物体としての地球や生物としての人類が滅びるということではない。新しい時代、正しい世の中が現れるという、ユダヤの民衆が望んでいたことである。

だがそれはいわば自然史的必然性ではなく、主体的に私達が「はいら」なければならないものである。まず必要なのは、生まれ変わりにも等しい悔い改め、道徳的新生である。

ユダヤ教では（他の古い民族宗教と同じく）政治と宗教、合法性と道徳性の間に明確な区別はなかった。特にパリサイ派は、形式的合法性に固執した。たとえば貧しくて神殿税を納められない者も、掟を実行しない罪びととみた。これに対してイエスはむしろ最も重要な「掟」は「愛」（ἀγάπη）であるとした。この「愛」はまず、「心を尽くし、気持ちを尽くす」内面的なものである。第二に、しかし感情的なものでなく、敵に対しても向けられるべき意志的なものである。第三に、普遍的なものである。支配的なユダヤ人は自らを選民として誇ったが、イエスはこれを戒め神の下での万民の平等を説く。第四にしかし抽象的な人類愛ではなく、具体的な実践として、弱い者、苦しんでいる者、虐げられている者の援助に向かわせる。愛は彼等と苦しみを共にする同情であり、憐みである（拙著『共感の思想史』第五章、参照）。

　イエスはこの教えを説き、また弟子達とともに実践した。貧民のところに行き、経済的支援を行った。また差別されていた人々の支援を行った。当時そこで差別されていたのは、障害者、伝染病者、精神病者などである。医学の未発達によって、それは「悪霊」の業とされていたからである。私達はこれを原始的な迷信と笑うことはできない。ほんの少し前まで、私達もこれを「狐憑き」や恨む者の祟りとしたりした。あるいは先祖の悪行の応報として、まさに寺社で見世物にしたりもした（その金で養うという意味もありはしたようだが）。彼等は障害や病によってだけでなく、差別によっても苦しめられていた。イエスの施しや治療において、『聖書』ではしばしば奇跡が記される。しかしそこが本質的と思ってはならない（実際少なくともその多くは、よくある神話化による創作であろう）。貧困によって蔑まされている者や、いわんや悪霊憑きとして共同体から排除されていた者達にとっては、イエスが敢てその自分達の救いのために来たということ、そのことが既に奇跡的であったのである。

「神」とは人間にとって最高のもののことである。原始人にとっては、それは自然の威力であった。東洋古代においては、それに政治的な権力者が加わった。ユダヤとギリシャにおいては、意志と知力もまた神格化された。イエスがはじめて愛を神とした。原始人や東洋人にとっては、「強い者」が最高である。ギリシャ人は、人間の「卓越性」（アレテー）は力ではなく知性であると価値転換を企て、「賢い者」を最高としたが、彼等の「善」は血の通わぬ幾何学的調和であった。イエスにおいて「愛する者」が最高の存在であることを、私達は自覚した。（ギリシャ人の「愛」（ἔρως）は欲望の一種であった。）ここにキリスト教の最大の意義がある。キリスト教は神を唯一で世界を創造した超越者とする観念をユダヤ教から受け継ぐが、イエスはそれを革新もした。ユダヤ人にとって、神は正義であり人を裁く存在であり、彼等と特別の契約をした。しかしイエスにとって、神は正義にまして人を愛し人を救う者であり、神の下では人類すべてが兄弟である。これは事実上新しい教えであるのだが、イエス本人は新たな宗教の祖となろうとしたのでなく、ただ真実と思われることを告げ、また行おうと志していた。

（四）反応　民衆ははじめイエスを歓迎した。ただし施しをしてくれる者、病を治してくれる者のような、即物的な「救い主」としての面が大きかった。単に個人的でなく、ローマ帝国（やその手先になっている支配層）からの解放者として望むような者もあったが、しかし新政権で地位が約束されるというような成心あっての参与になりがちであった。「神の国」が別の人による支配でなく、そもそも支配なき世であり、「偉い」者とは人の上に立つ者でなく人々に仕える者であることを説かれるにつき、多くは彼を離れ、一度期待しただけに憎む気持ちも強くなった。

支配層やその精神的支えである「律法学者」らは彼を憎んだ。資格も与えられずに「権威ある者のごとく」教えを説いて民衆を集めるのがそもそも気に入らず不気味なうえに、教えの内容も公然と彼等を批判するものであったからである。民衆の支持が彼にあるあいだは、彼を殺す計画を秘かにめぐらしていたが、民衆の失望は彼等には好機の到来であった。しかもガリラヤ地方で布教していたイエスは、ユダヤの都エルサレムに乗り込んできた。神殿での金融業を妨害するなど、実力行使のパフォーマンスも行った。彼等は買収した弟子の助けでイエスを逮捕し、裁判にかけた。紀元三〇年、ローマ総督ピラトの許可のもと、死刑に決し、ローマ帝国のやり方に従って十字架に磔にした。はじめ期待した民衆と同様に彼等にとっても、宗教的改革者と政治的反体制派とは重なるものであり、イエスの処刑はヨハネのそれと異なるものでなかった。

(五) イエスの死後　イエスの処刑で弟子達も四散した。一番弟子格であった**ペテロ**は、関与を問われると三度否みさえした。この心弱さは師がかねてから見抜いていたことであることを思い出し、彼は激しく泣いた。そして彼やマグダラのマリアに、死んだイエスが「現れた」という体験が起こり、他の弟子達にも連鎖した。彼等は、イエスは犯罪者として刑死したのでなく、人々の救いのため自らの命を捧げたのであり、まさに待ち望まれていた救世主（ヘブライ語のメシア＝ギリシャ語の**キリスト**）であるという布教を始めた。心的覚醒でなく生身の「復活」が問題とされ、死んだイエスがまさにその意味で「復活」し、甦る以上はただの人間でなく、マリアが処女のまま聖霊によってみごもった神の一人子であるとされた。このように「イエス＝キリスト」を説く人々はまだユダヤ教の枠内にいると思っており、はじめの「教会」はこのようなユダヤ教イエス派のいくつかの集団の連合体であった。しかしまわりのユダヤ人で、これを信じた者は少なかった。イエスに失望したもとの理由に加えて、彼が犯罪的宗派の首領として処刑された者であることや、本人の「人間的」ふるまいや一族を知る者にとっては、その神格化は受け入れがたかったからである。この「イエス派」の指導者であったステファノは、主流派のリンチで三二年頃殺された。四〇年代にはヘロデ・アグリッパ一世がエルサレム教会を迫害した。一度逮捕されたペテロは伝道中心に活動し、さらに保守的なイエスの弟ヤコブが教会の柱となったが、彼も六二年に大祭司アンナス二世によって処刑された。

(六)パウロ　**パウロ**は小アジア地方出身のユダヤ人で、はじめは熱心にイエス派を弾圧する側にあった。しかし三三年頃突如回心し、イエス派に加わった。はじめの布教は成功しなかったが、三五年頃エルサレムに赴いて、直弟子からイエスの言行についてさらに学び、後はアンティオキアを本拠としつつ、異邦人(ユダヤ人以外)に精力的に伝道した。

パウロはこの新しい教えの核心を、律法を守る強い意志でも、賢さ・知恵・理性でもなく、希望と信仰と慈愛のうちにみた。彼は人が力を求めるのでなく、弱い者として救われることを説いたが、そのあまり神の力をあまりに強調した。民族的選民論は退けたが、恩寵による予定説と原罪説を説いた。(伝統的な受けとり方では)贖罪説も説いた(ただし青野太潮『パウロ』岩波新書、二〇一六年、はこれを誤解とする)。またイエスは政教分離を説き、この世の権力については関わらない態度であったが、パウロは服従を説いた。

パウロは異邦人に布教する際、ユダヤ教が要求する律法の実行は求めなかったので、あくまでもユダヤ教の枠内にあろうとする布教者達と緊張関係が生まれた。このため四八年頃エルサレムで会議が開かれ、一時的な妥協として、パウロは異邦人担当としてそのやり方が許容されもした。しかし結局対立が表面化し、彼はエルサレムでとらわれた。ローマ市民権を持っていたので皇帝に上訴し、ローマに護送されたが、その地で六〇年頃処刑されたとみなされている。しかしユダヤ人への宣教が基本的に挫折し異邦人伝道が成功したことから、パウロの路線が継がれることになった。こうしてパウロによって、ユダヤ教から名実ともに独立した世界宗教としての「キリスト教」が成立した。彼が各地の教会に送った手紙はこの宗教の基本文書と認められ『新約聖書』の重要部分を構成するようになった。

(七)キリスト教会の成立 六四年、ローマで大火があった。皇帝ネロはこれをキリスト教徒によるものとして迫害した。彼にキリスト教についてのまっとうな知識があったわけではなく、反抗的なユダヤ人のなかでも、反逆者として処刑された者を「ユダヤ人の王」として担ぐ胡散臭い少数派として、いけにえにしただけのようである。基本的には帝政初期にはキリスト教は黙認されており、貧民や奴隷などを中心に信者を増やした。ペテロもローマに来たが、ネロの迫害に巻き込まれて殉教したとも言われ、後初代のローマ司教(そして**教皇**)に位置付けられることになった。

ユダヤ教徒のほうは、六六年、ローマに対する武装蜂起に踏み切ったが、七〇年敗北して国家として滅亡した。神殿も破壊され、各地に離散した彼等は、以後は文書を中心にした宗教活動をすることになった。

キリスト教のほうでも文書化が進み、六〇年代には、エルサレムやアンティオキアの教会から相対的に独立した集団が、イエスの言葉を中心とする「Q資料」をつくったと考えられている。七〇年代に「マルコによる福音書」がつくられた。ガリラヤ地方を中心にした組織によるものと思われる。理屈は少なく、多くの奇跡を伴うイエスの業が語られており、弟子よりも彼に施しや治療を受けた民衆の力がより働いているかもしれない。「マタイによる福音書」と「ルカによる福音書」は、このマタイのほかに、Q資料を共通の素材として、即物的なマルコに対しより精神的な教えを伝えている。ただしそれぞれの編集を加えまた独自資料も使うので、違いもみえる。マタイはより保守的で、イエスの活動は旧約聖書の預言の成就であるとする。またペテロをイエスによって後継ぎに任じられた者としている。ルカはより革新的で、ユダヤ教に比べたイエスの教えの新しさを説く。エルサレムにあった組織によるものと思われ、また強くローマ帝国を意識しつつイエスによる神の国を対置する姿勢がみえる。パウロらの活動を述べる「使徒行伝」もルカによる。「ヨハネによる福音書」は、「はじめにロゴス（ことば）があった」とし、ロゴスが肉となった（受肉した）のがキリストであるとしている。これは「キリスト仮現説」などを説くギリシャ風のグノーシス派への批判であるが、批判であるがゆえに同じ土俵に乗った、つまり「神学」に一歩踏み出した面も持つ。これらの手紙、「福音書」、「使徒行伝」などは、二世紀後半頃までは、「キリスト教」の「聖典」であると考えられるようになっていった。またローマをはじめいくつかの町の教会の指導者は「司教」として、管轄する諸教会の「司祭」とともに、信者を指導する聖職身分とされるようになった。信者として認められるため、信者として生き死ぬため、聖職者として認められるためなどの儀式（秘蹟、聖典礼）も定められるようになった。

三一三年、皇帝コンスタンティヌスはキリスト教を公認した（**ミラノ勅令**）。彼は三二五年に**ニケーアの公会議**を招集した。ここで「父なる神」と「子なるキリスト」を「同一本質」とし、これを認めるアタナシウス派が「正統」となり、イエスは教祖ではあるが被造物であって神と「同一本質」ではないとするアリウス派は「異端」とされた。三八一年、皇帝テオドシウス一世はコンスタンティノープルの公会議を招集した。ここでは「聖霊」の神性を確認した。また彼は三九二年、キリスト教を「国教」と定めた。四三一年、皇帝テオドシウス二世によって招集されたエフェソスの公会議では、ネストリウス派を「異端」とした。このような過程で「父と子と聖霊との**三位一体**」の教義が次第に形成され、権威づけられていった。教皇レオ一世（在位四四〇―四六一年）はカルケドン信条の基礎をつくり、中世教会の基礎を築いた。

（八）ヘレニズム世界のなかで　古代のギリシャおよびローマの世界を広義のヘレニズムという。これに対しキリスト教（およびその源流としてのユダヤ教）を広義のヘブライズムという。この二つが西洋文化の両輪である。ヘレニズム世界にあって、キリスト教の信仰に基づく思想を展開した人々が**教父**と呼ばれる。ギリシャ語地域の「東方」とラテン語地域の「西方」に分けられる。
ギリシャ文化を代表するのは哲学であり、東方教父はキリスト教の哲学化を行うことになった。代表者は**オリゲネス**（Origenes, c.185–253）である。新旧約聖書は文字通りの「事実」なのでなく、知的解釈によってその「真実」を理解する必要があるとする。これは当然のことであり、イエスも多くたとえを用いている。聖書に科学的真理に反する記述があることや、こじつけの「解釈」が山ほどなされてきたことは否定できない。しかしキリスト教そのものを非科学的迷信として投げ捨てることは、その本質をとらえそこなう。「文字通りの」記述に固執する蒙昧な原理主義者は今でもいる（アメリカに多い）が、キリスト教はこのようなギリシャ的理性との総合を通じて、人類の大きな精神的糧となった。

ローマ文化を代表するのは法であり、西方教父はキリスト教の法学化を行うことになった。代表者は**ラクタンティウス**（Lactantius, ?–c.317）である。法において重要なのは何が義務であり何が禁止であるかであり、これらは事実問題でなく「権利問題」である。宗教においても、説明や解釈以上に重要なのは、信ずべきこと、なすべきことの規範の規定である。最も本質的な信仰（credo）は理性によって得られるものではない。彼に帰される「不合理ゆえに我信ず」という句は、この事態を逆説的に示している。解釈において前提されるのは理性であるが、信仰においては自由な意志が前提される。法の対象になるのが、必然的出来事でなく意志的行為であるように。

慈愛を本質とするキリスト教の思想は、こうして理性と意志をとりこんでいくことになった。これは三位一体の人間学的本質である。

（九）アウグスティヌス　東西を総合した最大の教父は**アウグスティヌス**（Augustinus, 354–430）である。彼ははじめローマ文芸に魅され、修辞学の教師となった。思想的には当時はやったマニ教に入れ込んだり、懐疑主義哲学に触れたり、長い道を経た後、キリスト教の信仰に至った。ゾロアスター教の系譜にあるマニ教は、善悪二元論をとる。むろんこれは唯一神のキリスト教とは相容れない。ゆえに彼は言う。「悪」の実体的原理があるわけではない。では悪はどこから生じるのか。人間がその自由意志を誤用することからである。聖書を「文字通り」でなく合理的解釈を通じて受容する点で、彼は東方教父の伝統を継ぐ。他方西洋教父を継ぐのは、彼が新プラトン主義をかなり受容しつつも、世界は神の「流出」でなく「創造」とする点である。「無からの創造」の観念は理性的には成り立たず、自由な意志という立場と結びつく。またギリシャ的「永遠」の立場からは、時間は「前後に関する運動の量」(アリストテレス)として、物理的・量的にとらえられたが、彼は「はじめ」「終わり」のある世界を考え、時間を「魂」の働きの側から考察した。

真の幸福の在りかとして、魂が神のもとで安らうことを求めた。闘い、勝利、優越、場合によっては支配を求め、そうでなければせいぜいそれらを被らないこととして自足を求めたギリシャ思想との、これは大きな違いである。西洋思想に平和を価値としてもたらしたものとして、キリスト教は大きいであろう。「ローマの平和」は、力による支配であった。アウグスティヌスによれば、それは「地の国」の「現実政治」の平和として、戦争そのものよりよいことはあり得るとしても、その「平和」しかないとする「現実主義」はとらない。愛による真の平和が「神の国」としてめざされるものとする。世界は(「地の国」内部の力による争いであるだけでなく)力を原理とする地の国と愛を原理とする神の国との二つの原理の戦いでもある。救済史による歴史哲学を、アウグスティヌスは展開した。

教会の知的指導者になってからのアウグスティヌスは、「異端」に対して精力的に闘った。転向した「聖職者」の権威を否認するドナトゥス派に対して、秘蹟の効力は施す者が立派かどうかでなく、地位に基づく聖霊の働きであるとして、祭祀の呪術化を進めた。また救済のための道徳的努力を重視するペラギウス派を批判し、恩寵を強調したが、これは悪を自由意志に基づけるかつての自分の所説を変更するものであった。これらの「異端」に対して、国教と定められたキリスト教の「正統派」は、国家権力の行使で禁圧を図った。アウグスティヌスはこのような不寛容を正当化した。迫害された宗教であったキリスト教は迫害する宗教になった。キリスト教の名による支配と抑圧は、その教えそのものの中には貴重な真実もあるだけにいっそう、以後の西洋人にとってとてつもない重荷になっていった。

文献

(1)『聖書』新共同訳、日本聖書協会、一九八七年
(2)荒井献『イエスとその時代』岩波新書、一九七四年
(3)同『人類の知的遺産12 イエス・キリスト』講談社、一九七九年
(4)ブルトマン／クンズィン『聖書の伝承と様式』(1929; 30) 未來社、一九六七年
(5)ブルトマン『イエス』(1926) 未來社、一九六三年
(6)カウツキー『キリスト教の起源』(1908) 法政大学出版局、一九七五年
(7)a：山我哲雄『聖書時代史　旧約篇』岩波現代文庫、二〇〇三年、b：佐藤研『聖書時代史　新約篇』同
(8)アウグスティヌス『告白』(上・下) 服部英次郎訳、岩波文庫、一九七六年
(9)同『神の国』(全五冊) 服部英次郎訳、岩波文庫
(10)大貫隆・名取四郎・宮本久雄・百瀬文晃編『キリスト教辞典』岩波書店、二〇〇二年

8　中世の哲学

（一）はじめに　西ローマ帝国の滅亡（四七六年）から東ローマ帝国（ビザンツ帝国）の滅亡（一四五三年）までが、一般史では西欧中世とされる。おおむねその期間にある哲学は「スコラ哲学」とも言われる。「スコラ」とは英語「スクール」の語源となっているラテン語であるから、直訳すれば「学校哲学」である。しかしスコラ哲学者が学校勤めをしていたとは限らない。よくあることだが、この名は後代からのもので、まだ学校ではあまり教えられない近代哲学に対して、学校で正式に教えられていた中世哲学（主にトミズム）をそう言うようになったのである。中世哲学の実際の特徴を言えば、何といってもキリスト教に基づく哲学ということになる。「哲学は神学の婢（ancila theologiae）」とは、後からの批判でなく、同時代の要請として言われた標語である。ギリシャでは哲学は無前提で「統領的な」学とされてきたから、前提や仕える主を持つのは、既に哲学として大きな制約であるとも考えられる。またこれが「煩瑣哲学」とも和訳されるのは、根本は信ずべきこととして理性の吟味にかけられず、それに「基づく」、重箱の隅のような瑣末をうるさくつつく議論が多いという、否定的な評価と結びついている。（西洋近代語の「スコラ的」も多くその含意で使われる。）ではキリスト教を信じない者には無駄な骨折りなのであろうか。大胆に言えば、そういう面もある。私が大学の教養課程で「哲学（史）」を教える場合は、時間の制約からもここは省く。しかし、中世哲学を知ることは、ただの歴史的理解以上の意味もある。まず、哲学の根本問題はある意味では古代で出尽くしているとも言える。プラトンとアリストテレスとの関係（a）は、アウグスティヌスとトマス・アクィナスとの関係（b）、カントとヘーゲルの関係（c）と似ている。つまりbはaの中世版、cは近代版の面がある。別の言い方をすると、哲学が歴史として続くというのは、どこかで「正解」が出て終わるというのでなく、根本問題についての終わりのない論議なのである。とともに、根本は同じでも、別の側面や別の観点が主になったりするので、「似て」はいるが「別の」論議が起こるのである。

(1) エリウゲナ　**エリウゲナ**（Eriugena, c.810–c.877）はアイルランド人で、パリの宮廷学校で指導した。新プラトン主義（第6章第六節）と偽ディオニシウスを取り入れ、類・種・個などの論理概念を結びつけ、古代哲学と中世哲学との橋渡しの役を果たした。

彼は「自然」（natura）を次の四つに区分した。a：創造し、創造されない自然、これは原因としての神である。b：創造され、創造する自然、これは神の中にあるイデアである。c：創造され、創造しない自然、これは被造物である。d：創造せず、創造されない自然、これは目的としての神である。この四つにおいて、aとdは、異なった観点からみられてはいるが同じ神である。そして世界はこの順序でaから発出してdに復帰するという過程のもとでとらえられる。またbからcへの過程が考えられることからは、普遍から個物が生まれるということになり、実念論（第四節）の立場であることになる。

（三）アンセルムス　**アンセルムス**（Anselmus, 1033–1109）は北イタリアに生まれ、北フランスの修道院で著作と教育に携わり、晩年はイギリスのカンタベリー大司教として活躍した。スコラ哲学の父と呼ばれる。

彼は「知るために信じる」（Credo ut intelligam.）という立場から、知と信の結びつきを求めた。

彼は神の実在を論証しようとした。少し近代的に言い換えると、次のようなものである。「神は完全な存在である。完全性は実在性を含む。ゆえに神は実在する」。これは**神の実在の存在論的証明**と言われるようになる。これが証明になっていないことを証明したのは後のカントである（第17章第五節）。

普遍論争において彼は実念論の立場をとった。

また彼は「神の子」であるイエスがなぜ死んだのかという問題に対して、贖罪論の立場から論じた。

（四）普遍論争　エリウゲナは「神の中にあるイデア」から個々の被造物が発出したと考えた。ということは普遍的なものが事物（res）として実在し、それによって個別的なものが実在するという考えになる。これを**実念論**または概念実在論（realism）という（哲学のより一般的な語としての「実在論」とは異なるので注意）。これに対しロスケリヌス（Roscellinus, c.1050–1125）は実在するのは個物であり、普遍的なものは単なる名称（nomen）に過ぎないとする**唯名論**（nominalism）を唱えた。この二つの立場は支持者を替えて争い続けられ、「**普遍論争**」と呼ばれる。

実はこれは、実体を普遍的なイデアであるとするプラトンと、個物が実体であるとしてイデア説を批判したアリストテレスの論争の継続であり、中世版なのである。なぜ継続したかと言えば、どちらも正しくなかった、より厳密に言えばどちらも一面的な見解であったからである。普遍性と個別性はどちらも実在の一「契機」(Moment)であり、「普遍的なもの」や「個別的なもの」がそれだけで実在するものすなわち「実体」なのではない。「イワンは人間である」「ジューチカは犬である」すなわち「個別者は普遍者である」。この意味で「(諸)物の中の普遍」(universalia in re/rebus)を唱えたアベラルドゥスやトマスは正しい。ただし中世盛期で優勢だったのは「穏健な実念論」であった(山内志朗「唯名論と実念論」『哲学中辞典』知泉書院)が、実念論が現れる内在的な根拠としては、形相優位の二元論がある。質料として考えられた自然は単に個別的で多様なものとみなされ、他方普遍的なものとされる形相は、精神の範疇的機能によるとされるからである。このような意味での観念論は、古代・中世だけにあるものではない。カントや新カント派、ソシュール言語思想やそれを援用する構造主義などにも共通している。ただしこのカント以下の場合は実念論にはならない。この違いの理由を考えると、前近代思想においては事実と価値が断絶していないことがあげられる。個別的で多様なものは「劣った」もので、普遍的なものが「すぐれた」ものなので、後者こそ「実在」である、少なくとも「第一に存在するもの」であるとみなすのである。ではなぜ普遍的なものが価値的にすぐれていると考えられたのか。一つは、前者は感性的で身体運動的に質料に関わり(直接自然に働きかける)、後者は理性的・指揮監督的で形相に関わる(人に働きかける)ことによる。すなわち物質的生産の蔑視、あるいは身分制という社会的あり方が、こうした思想の土台としてある。また中世では、秩序が教会や国家のような(一人の教皇一人の君主により）「上から（多数者に）与えられる」社会であったことも、この思想と親和的である。逆に、「下からおのずから形成される」秩序としては市場が考えられるが、市場経済の発展はこうした実念論を崩す方向に働くであろう。

（五）アベラルドゥスとベルナルドゥス　**アベラルドゥス**（Petrus Abaelardus, 1079–1142）は「物の中における普遍」を説き、普遍論争では調停的立場をとった。倫理思想では、善悪は行為の結果でなく意図によるとし、自由意志が神の意志に従う良心を善とした。女弟子エロイーズとの恋愛事件は醜聞となったが、「恋愛」の成立史において重要な事件である。また彼に「知識人の成立」をみる見解もある（ルゴフ『中世の知識人』岩波新書）。著作に『然りと否』などがある。

ベルナルドゥス（Bernardus, 1090–1153）はクレルヴォーの修道院を創立し、多くの支院を建て、シトー会を立て直した。第二回十字軍を精神的に導くなど、現実政治にも大きな力を及ぼした。アベラルドゥスのような主知的な思想に反対し、愛の感情を重視し、魂のキリストに対する愛を信仰の中心として、「雅歌」の解釈など、半ば神秘的かつ審美的な方法で敬虔を説いた。その審美性は純粋な精神性を重んずるもので、当時のロマネスク彫刻などにみられる、奔放な想像力による感覚的・知的な享楽に反対した。

（六）**ラテン・アヴェロエス主義**　中世哲学のはじめの哲学的な源はプラトンないし新プラトン主義であった。アリストテレスは論理学の一部が利用されたが、他はほとんど知られていなかった。しかし東ローマ帝国からイスラム圏で、アリストテレス哲学は保存され、研究もされた。特にコルドバ生まれの**アヴェロエス**（Averroes, 1126–98：イブン・ルシュド）はその全著作の注解を行った。中世盛期の西欧において、アラビア文化とアラビア経由での古典文化の流入があり、哲学ではアリストテレスの形而上学、自然学、倫理学の流入が大きな意味を持ち、プラトンを上回る権威として受け取られるようにもなった。これはトマスにもみられるが、特にその傾向が強いものを「ラテン・アヴェロエス主義」といい、パリ大学教養学部教授のブラバンのシゲル（c.1228-82）などが代表とされる。

ところが教会はこれに対し、キリスト教教義に反する部分があるとして禁ずる措置をとった。その部分とは、①「世界の永遠性」、②「能動知性の単一説」、③「二重真理説」である。シゲルらはこれらをアリストテレス解釈としては論じても、自ら賛成するものとして述べたものではないらしい。しかしこの三点は、キリスト教とアリストテレス（に示される正統的ギリシャ思想）との重要な違いを理解させるものである。③は聖書が説く「信仰の真理」とともに、アリストテレスの教義を「理性の真理」として並立させるもので、これを退けるのは、教会が事実問題を含めて「真理」一般に関して権威を持つという姿勢を表している。①はキリスト教が神による世界の創造と世界の終末を文字通りの意味で真理とするなら、退けざるを得ない。②の「能動知性」とは、知性のうち感性に依存しない働きをする部分である。普遍的真理を認識するものという面からは（感性すなわち身体に縛される受動知性と違い）、個人に臨在するとしてもそれ自体はやはり普遍的なものと考えられるというのが、アヴェロエスの解釈によるアリストテレス説である。教会がそれを否としたのは、能動知性はまさに「魂」であり、その死後の（すなわち肉体と離れた後の）個体性を否定しないためである。天国に行く魂と地獄に行く魂の区別があるからである。ここからわかることの一つは、キリスト教において「心」の意味として、認識以上に、善悪の意志の主体という面がやはりより重い、ということである。もう一つは、西洋における個人の絶対的な意義という思想の宗教上の表れがここにあるということである。

(七) 盛期スコラ哲学のはじめ　十三世紀は中世西欧の、またスコラ哲学の盛期である。一二一五年、十四歳以上のすべてのキリスト教徒が、少なくとも年一回は告解をすべきであると定められた。また同年、ラテラノ公会議で、結婚は一月前の公示を必要とすることが定められた。

アッシジのフランチェスコ（Francesco, 1181/82–1226）は、自然を友とする独自の宗教思想を詩の形で表現し、また清貧の理想を托鉢修道会創設（一二二三年公認）で実行した。ドミニコ修道会（一二一六年公認）とともに、ここから多くの宗教家や哲学者が育った。

アルベルトゥス・マグヌス（Albertus Magnus, c.1200–80）はドミニコ会士であり、アリストテレスの全著作への膨大な注釈を行った。しかし照明説をはじめ新プラトン主義も取り入れており、ラテン・アヴェロエス主義には反対した。

ロジャー・ベーコン（Roger Bacon, 1214–94）はフランシスコ会士であり、実験と実践を重視した。二重真理説をとったとも言われる。

ボナベントゥーラ（Bonaventura, c.1217–74）もフランシスコ会士である。著作『魂の神への道中記』などがあり、知的分析よりも瞑想的な総合を重視した。照明説をとるが、人間は真理を一挙に直観できるのでなく、感覚による自然的認識から始まり、意志と愛に導かれた人格的実践を通じて、神へ、平安と至福とに至るとする。

（八）**トマス・アクィナス**　トマス・アクィナス（Thomas Aquinas, 1225-74）は中世最大の哲学者である。ナポリ近郊で貴族の家に生まれた。モンテ・カシノ修道院で初等教育を受け、ナポリ大学で学ぶ。ドミニコ会修道士。パリで、アルベルトゥス・マグヌスに師事する。パリ大学教授。主著は『神学大全』（Summa Theologiae）。

中世哲学で最も重要な問題は理性と信仰の関係である。理性は「自然の光」と呼ばれ、これに対して「恩寵の光」は啓示である。トマスは「恩寵は自然を破壊するのでなく完成する」と述べ、両者を調停する立場をとった。「神の知」は神が持っている知であるが、神についての人の知でもあり、これは究極的には前者と一致するともいう。

神の実在については、アンセルムスとは異なり、単なる概念からの「存在論的証明」を退けた。アリストテレスと同様に、経験的対象の実在を出発点に、その第一原因に遡及するという、**神の実在の宇宙論的証明**を行った。これが証明になっていないことを証明したのも、後のカントである（第17章第五節）。神の規定としては、「純粋現実態」（actus purus）であるとする。これもアリストテレスの存在神学を継ぐとともに、「在りて在る者」という聖書の規定も踏んでいる。では経験的な存在者との関係はどうなるか。ともに実在するといっても、両者の関係は「同義」でも「異義」でもない。神は存在を与えるもの、被造物は存在を受けるものとして、ともに存在に関わっており、これは「存在の類比」（analogia entis）であると彼は言う。この点で汎神論的なアリストテレスとは微妙に異なり、「創造神」の立場を保とうとする。

アリストテレスの場合、普遍性である形相は個物である実体に内在するものであり、質料に対して形相は優位にあるものであった。この立場からはなぜ個別があるのかという問いには、それははじめから存在する質料によってであるという答えになる。トマスにおいても質料が「個体化の原理」（principium individualis）とされる（それが基本であるが、そうでない面については、田子山和歌子「個と普遍」文献（1）：石田隆太「〈individuatio〉と〈principium individuationis〉の多様性」『哲学』第六七号、日本哲学会）が、質料ごと被造物とする存在神学からは、なぜ個物があるのかという問題はより難しいものとなる。

トマスの哲学（トミズム）は十九世紀末にはカトリックの公式哲学とされ、その後の「新トマス主義」（ネオトミズム）を含めて現代にも影響を及ぼしている。

（九）エックハルト　エックハルト（Meister Eckhart, c.1260–1328）はドイツのチューリンゲン地方に生まれ、ドミニコ会の修道院に入った。ケルン大学に学び、パリ大学で学位をとり、同大学の教授に任じられた。否定神学的に神を「無」とし、人は自ら「無」となる境地において一体化できるとした。異端の嫌疑がかけられ、死後の一三二九年、教皇ヨハネス二二世によって断罪された。汎神論的であり、タウラーやゾイゼなどのドイツ神秘主義の祖とされるだけでなく、ドイツ観念論をはじめ、近現代の思想に大きな影響を与えた。

（一〇）後期スコラ哲学　ドゥンス・スコトゥス（Duns Scotus, 1270–1308）は、形相が個体化の原理であり、個体は終局の実在であるとして「個体的性質」（haecceitas）という概念を唱えた。認識は意志の命令であるとし、信仰に哲学は不要とした。また非決定論を主張した。

ウィリアム・オッカム（William of Ockham, c.1280–1349/50）はイギリス生まれのフランシスコ会士であったが、異端の疑いで破門された。徹底した唯名論の立場に立った。より単純な説明が可能なら複雑な説明や経験的裏付けのない説明はしないという彼の方法論は、「オッカムのカミソリ」という名で伝わる。二重真理説をとったとされる。

「普遍」は「事物」自体や客観的実在である（実念論）のではないが、だからといって「ただの名前」であるのでもない。実在するのは金属「というもの」でなく、「この金メダル」や「あの銅像」だと言われようか。感覚の対象は確かに個物であろうが、それを「実在」だと言うのは勝手な定義づけにすぎず、論証ではない。「金属」と言われるものは「この銀歯」や「あの鉄瓶」などに共通する性質である。それを実在（の一契機）ではないと唯名論者が言うとき、多く持ちだす議論は二つの型がある。一つは、「共通する性質」というのは、人間（世間一般であれ時代の学者集団であれ）が自分達の都合でまとめた（または「分節」した）もので対象そのものにあるのでない、というものである。これは正しくない。確かにそういう「概念」もある。「益虫」と「害虫」の区別は虫そのものでなく人間様の都合にある。しかし多くの「概念」は実在に対応しており、「金属」と「非金属」の区別は実在的である。しかしそれもその区別が人間に役立つからではないかと頑張る唯名論者もいる。だがそういうことを言えば、そもそも概念をつくることは、つまりものを考えたり学問を行ったりすることは、それが人間に役立つからだという議論になる（そしてこの「役立つ」を一番広い意味で使えばそう言ってよかろう）。

しかし少なくとも学問的な概念は（「害虫」のような直接実用的な概念と異なり）、いったんは実用性を抜きにして、対象そのものの認識を得るための（またそのための方法を伴う）否定的媒介である概念であり、両者を区別することが必要である。学問の発達とともに概念の定義が変わることがあるのもこのためである。「原子」は今では「物質の最小単位」ではない。「酸性」概念の出どころは明らかに感覚的な「酸っぱさ」であろう。しかしそれが「水溶液中で水素イオンを出す物質」（アレニウス）と定義され、さらには「相手に水素イオンを供与する分子またはイオン」（ブレントテッドとローリー）や「電子対を受け取る分子またはイオン」（ルイス）のような定義替えも唱えられた。このような変化は直接の有用性を高めるためでなく、対象（ここでは物質の構成や化学反応）をより包括的に、すなわちより深く認識するためである。またこれは人類における「脱中心化」としての学問の進歩（拙著『共感の思想史』創風社、二七六頁）の一環と考えられよう。「物質」観念も語源が示すように「材料」が出発点であろうが、科学の各発展段階で「物質」概念が深まっていき、またそれとは別に「物質」の哲学上の概念として「意識から独立した客観的実在」と規定されるようになった。概念（Begriff）が対象に「対応」するのは、鏡のように対象の像を受動的に「映し出す」ことによってではなく、能動的に対象をまさに「把握する」（begreifen）ことによってである。しかし学問的概念の場合はこのことで逆に対象を恣意的にまたは直接の実用目的で「分節」しないように努める。極端な唯名論はこの区別を把握せず、真理だから（実在に対応しているから）役立つのでなく、役立つ観念が「真理」なのだという逆立ちした主張、実用主義（プラグマティズム）に至る。普遍の実在性に反対して持ち出されるもう一つの理屈は、中間領域またはダークゾーンがあるということである。たとえば「金属」の例でも、存在環境によって金属と非金属の間を変化する元素もある。しかしこれをもって、「金属」と「非金属」の区別の意義を否定したり、その区別は物質そのものにあるのでなく人間の便宜的操作に「過ぎない」とか言う化学者はいない。同様なことは、生物と無生物の間、植物と動物の間、男と女の間、生と死の間など、いろいろなところに言える。世界そのものに普遍性と個別性がともに「一契機」として実在するように、連続性と断絶性がともに「一契機」として実在する。前者についてと同様、後者についてもどちらか一面に固執する思想間で、古代以来の水掛け論がなされてきた。断絶の実在性を否定する連続説は、普遍だけでなく個物の実在性も危うくし、連続の実在性を否定する断絶説（たとえばキリスト教原理主義の特殊創造説）を裏返した、やはり一面的な思想である。

先に、実念論を崩していくのは、唯名論者の議論であるよりも（なぜなら両者はともに一面的な思想として水掛け論であるから）、むしろ市場経済の発展であると述べた。その論法を続ければ、さらに唯名論のほうをもっともらしく思わせるのは、共同体崩壊の動きである。ゆえに市場がしかもまさに「自生的秩序」として発展した英米において、唯名論と個人主義、実用主義が、近世以降も強くなる。

（一一）総括　中世の哲学は人間を幸福にするのに役立つか。

自然にせよ社会にせよ、世界をよりよく認識すること、科学や技術を発達させることには、それはほとんど役立たなかった。確かに哲学の役割は、単なる知識や物質的利得への効用だけではない。そしてそれは中世哲学が主に求めていたものでもない。人はパンのみによらないこと、そして心の問題に関してイエスの教えには貴重なものがあったことを、私も認める。しかしまたそれは、はたして中世哲学においてみられるような思弁を必要とするものであろうか。そうは思われない。

中世の哲学は、とりあげる主題にあまり意義がなかったり、意味ある問題にしてもとりあげ方が不適切で不毛な議論に終始したものが多い。個々の哲学者としては、立派な意図を抱いていた者や、すぐれた生き方をした者も少なくないであろう。しかし成果としてみた場合、中世哲学は千年の回り道であったのではなかろうか。

文献

(1) 中川純男編『哲学の歴史3 神との対話・中世』中央公論新社、二〇〇八年
(2) 聖アンセルムス『プロスロギオン』『モノロギオン』『クール・デウス・ホモ』長沢信寿訳、岩波文庫、一九四二年、一九四六年、一九四八年
(3)『世界の名著20 トマス・アクィナス』中央公論社、一九八〇年
(4) 稲垣良典『人類の知的遺産20 トマス・アクィナス』講談社、一九七九年
(5) 稲垣良典『人と思想114 トマス＝アクィナス』清水書院、一九九二年
(6) 上田閑照『人類の知的遺産21 マイスター・エックハルト』講談社、一九八三年
(7)『エックハルト説教集』田島照久編訳、岩波文庫、一九九〇年
(8) ジルソン／ベーナー『アウグスティヌスとトマス・アクィナス』みすず書房、一九八一年
(9) ジルソン『アベラールとエロイーズ』中村弓子訳、みすず書房、一九八七年
(10) リシェ『聖ベルナール小伝』稲垣良典・秋山知子訳、創文社、一九九四年

9　ルネッサンスと宗教改革

(一) はじめに

ルネッサンスと宗教改革は、科学革命と並んで、近世欧州における文化上の革新である。分野や地域によって時期は異なるが、広くとれば十四世紀初めから十七世紀初めまでの約三百年にわたる。イタリアが発祥の地で中心でもあり、西欧各地に広がった。中世文化に対する、ルネッサンス（the Renaissance）は芸術と思想での、宗教改革（the Reformation）は宗教での革新である。カトリック的世界観・人生観への批判という面で、両者は共通する。なぜこのような革新が起こったのか。深い要因としては、文化の担い手として新しい社会層が台頭したことがある。それは市民階級（ブルジョワジー）にほかならない。彼等はより現世的でより合理的な思想と信仰を求めた。より直接には、カトリック教会の権力と権威が低下したことが挙げられる。「教皇のバビロン捕囚」（一三〇九―七七年）や「教会大分裂」（一三七八―一四一七年）はそれを目に見えるかたちで示した。ルネッサンスでは造形芸術の分野が最も有名（ダヴィンチやミケランジェロなど）で続いて文芸（ダンテからシェークスピアに至る）であろう。しかしここでは思想の分野をとりあげ、合わせて宗教改革も考察したい。

（二）クザーヌス　クザーヌス（Nicolaus Cusanus, 1401-64）はドイツの哲学者である。船主の息子だが、ハイデルベルク大学・パドヴァ大学で学び、教会法の学位を得た。はじめトリーア大司教に法律顧問として仕えたが、ケルン大学で哲学と神学を学び、聖職者に叙任された。教皇の特使として働き、枢機卿、ブリクセン司教に任じられた。著書『無知の知について』（1440）がある。神は無限者として「極大と極小の統一」、一切の対立を超えたものである一者とした。この「反対の一致」の思想は内容的には弁証法的とも言える。円周と直線、線と点、永遠と時間などの例が挙げられている。世界の空間的無限性や太陽中心説は近代天文学につながる。しかし彼の思想の本質は否定神学からくるもので、はなはだ神秘主義的である。すなわちこの真理は、理性を超え、否定を通しての直観によってとらえられる「見神」（visio dei）とされる。その神は世界の包括（complicatio）であり、世界は神の展開（explicatio）であるとし、伝統的な創造の観点とは異なる。また人間はその世界の中の小宇宙（microcosmos）であるとすることも含めて、類比による思考はルネッサンスにおいて強いものである。

（三）アルベルティとヴァラ　アルベルティ（Leon Battista Alberti, 1404-72）はイタリアの思想家であり、ルネッサンスが理想とした「万能人」の一人である。銀行家の父の庶子であるが、ボローニャ大学卒業（教会法を専攻）後は聖職者であり、教皇庁に書記官として勤めた。建築家でもある。実務書や喜劇、小説もものしたが、有名なのは『絵画論』『建築論』、そして『家族論』である。

ヴァラ（Lorenzo Valla,1407-57）はイタリアの哲学者である。著書『快楽論』（1431）がある。キリスト教的禁欲主義に反対し、快楽主義を唱えている。教皇の世俗的支配権を正当化するものとされてきた「コンスタンティヌス帝の寄進状」が偽書であることを文献学的に証明した。

(四)フィチーノ　**フィチーノ**（Marsilio Ficino, 1433–99）はプラトンの翻訳を行った。『饗宴』の訳と注解は特に有名であり、ボッティチェリなど美術家に大きな影響を与えた。プロティノス的である。フィレンツェの「プラトン・アカデミー」の中心となった。これはこの地の富豪で政治的実力者コジモ・デ・メディチが一四六二年に創設したものである。

(五)ポンポナッツィ　**ポンポナッツィ**（Pietro Pomponazzi, 1462–1524）はイタリアの哲学者である。パドヴァ大学で学び、同大学、フェララ大学、ボローニャ大学で教えた。著書『魂の不死について』(1516)で魂の不死は哲学的には証明できないとし、宗教的異端の嫌疑がかけられ、ヴェネチアでは焚書にされた。トマス的でない、新しいアリストテレス主義である。自然主義的であり、魔術と奇跡を否定した。倫理においては、徳はそれ自体の報償であるとするが、自由意志については懐疑的見解であった。

(六)ミランドラ　**ミランドラ**（Pico della Mirandola, 1463–94）はイタリアの哲学者である。一四八四年からプラトン・アカデミーに加わった。演説『人間の尊厳について』(1486)はルネッサンス精神を代表する。そこで彼は、神は人間に自由意志を与え、世界の真ん中においたと述べる（文献(4)一六―一七頁）。カバラ（ユダヤ教の新プラトン主義的伝承）とキリスト教を融合させ、神秘的・象徴的なキリスト教解釈を行った。しかしこのため翌八七年異端とされ、フランスに逃げたが捕われた。ロレンツォ・デ・メディチなどの尽力で自由になり（教皇から正式に赦されたのは九三年）、彼の保護下にフィレンツェに戻った。そこにサヴォナローラを呼ぶために努め、九四年、仏王シャルル八世が入城した日に、サヴォナローラの前で死んだ（秘書による毒殺とも。文献（4）二五七頁）。

（七）マキャベリ　マキャベリ（Niccolò Machiavelli, 1467–1527）はイタリアの思想家、文芸家、外交官である。サヴォナローラ火刑後の一四九八年、フィレンツェ共和国の第二書記局長に選ばれ、主にイタリア戦争で乱れる外交で働き、傭兵に替わる常備軍の創設も企てた。しかし一五一二年、スペイン・教皇軍に敗れたフィレンツェではメディチ家の支配が復活し、解雇される。以後、郊外の山荘で主に執筆活動を行う。ドイツ皇帝軍によるローマ却掠があり、フィレンツェでもメディチ政権が再び追われた一五二七年、病死した。

著書『君主論』（1532）は有名である。君主のあるべき姿を論じたものである。そこで彼は、道徳的な君主より不道徳な君主のほうが大事業を成し遂げているのが「現代の経験」として、君主は、獅子の力と狐の悪知恵を学ぶ必要があるという。君主は「信義や、慈悲や、人間味や、宗教に反する行為にたびたび出なくてはならない」と敢て言う。後に「マキャベリズム」という語で指されるようになったのは、目的のために手段を選ばぬ権謀術策主義のことだが、彼自身はけっして権力獲得を自己目的として肯定していたわけではない。宗教や道徳から独立した技術論として政治学の祖とも言われる。『ローマ史』『戦術論』『フィレンツェ史』のほか喜劇も書いた。

（八）エラスムス　エラスムス（Erasmus, 1467–1536）はオランダの人文学者、思想家である。合わせて「人文主義者」と言われるが、これは英語では「ヒューマニスト」になる。現在では「人道主義者」と訳される語だが、意味の違いがあるからである。「人道主義」といえば、宗教や政治体制などが対立していても「同じ人間だ」ということで、天災や飢えなどの際は支援しようというようなときに使われる。「**人文主義**」とは、人間的な、すなわち古典古代の文化を学ぶということである。エラスムスはこの意味での人文主義の代表者であり、彼が著した古典語学習書『格言集』は印刷術普及当時の最初のベストセラーの一つと言われる。しかしキリスト教に背を向けたわけではなく、古典語研究の成果として、聖書の校訂版も出しており、これはルターの翻訳のもとになっている。著書『愚神礼讃』(1509)や『対話集』では教皇を含めた教会の腐敗が鋭く風刺されているが、キリスト教そのものを否定しているのではない。『平和の訴え』(1517)は戦国乱世であるルネッサンス期に平和を説いたもので、彼は最初の本格的な平和主義者と言える。古代ギリシャ人・ローマ人は戦争大好きで、「ローマの平和」(Pax Romana)というのも、アウグスティヌスが批判したように、力による支配に過ぎない。これに対しイエスの思想は平和主義的である。そしてこれを看板とした中世は、確かに「力こそ正義」(Might is right.)とするギリシャ・ローマと異なり、正義を優先させる建前となったが、「不義」とあれば力を行使してもよいとした。こうしてその担い手である封建領主すなわち騎士達は、異教徒や異端者に対して剣をふるった。エラスムスはそれを批判する。彼はキリスト教徒であり、したがってたとえばイスラム教には反対であり、またそういうことはどうでもよいとも思っていない。しかし言論で反対することと、武器をとって殺したり傷つけたりするのは別のことである。イエス自身、ある人々に対して強烈に批判したが、剣をとることは戒めており、また教えを受け入れない者には力づくで強制するのでなくおとなしく引き下がれと述べている。キリスト教の名のもとに暴力や戦争を行うのは、イエスの精神の正反対なのである。そのような面も含め、教会の世俗化や堕落に反対ということでは、ルターも共通する。しかしエラスムスは内部での改革を考え、ルターのように別の一派を構えて外から対抗することには反対であった。『自由意志論』(1524)はルター批判であるが、教会に対する踏み絵に過ぎないのでない。これに対しルターが『奴隷意志論』で応じたように、ピコを継いで人間の自由意志を重んずるエラスムスと、神の恩寵を重視するルターとの間には、人文主義と宗教改革との隔たりが表れている。

(九)トマス・モア　トマス・モア(Thomas More, 1478–1535)はイギリスの思想家、政治家である。祖父も父も法律家で、自らも法律を学んだ。しかし広く人文学も学び、人文学者達と交際し、また信仰も深く修道会とも関係した。法曹界から出発して政界に転じ、一五〇四年には下院議員、一〇年にはロンドンの市長代理、一七年に王室参事会員、二一年財務次官、二九年に大法官にのぼりつめた。国王ヘンリー八世は自らの離婚のためにカトリックを離れることにし、一五三四年の法令で自らを首長とする「英国国教会」を創設した。彼はこれに反対し、斬首された。

著作『ユートピア』(1516)を著した。これは架空旅行記であり、主人公がたまたま流れ着いた島の叙述が中心である。その島の名「ユートピア」は「どこにもない場所」という意味の造語である。紹介者はそれを理想的な国としたので、以後「ユートピア」は「理想国」の代名詞ともなった。紹介者によれば、そこでは経済的平等が実現されている。「私有財産」なるものをあがめ、陰険で非生産的な金持ちが、いろいろな権利や口実であらゆる富を山分けし、他方労働によって全体の福利に貢献する貧乏人は貧窮する、といった国とは違うという。人文主義者らしくプラトンの思想が引き合いに出されているが、内容上また歴史的に**空想的社会主義**の祖とも言われる。この理想国の対極におかれているのは、まさに当時のイギリスにほかならない。第一次囲い込み運動によって農村共同体が解体され、土地を失った農民が都市に流入して野垂れ死に、あるいは犯罪にはしって処刑される状況にあった。この「資本の本源的蓄積」期のイギリスを、モアはこの書で「人間が羊をでなく、羊が人間を食う」と述べたのは有名である（この囲い込みは、毛織物のための羊毛業が目的）。

（一〇）ルター　ルター（Martin Luther, 1483-1546）はドイツの宗教家である。ヴィッテンベルク大学神学教授。一五一七年、教会による贖宥状（俗にいう免罪符）の販売を公然と批判した。このため破門されたが、彼は破門状を燃やして対抗した。聖書をドイツ語に翻訳し、『キリスト者の自由』（1520）などを著した。

聖書では使徒ペテロはイエスから「天国の鍵」を預けられた者とされている。カトリック教会はこのペテロを初代ローマ教皇とし、歴代ローマ教皇はこれを継承する地上における神の代理人とみなす。ルターは聖書は認めるが、教会の主張は単なる伝承に過ぎないものとして認めない。権威としては「聖書のみ」という立場を**福音主義**という。教皇と最終的には彼に権威づけられる聖職者達、つまりカトリック教会は人々を「赦す」権限を持つが、ルターによれば人がその宗教的義しさを認められるのは信仰によってのみであり、これを**信仰義認説**という。人が人を裁き赦すことの否定であるが、別の面からすれば、問題になるのは儀式や善行でなく内面であるという思想である。ルターとて儀式や善行をそれ自体として否定しているのではないが、宗教の本質は心にあるとし、各人の心を判定できるのは神しかないという論理である。またこの論理のほかに、人間はきわめて無力で自力で善をなし得ないという心理がルターには働いており、ここから彼はエラスムスの自由意志説に反対して『奴隷意志論』（1525）を著した。ここにはルネッサンスと宗教改革の対立点がはっきり表れている。ルター派の（後にはその流れを継ぐ）人々は**プロテスタント**、その宗教をプロテスタンティズムと呼ばれるようになった。カトリック教会では聖職者（日本では「神父」という）は神と人とを仲介する特別な身分である。これを否定したルターは世俗的労働も神の**召命**（Beruf）による神聖な義務であるとした。プロテスタントでも職業的宗教家（日本では「牧師」という）はおり、聖書を解説したり身の上相談に乗ったりするが、「職業」の一つであって身分ではなく、他の職業人同様に妻帯してもよい。

教会の敵となったルターを保護したのはザクセン侯であった。ルターの改革が成功したのは、ウィクリフやフスのような先駆を受けて機運が熟したからでもあり、「ローマの牝牛」として教会の苛斂誅求を受けていたドイツの諸侯などが教会離れするのに役立つと考えて支持したからでもあった。

（二）カルヴァン　**カルヴァン**（Jean Calvin, 1509–64）はフランス出身の宗教家である。亡命してスイスのジュネーブで宗教改革を行った。『キリスト教綱要』を著した。

ルターが信仰義認説を唱えたのは、人間が自力で善行をなし得ない弱さを痛感したからであった。しかしカルヴァンに言わせれば、信じられるかどうかさえも、自分の自由にはならず、どうしても信仰を持てないような人間もいる。よって救われるかどうかはあらかじめ神に定められているということになる。この**予定説**はパウロやアウグスティヌスにもあるとはいえ、カルヴァンは徹底性において群を抜いている。これは驚くべきであるとともに私達（ふつうの日本人）には理解しにくい教義でもある。驚くべきというのは、生まれたときにもう最後が天国か地獄か定められているからである。理解しにくいというのは、ルターの信仰義認説は人は人を救えず神のみ人を救い得るというものだが、カルヴァンの予定説では神も人を救えないことになり、人は何をしても無駄ということになろうからである。それなら宗教に何の意味があるのかということになり、反宗教の人が言うならともかく、熱心な宗教家がなぜ、と思うのである。実はこれは「私達」が「神仏」は人を救うための存在と前提しているからだが、カルヴァンに言わせれば、これこそ冒瀆であり、人のための神でなく神のための人というのが、真の信仰なのである。人が何かをすればあるいはその神を信じれば救われるというのは、神を人の道具にしているのであり、予定説はこれを克服する「**呪術からの解放**」（Entzauberung）をもたらすのである。予定説そのものはきわめて不条理な教えである。しかしその結果としてその信者は合理的な倫理（エートス）に導かれた。またカルヴァンのカトリック批判（たとえば聖人崇拝）はきわめて合理主義的である。「西洋近代の合理主義」の根強さは、（非または反宗教的以前に）宗教そのもののなかに合理主義があることが大きいのではないかと思わされる。

カルヴァンもルター同様に世俗的労働を重んじる。しかしそれは神聖な義務だからであって、儲けるためではない。禁欲的という意味ではルネッサンスに対立するが、カトリックのように修道院にこもってお祈り三昧のような仕方で「欲望を断つ」のではない。結婚もし勤労に励むが、快楽のためでなく義務のためという「**世俗内的禁欲**」の教えである。儲けのために働くのは不純で良くないが、仕事に励めば結果として儲かる。それは悪いことでなく、むしろ当人が神によって救いに選ばれていることの証であるとさえみなす。もっともその儲けは過剰な消費（快楽）に費やしてはならず、さらなる生産のために投資しなければならない。勤労と富の蓄積の勧めは、新興市民階級（ブルジョワジー）にはぴったりの思想である。彼等はいままで教会から、稼いで金をためるようなのは卑しいことだ、まっとうなキリスト教徒でなくユダヤ人のようだと蔑視された。いやそれこそ尊いことだ、「成功」者こそ「救われている」人間だというカルヴァン派のほうが、彼等に好まれるのは当然であろう。かくしてこうした「禁欲的プロテスタンティズム」は西欧各地の市民階級に広まった。最も有名なのはイングランドの「ピューリタン」であり、彼等が国内で市民革命の主力になり、また北米に移住してアメリカ合州国の礎となったことを考えれば、カルヴァンの宗教思想の重要性がわかるであろう。

（一二）モンテーニュ　モンテーニュ（Michel Eyquem de Montaigne, 1533–92）はフランスの文芸家、思想家である。領主としての務めから早く引退し、学芸書を播読し、ノートをとりながら自らの思索を自由に書き留めていった『エセー』（1580–88）を著した。父を継いでボルドーの市長も務めたが、それは宗教戦争の時代であった。

随筆『エセー』において哲学的に最も注目されたのは、「レーモン・スボンの弁護」と題された、最も長い章である。異端の疑いをかけられた思想家の弁護に乗り出したモンテーニュは、しかしその目的を逸脱して自分自身の哲学的考察に入り込む。それは人間の認識能力の限界を強調することに導く。すべての認識は疑わしい、というこの認識も疑わしい。よって言い得るのは疑問文「私は何を知っているか」（Que sais-je?）だけだという**懐疑主義**となる。人は生きる以上何らかの意見や信念を持たざるを得ないが、ここで重要なのは、それが絶対の真理や正義ではないという自覚であることになる。だとすると自分と異なる意見や信念に対しても**寛容**であるべきだということになる。信じることが善であり疑うことは悪であるという思想、そして偽ないし悪と断罪された思想や信仰には不寛容でなければならないとした中世思想に対して、これは大胆な革新であった。後の啓蒙思想につながるものであり、また目の前の宗教戦争に対しても真摯に向き合ったものであり、暇な隠居の保身的日和見主義ではない。新大陸の「未開人」に関しても、キリスト教徒の「文明人」のほうが野蛮なふるまいをしているという告発は、長い射程を持つ。

（一三）弾圧と反動　**フス**（Jan Hus, c.1370–1415）はボヘミア（チェコ）の宗教家である。プラハ大学教授・総長を務めた。イギリスの宗教改革家ウィクリフの影響を受けた。聖職者の土地所有や贖宥状に反対し、破門された（一四一二年）。コンスタンツ公会議に安全を保証されたうえで招集されたが、そこで異端と断罪され火あぶりにされた。

サヴォナローラ（Girolamo Savonarola, 1452–98）はイタリアの宗教家である。ドミニコ会に入り、アリストテレスやトマスから影響を受けた。フィレンツェのサン・マルコ修道院長に任じられ、当地の支配者メディチ家のロレンツォ一世を強烈に批判した。仏王シャルル八世の侵攻によって預言者としても名声を確立した彼は、メディチ家に替わって宗教的な民主政の指導者となって改革を進めた。しかし彼から批判された教皇アレキサンデル六世によって破門され、姦計によって市民の支持も失い、拷問の末異端者として火あぶりにされた。

ロヨラ（Ignatius de Loyola, c.1491–1556）はバスク地方出身の宗教家である。はじめ軍人として奔放な生活をおくったが、回心しイエズス会を創設した（一五四〇年、教皇パウルス三世により公認）。教皇直属で、「鉄の規律」を持つ軍隊的組織である。海外布教と教育に意を用い、カトリックの勢力挽回に寄与した。著書『心霊修行』（『霊操』岩波文庫）がある。

ブルーノ（Giordano Bruno, 1548–1600）はイタリアの哲学者である（思想内容は第10章第三節）。異端の告発を受け、火あぶりになった。

ガリレオ（Galileo Galilei, 1554–1642）はイタリアの科学者である（理論の内容は第10章）。宗教裁判で地動説の撤回を強いられた（一六三三年）。

カンパネッラ（Tommaso Campanella, 1568–1639）はイタリアの思想家である。パドヴァでガリレオと交わったが、一五九四年異端として逮捕され入牢。出獄後、政治的にも経済的にも平等で、隣人愛に基づくキリスト教国家をめざす革命運動に加わり失敗し（一五九八年）、以後二十七年獄中で過ごした。激しい拷問を受けながらも、理想社会を構想した『太陽の都』（岩波文庫）や『ガリレオの弁明』（ちくま学芸文庫）を著した。

ヴァニニ（Licilio Vanini, 1585–1618）はイタリアの哲学者である。汎神論を唱え､霊魂不死を否定した。トゥールーズで火あぶりにされた。

文献

（1）野田又夫『ルネサンスの思想家たち』岩波新書、一九六三年
（2）クザーヌス『神を観ることについて　他二篇』八巻和彦訳、岩波文庫、二〇〇一年
（3）ヴァッラ『快楽について』近藤恒一訳、岩波文庫、二〇一四年
（4）ピコ・デッラ・ミランドラ『人間の尊厳について』大出哲訳、国文社、一九八五年
（5）『世界の名著21　マキアヴェリ』中央公論社、一九七九年
（6）『世界の名著22　エラスムス、トマス・モア』中央公論社、一九八〇年
（7）ガレン『イタリアのヒューマニズム』清水純一訳、創文社、一九六〇年
（8）『世界の名著23　ルター』中央公論社、一九七九年
（9）『宗教改革著作集9〔カルヴァン「キリスト教綱要」初版〕』久米あつみ訳、教文館、一九八六年
（10）トレルチ『ルネサンスと宗教改革』内田芳明訳、岩波文庫、一九五九年

10　科学革命とベーコン

（一）中世欧州の世界観

「科学革命」以前の欧州人の世界観は以下のようであった。「宇宙」は神によって創られたものの全体であり、それは有限で、その中心は不動の地球である。地球を中心に、宇宙空間に月・太陽・惑星が回転している（天動説）。その回転軌道上にはそれらを支える諸々の「天」がある。またそれらとともに不動の恒星が「天体」であり、恒星を支えている「恒星天」は宇宙の一番外側にあって、有限な宇宙の果てになっている。その向こう（上）にあるのは「天国」である。逆に地球の中心（宇宙の一番下）にあるのは「地獄」である。ここからわかるように、世界の学問的説明と宗教上の学説は一体になっている。宇宙には上下関係があり、「上」は尊く「下」は卑しい。これは「神聖な秩序（ヒエラルキー）」である。ここから、事実問題と価値問題とが未分離であることがわかる。またこの「宇宙」は自然界であるとともに人間社会でもあり、両者の本質は区別されない。「被造物」（神によって創られたもの）は「天体」と「物体」（月より下のもの）に二分される。より「上」にある「天体」はより尊いもので、ゆえに完全な形である球形をなし、時間・空間的に完全なものである、永遠の円運動を行う。より「下」にある「物体」はより卑しいもので、ゆえに不完全な諸々の形をなし、時間・空間的に不完全である一時的な直線運動を行う。この運動は、外から動かされることによってか、その物体が「本来の場所」でないところに置かれたことによって始まり、外からの抵抗にぶつかれば、またはその物体の「本来の場所」に戻れば、終わる。「物体」を構成するのは四つの元素、火・空気・水・土である。このうち火と空気はより「尊い」元素であり、本来の場所は（月下において）より上である。水や土はより「卑しい」元素であり、本来の場所はより下である。「天体」を構成するのはこれとは別でより尊い、我々人間には摩訶不思議な「第五元素」である。宇宙空間にも「エーテル」と呼ばれる透明な存在がある。何もない「真空」は文字通りなく、力は必ず存在を通じて働くので、真空ないし「無」を通って働く遠隔力はない。既に説明した「物体」の上下運動と違って、左右方向には尊卑の違いはないので、その運動はもっぱら外力によって生じる。運動の大きさはこの力により、ゆえにこの力が止まれば運動も止まる（$v \propto f$）。手から離されたりんごが落ちるのは、それが「水」や「土」という「卑しい」元素からなるので、「本来の場所」である「下」に戻ろうとするからである。月が（誰かが支えているわけでもないのに）地球に落ちてこないのは、それが「天体」として永遠の円運動をするからである。

　科学革命前の西洋人は、けっして無知だったわけではない。このような説明は、今の読者は誤りであることを知っているが、ではなぜ間違いなのかと言われれば、困るところもあろう。部分的には納得させられてしまうかもしれない。むしろそれだけ科学革命は困難であったと考えるべきである。単に無知な人が相手なら、これが真理だと教えやすい。別の考えにすっかりはまっていた人々に対して、科学革命の担い手達は、厳しい闘いを行うことによって、勝利の道を切り開いていく必要があった。

ところでこの西洋中世の世界観は、東洋中世の世界観を代表する朱子学のそれとよく似ている。その中心は「ロゴス」とも言うべき「理」である。その「理」とは「然る所以の故」と「当に然るべき所の則」とを、すなわち事実問題と価値問題を連続的に含んでいる。そして山が高く海が深いように、君臣の義や父子の孝が「自然に」「当然に」ある、と自然と社会も連続的にとらえる。

（二）コペルニクス　科学革命の一番手はポーランドの**コペルニクス**（Nicolaus Copernicus, 1473-1543）である。彼は『天体の回転について』（1543）において**地動説**を唱えた。地動説は古代から提唱者はいた（たとえばアリスタルコス）が、受け入れられなかった。その理由は二つある。一つは、「天体」の回転は目に見えるが、地球自体が動いていることは素朴な感覚では知られないことである。もう一つは、中世においては、聖書の記述を文字通りに解することで、天動説が肯定されるからである。ではなぜコペルニクスは地動説を唱えたのか。惑星の運動の説明からである。金星や火星を観察すると、「留」すなわち停止や「逆行」があり、きれいな円運動でない。これは私達もふつうの望遠鏡で少なくとも部分的に観察可能な現象である。前近代の人々も知っており、「天体は円運動」という原理との整合性が問題にされた。これに対しコペルニクス以前の学者はこう考えた。惑星は大雑把には地球のまわりを円運動しているが、正確には、地球を中心とする円軌道を中心とする円運動をしているのだ、と。観覧車は、いくつもの箱が円周上に並び、その円周上を動く。遊園地のなかには、この各々の箱が（その中の椅子に固定された乗客ごと）いわば自転しつつ、上述の円運動をするものがある。このときの乗客の動きが、惑星の運動にあたる。観覧車全体の中心からみれば、この乗客は一時的に止まっていたり逆方向に動いていたりする。しかし乗客自体は円運動をしているのである。以上の説明でつじつまは合うが、この考え方をとると惑星の位置を計算するのがとても面倒である。他方地動説をとればはるかに簡単である。観察者がいる地球自体も動いているならば、他の惑星の「留」や「逆行」はそのための見かけの運動に過ぎない。動いている車から、同じ速度の車を見れば止まって見えるし、もっと遅い車を見れば後退しているように見えるのと同じである。どちらの説明もできるとき、正しいのは単純なほうである、とコペルニクスは考え、そのため地動説に軍配を上げた。彼の考え方はこの理由づけにおいては科学的ではなく形而上学的である。多くの場合はそうだとしても、自然現象は、人間にとって単純な説明が常に正しいと言えるほど一筋縄ではいかない。コペルニクスは科学革命のまさに最初の人であるがゆえに、まだまだ科学的でないところもあった。ただ結果としては彼の主張は正しかったし、これが科学革命を切り開く第一歩になった。

（二）ブルーノ　ブルーノ（Giordano Bruno, 1548–1600）はイタリアの哲学者である。いろいろな著作があるが、科学革命との関係で重要なのは『無限宇宙および諸世界について』（1584）である。彼は地動説を正しいと考えた。しかしコペルニクスの体系には難点があるとした。もし地球も太陽の惑星の一つとして動いているなら、動いていない恒星も私達からは動いて見えるはずである。実際今日の天文学ではそれは観察され、（地球の公転は一年であるから）それぞれの恒星の「年周視差」という。きわめてわずかなので、当時は観察されなかった。これを整合的に説明すべく、ブルーノは、恒星は「恒星天」にあるのでなく、太陽系から無限に遠いものとした。そうなれば地球の公転による見かけの運動など、誤差の範囲内であり観察されなくても不思議ではない。その際「宇宙」そのものが無限となることが重大な世界観の転換となる。被造物は有限という教義に反するだけでなく、無限なものには「中心」がなく、したがってまた絶対的な「上下」もなくなるからである。第一節で述べた、位階秩序（ヒエラルキー）的世界観は崩壊する。またブルーノによれば、そのような諸々の恒星は太陽と同様に諸惑星を伴うそれぞれの「世界」であるという。今の言葉で言えば、太陽系の外にも諸々の銀河ないし「島宇宙」があるということであり、後の天文学にかなり近づいてきたのがわかる。コペルニクスは地球中心主義を脱し始めたが、いまだ（「我々」人間が住む）太陽系中心であった。ブルーノはこれもやめたことになる。ここからわかることの一つは、科学の発展とはより客観的な認識に進むことであるが、これは自分を世界の中心とみない「脱中心化」の過程であるということである。裏から言えば、天動説は、そして部分的にはコペルニクスもまだ、人間中心の発想をしていたということである。ところでこれもまた、（位階秩序の否定と並び）教会の世界観と対立する。ブルーノ説では地球外にも人間（知的被造物）があり得ることになるが、ではそれは（聖書に記されていない）アダムの子孫なのか。だとしたら救世主がこの地球にだけ現れたとする聖書の記述はどうなるのか。つまりキリスト教の人間中心主義・地球中心主義との対立である。こうした諸々の理由で教会はブルーノを異端とした。彼は欧州各地を遍歴したが、イタリアに戻ったとき、逮捕された。そしてローマにおいて火刑となって生涯を終えた。

(四) ベーコン　ベーコン（Francis Bacon, 1561-1626）はイギリスの哲学者であり、政治家である。

ベーコンが目的としたのは、科学・技術による幸福の増大である。ここに既に、重大な思想転換がある。古代ギリシャでは、理論活動（テオリア、観想）自体が「最高善」すなわち幸福とみなされたからである。科学・技術は、「役に立つ」ものとして、すなわち幸福実現の手段として価値を持つ、というのは近代的な思想である。

科学とは自然の認識である。また単なる知識の寄せ集めでなく、自然法則の認識である。たとえばある現象に対するその本質を見いだすことである。技術とは自然の利用である。科学において見いだされた自然法則は、技術においては作業規則として用いることができる。それは実現したい目的に対する手段として働く。「自然は服従されることによってだけ征服される」と彼は言う。自然に服従するとは自然法則に従うことである。これに逆らっても求めている結果は生まれない。自然を征服する、すなわち自然を自分の目的のために利用できるには、科学に基づく技術が必要である。「知は力」が彼の標語である。無知は無力なのであるが、この「無知」とは科学的知識がないことである。呪術などは無効だということである。

科学的認識の源は経験である。ベーコンは近代**経験論**の祖である。しかし感覚で得た知識すべてが真理であるのではない。誤った真理と思われている誤謬すなわち**イドラ**（本来は「偶像」の意味）を除去しなければならない。彼によればイドラは四種類ある。「種族のイドラ」とは人間に共通するもので、錯覚のような現象がこれに当たる。感覚そのものは必ずしも客観的真理ではないので、検証する必要がある。「洞窟のイドラ」とは個人的または集団的な偏見である。客観的または一般的な知識を得るためには、視野を広げなければならない。「市場のイドラ」とは間接経験を直接経験と取り違えることである。視野を広げて情報を増やしても、他人の言説を鵜呑みにしてはならない。確かな根拠に遡れるかが重要である。「劇場のイドラ」とは権威に支配されることである。「確かな根拠」というのは、言っている人が有名であるとか地位が高いとかいうことではない。「劇場のイドラ」のうち内容上彼が特に批判したのは、アリストテレス的な目的論である。すなわち自然的事物の実在や自然現象に「目的」があるとする思想である。近代科学の思想では、「目的」があるのは人間の意識的な行動と人間がつくる道具や制度だけである。このような「イドラ」を除去しつつ、多数の観察を行い、そこから一般法則を導き出す**帰納法**が、彼の考える新しい論理学である。

『学問の進歩』と題する著作もある。これはルネッサンスと異なる思想を表している。ルネッサンスは「復活」であって「進歩」ではないからである。ベーコンの哲学は「ルネッサンス」に組み入れられることもあるが、思想内容上の大きな違いだけでなく、この「進歩」的で「手段」的な学問観も含めて、デカルトとともに近代哲学の祖と位置付けるべきと私は考える。

『ニュー・アトランティス』と題する著作もある。これは未来小説である。彼が想像する未来は、科学技術の発展による幸せな社会である。トマス・モアの著作は経済や政治の制度によるユートピア思想を表していたが、ベーコンは科学技術によるユートピア論である。そこで社会を導いているのは研究所であり、プラトン的「哲人統治」の近代版とも言えよう。

ある寒い朝、雪道を馬車で通っていたベーコンは、道沿いの家で主婦が鶏を料理しているのに目をとめた。彼は車から降りて鶏を買い、その腹を裂いて雪を詰めた。低温がどれだけ腐敗を防ぐか実験したのである。そのとき引いた風邪をこじらせて、六十五歳でベーコンは死んだ。

「ポストモダン」の今日、ベーコンに対しては強い批判もある。自然を支配しようというのは人間の傲慢であり、科学・技術は人間に幸福よりも不幸をもたらす、といったものである。私はそれに賛成しない。確かに、科学・技術の発展は自動的に人間の幸福増大をもたらすものではない。しかし、その悪用による害悪を、科学・技術そのもののせいにするのは論理的に飛躍している。またそれらの「科学批判」「技術批判」は、それを悪用した者、悪用している者の「悪」を隠蔽し、彼等を免罪する、それ自体有害な思想である。

(五) ガリレオ

ガリレオ(Galileo Galilei, 1564–1642)はイタリアの科学者である。振り子の法則を発見した。振り子時計の発明に導くだけでなく、振動と波動の研究をもたらす重要なものである。

一六〇四年頃、物体落下の法則を発見した。今日の言い方では、落下の距離は重力加速度に比例し、時間の二乗に比例するというものである。自由落下する物体は、常に等しい重力を受けている。一般化すると、同じ力を受ける物体はどのような運動をするか、という問いに対し、等加速度運動をする、と答えることになる。ここが画期的なところである。いままでは等速運動をすると答えていた。力がゼロになれば、従来の説では速度もゼロ、つまり静止するが、この説では加速度がゼロ、すなわち等速運動をすることになる。すなわちこの法則には慣性の法則が潜在しているのである。ではなぜそれまではそれがわからなかったのか。一つは、（外から動かす）力がなくなれば止まる、という素朴な感覚への寄りかかりである。日常的経験では摩擦力のせいでそうなっているのであり、摩擦を捨象する実験または思考実験によりこれを乗り越えなければならなかった。もう一つは、物の（外からの力がない）本来の状態はあるべき場所で止まっていることだ、という中世人の社会的無意識である。慣性の法則は、物は動いているのが「ふつうの」状態であるという「近代的な」思想に親和的である。

望遠鏡を改良し、これを用いて数々の新発見を行った。これらは地動説が正しいことの、（単に計算においてより単純だというだけでなく）経験的な裏付けとなるものであった。月に凹凸があること、太陽に黒点があること、土星に「輪」があることなどは、これらの「天体」が「完全な」球でないことを示している。コペルニクスの体系では地球にだけ「月」があることが妙だとされていたが、土星にも「月」がある（彼の望遠鏡で見えたのは四つ）ことがわかった。これはつまり、地球も「天体」の一つ、太陽の惑星の一つであって、惑星というものは条件があればその「月」すなわち衛星を持ち得ることを示している。「天体」と「物体」をまったく別種の存在とし、天と地とを貴賤の差ある二つの世界とみる世界観にとって大きな打撃である。ガリレオがこれを『天文対話』（1632）で表すと宗教裁判にかけられることになった（一六三三年）。ブルーノが火あぶりになった実例もあり、彼は地動説を撤回したが、釈放されて「それでも地球は回っている」とつぶやいたと伝えられる話はあまりに有名である。

力学、天文学での実際の成果とともに、ガリレオは科学の方法論を確立するうえでも最も重要な貢献を行った。第一にそれは仮説を立て、実験によってそれを検証するという方法である。第二にそれを定量的に測定し、数学的に法則化するという方法である。自然は数学の言葉で記されていると彼は述べた。

一九九二年、教皇ヨハネ・パウロ二世はガリレオ裁判が誤りであったことを認め、謝罪した。

(六)ケプラー　ケプラー(Johannes Kepler, 1571–1630)はドイツの天文学者である。師であるティコ・ブラーエが行った精密な天体観察に基づき、**惑星運行の三法則**を発見した。その第一法則では、惑星が太陽を焦点の一つとする楕円軌道を描く。コペルニクスだけでなくガリレオも、惑星が、というより「天体」一般は円軌道を描くという従来の説に疑いを持たなかった。しかし観察に基づけば楕円が正しく、円というのは思い込みの形而上学であったことが判明したのである。なぜ楕円なのかを解明したのは後のニュートンである。また惑星運行の法則のうち、公転周期の二乗が公転半径の三乗に比例するというのも、ニュートンの万有引力の法則を裏付けるものとなった。

晩年、七十歳の母が魔女裁判にかけられたが、六年後無罪を勝ちとった。

(七)デカルト　デカルト(René Descartes, 1596–1650)はフランスの数学者、自然学者であり、ベーコンとともに近代哲学の祖の一人である。人物一般および哲学については第11章で述べる。

科学革命と強く結びつくことを簡単に記す。①解析幾何学を創始し、数学を自然研究に用いる道を進めた。②物心二元論から、「物に心はない」ことになり、「精神」や「魂」を抜きに物質としての世界を研究することに哲学的基礎を与えた。③物体の本質を広がりとし、機械論的自然観をつくった。④これらに基づき世界全体を説明するモデルをつくった。この「渦動説」は形而上学的おとぎ話として次の世代に攻撃され、またその非難はそれとして正当ではあるが、ガリレオ的力学とケプラー的天文学を統一する試みとして、ニュートンへの橋渡しという意義はあった。

(八)パスカル **パスカル**(Blaise Pascal, 1623-62)はフランスの数学者、自然学者、思想家である。人物および思想一般については第12章で述べる。

科学革命と結びつくことを簡単に記す。①確率論を創始するなど、数学の発展に貢献した。②真空の実在を実験的に示した。これは、「自然は真空を嫌う」というスコラ哲学の説が単なる先入見であることを示し、デカルトの「渦巻」宇宙説の存在根拠を崩し、ニュートンによる「遠隔力」の登場を準備した。③「事実問題」と「権利問題」の区別を、法廷的次元から一般化した。これにより、科学の認識内容は没価値的でなければならないこと、またそもそも物質ないし自然としての宇宙は没価値的であり、価値について「沈黙」していることの認知に道を開いた。

(九)ニュートン **ニュートン**(Isaac Newton, 1642-1727)はイギリスの科学者である。ライプニッツ(第14章)とともに、微分積分学の創始者である。

光を研究し、光の粒子説を唱えた。これに対しホイヘンスは光の波動説を唱え、長く争われてきたが、今日ではどちらも真理の一面であると認められている。

運動の三法則をまとめた。第一は慣性の法則である。第二は外力と加速度とが比例するという法則である。第三は作用・反作用の法則である。この三つは質点の力学の基礎となるものであり、今日物理の基礎としてみなが学ぶものである。

また**万有引力の法則**を発見した。りんごの落ちるのを見て、というのはむろん過度に単純化した物語であり、りんごの落下を眺めるだけで、「すべての物体は互いに引き合う、その力は物体の質量の積に比例し、距離の二乗に反比例する」という法則が見いだせることはあり得ない。りんごは落ちるのになぜ月は落ちないのか、というところから発見した、と言えばかなり実態に近くなる。これに対する中世の答えは第一節で示したが、ニュートンによる答えは以下の通りである。りんごと月の違いは、前者が「物体」で後者が「天体」だというものではない。前者には地球との引力しか働いていない（厳密には他の惑星などとの引力もあるが、無視できるほど小さい）のに対し、後者には慣性の力も働いているということにある。つまりりんごはもともとは止まっているが、月はできたときから動いている。りんごは地球に引かれて落ちるだけである（厳密には地球もりんごに引かれているが、無視できるほどわずかである）。月も地球に引かれるが、同時に慣性の力が地球から離れる方向に働く。二つの力が働く物体は、両力を二辺とする平行四辺形の対角線方向に動く（力はベクトル量であるから幾何学的に作図できる）。この両力が絶えず働き、一定の平衡状態にあるので、月は地球を焦点の一つとする楕円軌道を描くことになる。（引力が相対的に強すぎると放物線を描いて月は地球に落ち、相対的に弱すぎると双曲線を描いて地球から無限に離れていく。）このように、りんごが落ちるのも月が回るのも同じ自然法則で説明でき、「天体」と「物体」の区別は完全に乗り越えられた。ガリレオの力学とケプラーの天文学が統一され、古典物理学が確立した。ここに科学革命は一応の完成をみた。

（一〇）まとめ

科学革命とは、第一に発見と検証の方法を確立した、新たな学問の成立である。第二に、事実と価値が分離され、自然的世界は価値を含まない存在であり、したがって時空的に「尊卑」の差のない、その意味で等質的あり方をしているという自然観の確立である。第三に、力学が「近代科学」を主導したので、世界を、自発的運動や質的発展を含まないものとみる機械論が強まったことである。第四に、これと結びついて、奇跡、目的論、呪術などは退けられ合理主義が強まった。しかしそれはただちに無宗教をもたらしたのではなく、世界に運動をもたらす「最初の一撃」を与える神のような理神論が現れた。

文献

(1) コペルニクス『天体の回転について』矢島祐利訳、岩波文庫、一九五三年
(2) 青木靖三『ガリレオ・ガリレイ』岩波新書、一九六五年
(3) ガリレオ・ガリレイ『新科学対話』(上・下) 今野武雄・日田節次訳、岩波文庫
(4) 『世界の名著26 ガリレオ〔レ・メカニケ/偽金鑑識官〕』中央公論社、一九七九年
(5) 伊東俊太郎『人類の知的遺産31 ガリレオ』講談社、一九八五年
(6) ベーコン『ノヴム・オルガヌム』桂寿一訳、岩波文庫、一九七八年
(7) 『世界の名著25 ベーコン〔随想集/学問の発達/ニュー・アトランティス〕』中央公論社、一九七九年
(8) 島尾永康『ニュートン』岩波新書、一九七九年
(9) 『世界の名著26 ニュートン〔自然哲学の数学的諸原理〕』中央公論社、一九七一年
(10) コイレ『閉じた世界から無限宇宙へ』横山雅彦訳、みすず書房、一九七三年

11 デカルト

（一）生涯　デカルト（René Descartes, 1596–1650）はフランスに生まれた。法服貴族の出身である。イエズス会が経営するラフレーシュ学院で学んだ。早くから秀才と認められ、朝が苦手だったが、彼だけは遅刻してよいという特別許可を校長からもらっていたという。学校にとどまることを期待されていたが、「新しい学問」の創始というより強い野心を持って卒業とともに学校を離れ、少数の学問上の先達と通信しつつ、ヨーロッパ各地を巡った。軍人として三十年戦争にも立ち会った。はじめは特に数学に関心を寄せ、また自然学の研究も行った。最初の著作として『世界論』を刊行しようとしていたところ、イタリアでガリレオが宗教裁判にかけられた（一六三三年）ことを知った。デカルトの著書も同様の地動説を含んでいたので刊行をやめた。学問の自由がより認められているオランダに移り住み、後の著作では地動説や、一般に宗教や政治に関しては直接には触れるのを避けた。スウェーデン女王クリスチーナに招かれ、いやいや赴いた。国事に多忙な女王が求めた早朝講義のため苦手の早起きを強いられ、寒い国で風邪をこじらせて客死した。結婚はしなかったが、娘が一人いた（五歳で死亡）。

デカルトの時代のフランスは、宗教戦争を終え、ブルボン家の下で絶対王政が確立され、近代的秩序が整えられる時期である。

（二）数学と自然学　数学におけるデカルトの最も重要な業績は、解析幾何学の創始である。幾何学は古代ギリシャで確立した。他方解析学は中世アラビアで発展した。解析幾何学はこの両者の総合であり、幾何学的問題を解析（代数）によって、また解析学的問題を幾何によって解くものである。このためにはまず方程式を座標に表す必要があるが、そのためにつくられる、x軸・y軸がともに実数の座標を今日「デカルト座標」という。これは理論の方法の基本である「分析と総合」の基本例であると言える。すなわちある点Pの位置を示すのに、x（水平）軸方向、y（垂直）軸方向に分けて、それぞれが原点から離れている距離がx_1、y_1であるとわかれば、それをまとめて$P(x_1, y_1)$とすれば、明晰判明に示される。

自然学において最も注目されたのはその宇宙論である。ガリレオはその力学をつくり、他方地動説の証拠固めを行った。しかしいまだその統一は図られておらず、「天の」学問と「地（月下）の」学問との分離というスコラ学的枠組みは破られていなかった。これに取り組んだのがデカルトの宇宙論である。「自然は真空を嫌う」という先入見を受け継ぎ、一種の宇宙玉突きのような「渦巻」によるその説明内容は、確かに正しくない。しかし力学による宇宙全体の統一的説明という問題設定は、進行中の科学革命の流れに沿っており、ニュートンが「万有引力」によってそれを完成させる準備となった。

また個別問題ではたとえば虹の科学的説明などが挙げられる。虹が、大気中の水分に光が反射することによって生じる現象であることは、今日では小学生でも知っており、簡単に実験もできる。しかしそれまでは、「神と人との和解のしるし」という神話上の説明（「創世記」8・12―17）がなされるのが当然だったのであり、これにかわり、やはりニュートンによる光学の確立に導くものであった。

（三）**目的**　数学が学生時代からデカルトは気に入っていたが、それは確実性のためである。しかし当時の数学はいたずらに難しい問題を出し合って競うだけの遊びであることが気に入らなかった。他方人生に直接役立つ、あるいはむしろ必要とされる学問は道徳学であるが、そこには確実性がなく各派の独断に過ぎぬことが気に入らなかった。すなわちデカルトが求めていた「新しい学問」とは、数学のような確実性を持つとともに、人生に有用でもある学問であった。

ここには学問観の変化がある。古代においては、学問（θεωρια）はそれ自体が最高の価値を持つ活動とされ、他の手段ではなかった。学問に「有用性」を求めるのはフランシス・ベーコンに始まる近代的立場である。他方学問（全体）に数学的確実性を求めるのは、スコラ学的立場とは異なるが、必ずしも近代的立場とは言えず、たとえばプラトンなどにもみられるものである。意味合いは少し異なるが、近くはガリレオが世界を読み取るのは数学だとして、自然学に数学を導入して成功したことも影響していよう。この後者については正しくないと私は考えるが、それはフッサールなどが批判する意味（第22章第三節）とは異なる。むしろアリストテレスが、分野によって異なる確実性を求めるべきだとしたことが妥当であり、道徳学のようなものにまで（後にスピノザやカントにおいてみられるように）数学的確実性を求めるのは、誤りだと考えるのである。

(四)知恵の樹　実践的な「道徳学」が含まれることからわかるように、デカルトのめざした「新しい学問」(sciences、知識)は近代的諸科学にとどまらず、彼が言うように「知恵」(sagesses)でもある。両者に同じ「数学的確実性」を持たせようとするのは無理であるが、両者を統一しようというもくろみ自体はまっとうなものであり、重要なものである。

デカルトはこうした彼がめざす「新しい学問」を「知恵の樹」のたとえにおいて分析と総合の姿で示す。すなわちその「根」は形而上学であり、その「幹」は自然学である。枝はたくさんあり得るが、最も重要な「実」をつけるものとしては、医学、機械学、道徳学が挙げられる。

(五)方法論　ではこの「新しい学問」はどうしたらできるか。学問にとって決定的に重要なのは方法である。

まずデカルトは学問の能力としての**理性**(raison)あるいは良識(bon sens)を誰もが持っていることの確認から始める。これは真偽を区別する能力と定義される。しかしたとえばある数学上の問題を解ける者と解けない者、正解する者と間違える者がいることは、それへの反証にならないのか。ならない。なぜなら理性を「持っている」だけでは不十分で、それを「正しく用いる」必要があるからである。理性を「持って」いてもそれを用いず、習慣や命令だけに従っている者もいるし、すべてにおいて理性を「正しく用いる」者などはたぶんいないだろうからである。逆に言えばある数学上の問題に「正解した」者でも、なぜそうするかを理解せず、この問題はそうすれば「正解」とされる答えに至ると指示された通りに「答えた」者も、理性を用いてはいないことになる。だがいずれにせよ彼等も理性を「持って」

はいるわけで、それを「用いる」のは意志だけの問題であり、したがって理性を持つ存在としての人間である限り*、真偽の問題に関しては原理的には誰もが正解できる、という帰結が生じる。これは**合理主義**の根本定是であると言えよう。彼の最初の著作『方法序説』(1637)はフランス語で書かれた最初の哲学書であるが(学術書はそれまでは学識者の言語であるラテン語で書かれるものとされていた)、それは理性ある者なら誰でも理解可能という建前によっている。

* すぐ言われそうなのが、では幼児や狂人はどうか、ということである。さしあたりの答えは、彼らも「成長」や「治療」によって理性的存在になり得るから、少なくとも潜在的に「理性的存在」と言い得る、ということであろう。

次にデカルトは四つの規則を定める。①明証的な、つまり疑い得ない真理だけを真理としてまず認め、次にそこから論理的に導き出される判断を真理として認めるものとする。②解くべき問題(たとえば点Pの位置)をそれを構成する、最も単純な要素(x軸方向とy軸方向)にまで分割して、それぞれについて考察する(x_0, y_0)。③②の結果をまとめて問いに答えを出す(P(x_0, y_0))。④抜け落ちたものがないかどうか枚挙する。

個々の問題について言われることは、学問全体についても言い得る。デカルトはこの方法による「普遍学」を構想する。

デカルトの説く方法、特に「分析」に対して、原子論的要素還元主義であり、むしろ「全体」の「直観」が重要だとする批判がある。殊にロマン主義、現代哲学、東洋思想などの名によってなされる。確かに、分割不能な「原子」はなく、また低次の「要素」を積み重ねるだけで生きた現実が把握できるわけではない。しかしそれを理由に「分析」に反対するならば根本的な誤りである。「真なるものは全体である」とするヘーゲルも分析の絶対的必要性を力説して言う。「分割する活動は知性の力であり労働であり、最も驚くべき最強の、あるいはむしろ絶対的な威力である」。そして分析は「生命」を殺すというありがちな非難にこう応える。「それは思考のエネルギーである。〔…〕その非現実性を死と呼ぶならば、それは最も恐ろしいものであり、また死を見据えることは最大の力を要求する。無力な美は知性を嫌うが、それは自分にできないことを求められるからである。しかし死を避け荒廃から身を清く保つ生でなく、死に耐え死の中で己れを保つ生が、精神の生である。精神が自らの真理を得るのは、絶対的な分裂の中で自分自身をみいだすことによってだけである」(*Phänomenologie des Geistes*, Vorrede)。

(六)方法的懐疑

まず「明証的」な、(数学の「公理」のように)疑うことができない真理を見いださなければならない。「この目で見た」という表現があるように、感覚は真理を告げるように思われるが、しかし錯覚ということもある。したがって疑い得るものであり、少なくとも「明証的」真理ではない。では2+2=4のような数学的真理は、疑い得ないのではなかろうか。否、悪い霊が私にそう思わせているだけなのかもしれない。そう考えれば、疑い得ないような真理はないのだろうか。あるいは、その「疑い得ないような真理はない」ということだけが疑い得ない真理なのであろうか。

(七)考える我

そうではない。私がそのようなことを考えている(「疑う」ことも「考える」ことの一つのあり方である)以上、考えている「私」は存在せざるを得ない。それゆえ「私は考える、それゆえ私がいる（Je pense, donc je suis.: Cogito ergo sum. **我思う、ゆえに我あり。**）」ということは疑うことのできない、明証的な真理である、とデカルトは考える。仮に悪霊が私を欺いてそう思わせているとしても、それなら欺かれている私は存在しなければならない。

ここで注意すべきことが二つある。

第一は、これは三段論法ではない、ということである。すなわち大前提「考えるものは存在する」、小前提「私は考える」、結論「それゆえ私は存在する」の省略形ではない、ということである。もしそうならばこの判断は既に前提を持つから、諸々の真理を導き出すための出発点となる最初の真理ではない。また（すべて）考えるものは存在する、というような大前提の全称判断は、とうてい「明証的」とは言えない。すなわちこの判断は、（「それゆえ」というまるで推論であるかのような語を含むにもかかわらず、他の諸判断には分割できない）単一の判断とみなされなければならない。

第二に、この「私」とは何かが問題である。それは（いまだ）「デカルト」ではない。こうしたことを考えているのが「デカルト」であるかどうかはまだ確かめられていない（疑い得る）からである。では誰であれ或る「人間」であると言えるか。言えない。「人間」は「身体」を持つが、「私」が「身体」を持つことは感覚を通じて知ることであって、（いまは）感覚には頼らないことにしているからである。すると「私」について知られることは、それが「考える」ということだけであり、そのようなものは「精神」（esprit）と呼ばれるべきである。

以上二つの注意に気を付けると、「私は考える、それゆえ私がいる」ということでデカルトが意味しているのは、「考えるということが意識される以上は、そしてその限りは考えるものである精神が存在している」ということである。

さて、デカルトの以上の考えは正しいのであろうか。「我思うゆえに我あり」自体は、確かに正しい命題であると思われる。しかしこれを「諸学の第一原理」とすることは妥当であろうか。この命題は「判断」としては分割不能な単一のものとしても、言葉で表されるいくつかの観念には「分析」可能であるが、それらは彼が言うほど明晰判明であろうか。「私（精神）」「思考する」「存在する」とは何なのか？これが明晰判明としても、直接ではなくていろいろな意識経験を経たうえで「妥当」とされる概念に至るのではなかろうか。してみると既に概念形成そのものの過程で、いろいろな判断やしたがって判断基準が使われているから、それらで成り立つこの命題を「真偽判定の第一の原理」とはできないのではなかろうか。（数学の公理の明証性には、公理を構成する言葉が明晰判明に「定義」されていることが前提されるが、「定義」しているのも言葉である以上は、どこかで「定義されない」言葉を――どんな基準で？――認めるか、循環になるかどちらかである。そこで形式主義に立つ数学基礎論では、結果的に無矛盾ならばその「定義」と「公理」が「妥当」なものとみなす。）つまり明証的に「真」と思える判断をいわば最も単純な原子命題としてそこから出発することはできず、そうみえるものもいろいろな意識経験の結果としてなのである。（種《たね》や卵や胎児はある生物の出発点であると言えるが、前の世代の生命活動の結果である。ヘーゲルの言葉では、直接的なものも実は媒介されたものである。）だからどうなのか。私達は間違いから出発するしかない、ということであり、「まずはじめに疑い得ない真理をみつけよう」と考えるのは、既にその方針において間違っている、ということである。

歴史的にみればどうか。物体的世界とは完全に異なるものとしての「考える我」（cogito）の発見は画期的とも言われるが、それが観念論という誤った道を開いたのであってみれば、評価はできまい。それが「人間の尊厳」という倫理につながるという評言も、尊厳はまさに倫理的性質であるために存在論的（形而上学的）「基礎づけ」は最屓の引き倒しであると反論したい。ただ狭く哲学史的にでなく広く精神史的に、またデカルト自身の力点もあったと思われる面からすれば、これは逆に、「物」の世界から「心」を追放することによって、自然研究の進歩に貢献したと言えよう。後にコントが言うように、「科学」が形而上学から独立することは人間精神の進歩であるから。（これは無論、精神的価値を否定するとか、「人間機械論」風の還元論とかの、唯物主義の肯定とは別問題である。）

（八）真理の基準　（私達にとって）最初の真理が得られたことから、デカルトは真理の条件を反省する。「我思うゆえに我あり」が真であるとは、考えている私が存在しないのは矛盾であり無意味である、ということである。つまり彼は（必ずしも一貫しないが少なくともここでは）無矛盾性を真理の要件としている。しかしそれは必要条件であっても十分条件とは言えないのではないか。形式的に無矛盾な幾何学は実はたくさんできる。そのうちユークリッド、ロバチェフスキー、リーマンなどのそれが「真」と言えるのは、ニュートンやアインシュタインの物理学に対応する世界に経験的に妥当しているからではなかろうか。

（九）観念の種類　「精神」の内容は「観念」である。観念の種類として、デカルトは次の三つが区別

される とする。

①生得観念：精神をつくった者（神）が精神に刻みつけておいた、したがって精神を持つ存在が生まれながらに持っている観念。②外来観念：精神がその外（外界）から感官を通じて得た観念。③作為観念：精神が（生得観念や外来観念を素材に）自らつくりあげた観念。

（一〇）神の存在 デカルトがまず確認した「精神」は「私」と言い換えられる、単数の精神であった。もしそれしか実在しないと考えれば「独我論」になるが、他の存在について彼はどう考えるか。まず「私」とは異なる「神」という精神が実在することの証明を、デカルトは試みる。

①「人性論的証明」。私はあれこれのものを疑う。すなわち私は（知において）不完全である。ところで私が自らの「不完全」を知る以上、私のなかに「完全」の観念は存在する。これは不完全な私がつくった作為観念ではなく、精神の外に完全なものは見いだされないから外来観念でもなく、それゆえ生得観念である。それゆえ「完全」の観念を（私の精神をつくったときに）私に与えた他の精神が実在しなければならない。これがすなわち神であるから、神は実在する。（この論法への反駁は、フォイエルバッハによってなされよう。）

②「存在論的証明」。神は「完全な存在者」と定義される。ところで「完全」には「実在」が含まれる。それゆえ神は実在する。この論法が「証明」になっていないことは、カントによって証明された（第17章第五節）。

（一一）他人の存在 私と同じ「不完全」な精神、すなわち「他人」が実在することはどのように証明されるか。他人も「精神」である以上は、それは感覚によっては知り得ない。「精神」の現象である言語を通じて、他の（しかし私と似て不完全な）精神すなわち他人の実在が確認されると、デカルトは考える。無論言語は音声や文字といったそれ自体は精神でない（音声や文字自体は思考しない）ものによって現象し、したがって聴覚や視覚を通して認知されるものであるが、音声や文字の「意味」として精神が現れているのである。

（二）物体の存在　ところで土や水のように、精神とは異なる、すなわち思考しない存在、ひとまとまりとしては「物体」（corps）と呼ばれるものも実在するように思われる。精神の本質が「思考」（pensée）であったのに対し、物体の本質は「広がり」（extension、延長）である。物体の実在はどのようにして証明できるのか。精神が物体について認識を得るのは、何らかのかたちで感覚を通さざるを得ない。個々の感覚内容については人は疑い得るにもかかわらず、感覚的対象である何らかの物体が実在することに対して、人が強い信念ないし心的傾向を持っている（ふつうは疑いさえせず、哲学以外の場面でそれを疑ったり否定したりすれば心の病と思われよう）ことは、それが生まれつきであり、神に与えられたことを示している。それが偽りであるならば、神が誠実でないことになる。しかし不誠実は不完全のしるしであり、神は完全であるから、人を偽ることはない。それゆえこの信念は正しいものであり、それゆえ物体というもの、ないし諸物体からなる物質的世界は実在する。（こういう「証明」が成り立つなら方法的懐疑のところで使えそうに思えるかもしれないが、そこではまだ「神の実在」が証明されていなかった。）

（一三）二元論　デカルトは「思考するもの」すなわち精神は広がりは持たないと考えるので、二種類の「それ自体で存在するもの」すなわち実体（substance）を認めることになる。彼の存在論は、精神と物体との二元論である。

物質から独立した「精神」を「実体」として認めることは、宗教ないし神学とつながる。事実デカルトはそのことにより、「魂」の不死の少なくとも可能性が証明されると考える。「肉体」が滅びても、そこに依存しない「魂」は共倒れしないというわけである。しかしこの前提は、物質論からはもとより（ガッサンディ、ロック）、懐疑論ないし不可知論からも（ヒューム、カント）批判を招くことになろう。

他方で精神から独立した「物体」を「実体」として認めること（モノにはココロはない、ということ）は物質論と科学につながる。事実それは目的論を排除し、自然を物質論的、とりわけ機械論的に研究することに導いた。ところでデカルトによれば禽獣（人間以外の動物）は思考せず、したがって魂を持たない。人間とそれ以外の動物との間に質的境界線をおくのは西洋思想、とりわけキリスト教の伝統であるが、デカルト哲学はそれを徹底させている。彼によれば禽獣は精巧な自動機械と異なるものではない。

物質的世界の本質を「広がり」においてみるデカルトの自然学は、力学となる。そこでとらえられるものは確かに世界の重要な一面であるが、全体ではなく、またそこに還元されるものでもない。この意味で狭く、当時のマニュファクチャー的社会構成によって立てられた「世界像」であるとは言えよう。しかし私達は単純なものから出発するしかないのであり、それは虚偽とかイデオロギーとかいうより、「部分的な真理」と言うべきであろう。確かにたとえば生物は「精密な自動機械」ではないが、まずは「生命力」ではなくその力学的仕組みを研究すべきであるから。

（一四）**人間論**　では人間はどうか。人間においては物体である身体（仏語ではどちらもcorps）と精神とが結合している。しかもこの結合は「船頭が船を操るように」外的に結びついているのではなく、デカルトはこれを心身の「実体的統一」と言っている。ではどう結びついているのかといえば、彼は結合の座として松果腺を指示したりしているが、うまくいっていない。

もともと心身問題は哲学上の難問の一つであり、簡単に答えられるものではない。デカルト哲学の前提をなるべく維持する立場からは、この後、機会因論や並行説が唱えられることになろう。

心身二元論は、また、意志の自由を強調することにつながる。これも、一方ではホッブズやスピノザと、他方ではプロテスタンティズムやジャンセニスムと対立し、イエズス会など「正統派カトリック」とは親和的である。ただしデカルトがこれを宗教や道徳の問題に限らず認識論にも及ぼし、間違いの根拠として自由意志のいわば濫用を持ち出すことは、問題をもつれさせているように思われる。

（一五）**道徳論**　古代において「意志の自由」を強調したのはストア派であった。デカルトの道徳論はストア派との連続性が強い。

自由意志の障害として現れてくるのが「情念」（passion）である。デカルトはこれをヨーロッパ語の伝統が示すように、魂の「受動」としてとらえる。（意志は「能動」である。）この情念にとらわれず能動的に「善」を行うことが道徳的とされるが、唯一道徳的とみなされる情念は「高邁」（générosité）とされる。

文献

(1)『世界の名著27 デカルト〔世界論/方法序説/省察/哲学の原理/情念論/書簡集〕』中央公論社、一九七八年
(2) 野田又夫『デカルト』岩波新書、一九六六年
(3) 井上庄七・森田良紀編『デカルト方法序説入門』有斐閣新書、一九七九年
(4) 田中仁彦『デカルトの旅/デカルトの夢』岩波書店、一九八九年
(5) ロディス=ルイス『デカルトと合理主義』文庫クセジュ、一九六七年
(6) ルフェーブル『デカルト』岩波書店、一九五三年
(7) 所雄章『デカルト』(二冊) 勁草書房、一九七六年
(8) グイエ『人間デカルト』白水社、一九八一年
(9) 桂壽一『デカルト哲学とその発展』東京大学出版会、一九六六年
(10) アラン『デカルト』桑原武夫・野田又夫訳、みすず書房、一九七一年

12　パスカル

（一）生涯　**パスカル**（Blaise Pascal, 1623-62）はフランスの数学者、自然学者、哲学者である。三歳で母を失う。当時のフランスは王ルイ十三世、宰相リシュリューの下で絶対王政の確立に向かっていた。父エチエンヌは徴税官として法服貴族の身分に属しており、学問にも関心が深く、メルセンヌ・アカデミーにも加わっていた。姉ジルベルト、妹ジャクリーヌがいる。ブレーズはこの父から教育を受けた。特に父が後で教えるつもりであった幾何学を独力で学び始めたことはまわりを驚かせた。父の仕事で移ったノルマンディでは、増税に反対する農民の一揆に遭遇する。父はこれを鎮圧する側であった。その後当地ではジャンセニスムと呼ばれポール・ロワイヤル修道院を拠点としていたキリスト教の一派の影響が強くなった。政治運動の挫折後にはありがちなことではある。パスカル一家も回心し特にジャクリーヌは修道院入りを願った。それには反対していた父が死去（五一年）すると今度は今までの無関心から「回心」した兄も反対した。彼に譲ることになっていた自分の遺産を、持参金として修道院に寄進するために要求したからだという。法的には兄に正当性があり貪欲とは言えないらしいが、無欲ではないことも確かだ。妹のほうも持参金なしでは「すまなく思い、また屈辱をも感じた」（文献（4）六七頁）というのは、召命を感じて修道院入りする者としてどうなのかと思うが、結局そんなものなのであろうか。それともある意味で似よりの兄妹だというほうに話を持っていくべきなのか。いずれにせよ兄パスカルはこの後も科学研究に励み、また自由思想家（リベルタン）達とも交際した。彼等は教養と趣味に富む紳士であるが、現世を楽しみ宗教にはとらわれない考え方をしていた。また当時の彼は官職を買い（合法的な習慣であった）有利な結婚をしようとも考えたようである。どちらも実行しなかったが、理由はわからない。しかし五四年末、「決定的回心」を体験し、その後のパスカルにとってはキリスト教の信仰が第一の問題になった。ジャンセニスト達がリシュリューなど国権の後ろ盾も得たジェズイット（イエズス会派）の攻撃を受けると、弁護論『プロヴァンシアル』（田舎人への手紙）を匿名で著した。大のキリスト教嫌いでパスカルの思想内容は批判したヴォルテールも、論争書としてのその文筆力を評価している（『哲学書簡』）。さらにキリスト教の弁証を主目的とした著作『パンセ』の執筆を企てるが、三十九歳で死去した。遺稿が初めて出版されたのは一六六九年である（ポール・ロワイヤル版）。

（二）数学者

一六三九年、十六歳で『円錐曲線論』を発表した。

また計算機を発明した。無論手動ではあるが、計算の手間を省くものであり、徴税官としての父親の仕事を助けるという動機で考えた。各桁に一つの車輪があり、一の位の輪が一回転すると隣の十の位の輪が十分の一回転するように連結してあった。電子計算機の言語の一つに「パスカル」の名が与えられたのはこれによる。

また確率論を築いた。賭けの分配金の計算から発想したものという。

またサイクロイドの求積法を研究した。冪級数の幾何学的解釈による彼の解法は微分積分学に迫るもので、事実ライプニッツが微積をつくったのはこれを手がかりにしたものであった。各次元（ordre、秩序）が内部に無限を含むとともに互いに無限に隔たっているという代数的・幾何的な構造は、パスカルにとって世界の根本構造と見えた（文献（4）一五〇頁）。

(三) 自然学者　「真空」の実在を認めるかどうかは古来自然哲学上の重要問題であった（第2章第六節）。スコラ哲学は「自然は真空を嫌う」という形而上学的臆見から否定し、デカルトさえ物体の本質は「広がり（延長）」であるから広がり（空間）がある以上見えなくても何かがあるはずだと同調していた（第11章第二節）。しかしイタリアの科学者トリチェリが、水銀で満たしたガラス瓶に栓をして上下逆にし、半ば水中に入れて栓を抜くと水銀は途中まで流れ出るが、上部に何もない（ようにみえる）部分が残る、という実験を行った。彼は水銀が落ちきらないのは水面に対して空気の圧力（気圧）が働いているからだ、と考えた。これに対し保守派はガラス瓶の（見えない）穴から空気（のようなもの）が入っているから「真空」ではなく、これが戻ろうとして水銀を途中まで引き上げている、と反対した。パスカルは二つの実験を行ってこの議論を粉砕した。第一は「真空」の中でこの「真空」をつくると水銀の上昇は現れないことを示したもの、第二は平地と山の上でトリチェリの実験を行うと、後者のほうがより多くの水銀が落ちることを示したものである。いったい自然が平地においては水銀を二六インチ上げるだけ真空を「嫌い」、山上ではその嫌悪が三インチ少なくなると考えるのは馬鹿げている。またデカルトのように、広がりを持ったもの（空間的実体）を物体「と呼ぶ」というような、単なる言葉の定義によってある事象（たとえば真空の実在）を客観的に証明（反証）することはできず、それには経験が必要であると注意する。このようにパスカルの方法は実証的かつ定量的であり、近代科学の本質をとらえている。現在気圧の単位が（ヘクト）パスカルになっているのは彼のこの業績に基づく。

パスカルは『真空論』の「序文」で、科学は進歩するという観念を提出している。これはベーコン、デカルトに続くものだが、やはり重要である。

（四）事実問題と権利問題　パスカルがジャンセニストを弁護したことは第一節で述べた。この争いでジェズイットの大きな拠り所は、ジャンセニスムの祖ジャンセニウスの遺著『アウグスティヌス』（一六四〇年公刊）にあるという五つの命題が、教皇によって異端として断罪された（一六五三年）ことである。神学的にはプロテスタントに近く、恩寵を重視し、イエス＝キリストは万人のために血を流したのではなく、救われるのは選ばれ予定された少数者だけであるとするジャンセニストの思想はエリート主義的であり、いわば大衆路線のジェズイットとは対照的である。必ずしも宮廷に忠実でない法服貴族層や上層市民などに支持者が多いこともあって政治的にも警戒されていた。その指導者サン＝シランは一六三八年リシュリューによって逮捕されており、四三年この宰相の死によって釈放された直後に死去している。しかし彼等もカトリックであろうとするならば教皇には従わざるを得ない。追い詰められたジャンセニストのために、パスカルは次のように論じた。五命題は教皇に断罪された以上、どんなカトリックもそれを信奉してはならない。しかし問題の五命題は問題の書に主張されてはおらず、したがってジャンセニストが信奉しているものではない。それゆえジャンセニストは異端者ではない。宗教上の善悪正邪の判定は、確かに「地上における神の代理人」として教皇が権原となる権利問題である。しかし特定の命題が特定の書物の中で主張されているものかどうかは純然たる事実問題であり、ここでは教皇も人間として間違いを犯し得る、というのである。「事実問題」と「権利問題」という用語はもともとは法学に属する。たとえばある人間がある行為をなしたかどうかは事実問題であり、その行為が罪に当たるかどうかは権利問題である。それぞれを決める原理はまったく異なる。

この区別は、科学の方法にとって第一に重要なものである。すなわち科学は両者を区別し、事実問題だけに携わらなければならない。

半ばからパスカルは攻撃に転じ、ジェズイットの道徳学（良心例学）のご都合主義ぶりに激しい非難を加えた。

この論争の渦中で、政治的に窮地にたったジャンセニストに「奇跡」が起こった。ある人がキリストにかぶせられた荊《いばら》の一部と称するものをポール・ロワイヤル修道院に持ち込み、尼僧達がそれを拝んでいた。当時院に預けられていたパスカルの姪マルグリットは涙嚢炎を病んでいたが、この荊を目に押しつけて祈ったら腫れが引いた。疾病、祈祷、快癒は事実のようであるが、それは「奇跡」によるものと解釈すべきなのか。医学の心得もあった批評家サント・ブーヴは、鼻と目を結ぶ涙管に異物が入って腫れていた箇所に茨を強く押しつけたことで管が通って腫れが止んだのだろう、と解釈する (Sainte-Beuve, *Port-Royal*, liv.2.IIX, Pléiade, t.2)。しかし「科学者」パスカルはそれを「奇跡」と解釈した。

(五) 説得の方法

無宗教の者にキリスト教を信仰するように説得することが『パンセ』の目的であった。それはどのような方法によってなされるか。**「幾何学の精神」と「繊細の精神」**の二つによる。前者はデカルトが用いたもので、幾何学を手本とした科学の方法と言ってよい。デカルトも(中世の神学者と同様)幾何学と同じやり方でたとえば神の実在が「証明」できると考えていた。しかしパスカルはそうは考えない。この点でパスカルは、デカルト以上に科学の本質も宗教の本質もよくわかっていたように思われる。実在が「論証」されるような神は「幾何学者の神」であっても信仰者の神、特に人格神ではないとする。理性による「幾何学の精神」に対して、「繊細の精神」は、心情など非合理的なものも含む直観による方法である。

(六) 人間論

(1) 人間の悲惨

① 人間はどのような存在か。宇宙の無限大、宇宙の無限小に対して、中間者である。それゆえ、何ら確実なことは認識できない。なぜなら無限なものは「全体」が認識されないからである。それにしても自分の身の丈にあった「部分」なら人間は認識できるのではないか。否。全体がわからなければ部分も確実にはわからない。曲線もごくごく一部を見るほど、人間の目には直線に見えてしまう。日の丸の一部を見れば、ある人には降伏の白旗であり、ある人には革命の赤旗である。特攻隊の青年は彼と身近な環境だけ見れば、時代の犠牲にされた被害者かもしれないが、広い視野からは侵略の加害者かもしれない。ちなみに「二つの無限」を語るパスカルは、「閉じた宇宙」を信奉していた中世神学ではなく、

望遠鏡と顕微鏡で無限大と無限小に自らを開いた近代科学の立場にある。また全体がわからなければ部分もわからないというのは、部分の積み重ねで全体ができるとする機械論への反対である。

② 人間の認識が事実問題に関して真理を与えないとしても、人間の情念は価値問題に関して真実を与えるのではなかろうか。否。人間の支配的な情念は自愛心（amour-propre）であり、善や徳ではなく、自らの損得が究極の基準である。そしてそれは不正なことであるとパスカルは考える。ここで彼は個人主義と功利主義に反対する立場にあることがわかる。自愛心（または自己愛）の評価については、キリスト教の内部でもいろいろな議論がある（興味ある方は文献(10)を参照されたい）が、彼は自愛心だけでなく世俗的な愛一般の価値を否定する。

恋愛においては、相手そのものでなくその「美しさ」とか「優しさ」とかの特性を愛するに過ぎず、言い換えればそれらの特性がなくなれば愛は消えるという*。

社交一般がそうである。「人間の生活は絶えざる幻覚である。人々はただ互いに騙しあいへつらいあう。〔…〕人々の間の結合はこの相互欺瞞にだけ基づいている」**。

* 恋愛に対するキリスト教からの批判としては、それを罪深い欲望とみなす型と、人格的愛からきりはなされた特性への愛とみなす型とがある。後者の問題点としては、拙著『共感の思想史』二四九―二五〇頁、参照。

** 彼のこうした（いわば可哀想な）思想はどこから来るのか。心理分析的に言えば、もの心つく前に母を失い、無条件の愛情を体験しなかったことに由来するのかもしれない。より社会的な環境からすれば、貴族や上層市民の「サロン文化」のシニシズムとしてラ・ロシュフコーなどにも共通する。また彼自身のアグレッシヴな性格の投影ともみなされるかもしれない（文献（7））。

③　しかし国家においては少なくとも正義が追求されるのではないか。否。政治権力というものはそもそも強者が弱者を支配する道具に過ぎず、本質的に不正なのである。人は正義に力を与えることができなかったので力を正義としたに過ぎない。しかし現実社会がそうだとしても、進歩に期待することはできないのか。否。科学そのものの進歩を認めたパスカルも、それが一つの動力となって社会全体を進歩させるとは考えない。全体社会は有為転変の繰り返しに過ぎぬ。パスカルの世界に「永遠」と「瞬間」はあっても「歴史」はない（文献(7)、彼の社会倫理思想一般について詳しくは文献(9)を参照されたい）。

かく人間は悲惨である。悲惨な出来事や人生があるというのではなく、その自然（本性）によって人間は悲惨である。なぜそうなるのか。人間が「原罪」を犯したことにより「自然」が腐敗したからであり、したがって社会改革によって不正をなくすことはできない。しかし人々はこの本源的な悲惨さを考えたくはないので、そこから目を背けてさまざまな「**気晴らし**」を求める。無論それは「救い」にはならない。

(2)　人間の偉大　人間は悲惨な存在である。しかし人間には他の存在と異なる偉大な点もある。それは自らの悲惨を認識している存在だという点である。認識は思考の結果であり、思考（pensée）は人間の本質であり、そこに人間の偉大さがある。人間は一本の葦に過ぎないが、それは**考える葦**である。

(3)　人間の矛盾　人間は悲惨であるとともに偉大である。モンテーニュ（エピクロス派）は人間の悲惨さしかみず、他の動物にまさるところを見いださず、自然にすべてを任せ、人間をただ無気力にしてしまう。他方エピクテトス（ストア派）は人間の偉大さしかみず、人間を神のような位置におき傲慢にしてしまう。どちらも一面的な誤りであり、真実は人間は矛盾した存在だというところにある。なぜそうなのか。人間は神の似姿として創られながら罪を犯したからだ、というのである。

（七）三つの秩序　私達が知っているすべてのものは、三種類の秩序のどれかに属するとパスカルは考える。第一は自然の秩序であり、そこでの代表は力強い征服者アレクサンドロス大王である。第二は精神の秩序であり、その代表は知恵に満ちた学者アルキメデスである。第三は慈愛の秩序であり、その代表は身を捧げて人を救うイエス＝キリストである。ところでこの三つの秩序は後のものほど高い次元にあるが質的に異なっており、したがって無限に隔たっているとパスカルは考える。第一と第二の間に断絶をおいたことはデカルトの二元論と同じである。第二と第三の間にも断絶をおくのは、知と信とを、より広くは事実認識と価値評価との間を質的に区別する考えである。

以上を「キリスト教を信じさせる」という彼の目的からすれば、次のようになる。まず「自然」の力で信仰に至ること、すなわち情念や自己愛の延長として信仰をとらえようとする（マルブランシュやボシュエにはこの傾向がある）ことは否定される。パスカルにとっては「自然」（本性）とは徹底的に腐敗したものである。次に人間精神の力で信仰に至ることも否定される。この意味で科学はむなしい。信仰はむしろ神の恩寵を受け入れるかどうかという意志の問題となる。

（八）信じる方法　キリスト教はその「正しさ」を科学的に「証明」できるようなものでなく、「信じる」かどうか意志の問題であり、つまり一種の賭けであるとパスカルは言う。しかし「賭け」は理性のいらない、あるいは理性に反する行為ではない。競馬であれ競輪であれ、熟練した賭け師ほど、資料を集め計算して決定するのであり、素人のようにあてずっぽうにはしない。不確かな現象を対象とする学問はまさしく確率論である。それがまず第一に教えることは、確からしさ（蓋然性、確率）が大きいほうに賭けるべきだ、ということである。第二に、当たったときに得られる利得が大きいほうに賭けるべきだ、ということである。確率と利得の積が期待値であるから、これを「神なし」（A）と「神あり」（B）に分けて計算してみよう。Aの確率をmとし、Bの確率を1としよう。利得が等しければ、$m>1$のときはA、$m<1$のときはBに賭けるべきであろう。Aに賭けて当たった場合の利得、神の掟や裁きなどを心配せずに生きている間楽しめることをnとしよう。Bに賭けて当たった場合の利得は、「永遠の生命」を含む救いであるから∞（無限大）である。するとAの期待値は$m \cdot n$であり、Bの期待値は$1 \times \infty$で∞である。mやnがどんなに大きい値だとしても有限であるから、$mn<\infty$であり、それゆえBに賭けるべきだ、ということになる。

　以上が「賭け」における合理的な側面である。しかし賭けそのものは数学的事実ではなく意志的決断であるゆえに、以上を「頭では理解」するが「信じる気になれない」人もいることをパスカルは認める。そういう人に彼が勧めることは、馬鹿になって信者を（外面的に）模倣すること、たとえば宗教儀式に参加したりその掟を実践したりすることである。この「馬鹿になる」という言葉はポール・ロワイヤルの人々を躓かせ、遺稿『パンセ』の編集で削除された。しかしこれはむしろパスカルが科学者でもあったゆえに、科学の限界と、また非合理的（不合理ではない）習慣の効果とを、よく理解していたことのしるしである。私達（日本人）は、この「形から入る」やり方に親しんでいる。西洋哲学でもたとえばアリストテレスは、プラトンの「英知的徳」を、「習性的徳」によって補う必要を知っていた。テニスを学ぶのに、ラケットをなぜそう握るのか、なぜそう振るのか、勿論理由はあるが、初心者に説いても無駄である。上手な人を真似て握り真似て振る練習を毎日重ねたほうがよい。そこで初めて聞いても理解でき、あるいは聞かなくても自ずからわかってくる。体を使うスポーツだけではなく、頭を使う学習でもそうである。たとえば外国語の学習では、はじめは理屈にこだわりすぎずに活用や基本文例を暗記したほうがよい。「なぜ」と疑問を持たずに言われたことをやるだけの者と同様、素直に反復練習もしないのに初めからやたらに「なぜ」と突っかかってくる者も上達しないことは、熟練した教員なら誰でも知っている。それでも理屈抜きの「模倣」は洗脳になりかねないのではないか。確かに、やり方を間違えればそうなり得るという危険は直視しなければならない。ここでは「信じたいが信じられない」という、目的は承認済みの人に限定された方法論であることがおさえられなければならない。幼稚園児に教育勅語を暗唱させるようなことではない。

しかしそもそも私は賭けない、という選択肢もあるのではないか。いやない、とパスカルは言う。なぜなら「賭けない」ことも一つの「賭け」だから。これは詭弁であろうか。必ずしもそうではない。ある特定の事柄について（たとえば今日の第三レースについて、あるいはどの株を買うかについて）どれにも賭けない、ということはあり得る。しかしあるギャンブルを行うかどうか、ある投資をするかどうかは、選ばざるを得ない。補って言えば、当事者として現に生きている人間（実存）としては、「賭け」

ざるを得ない。当事者でなく見物人としてなら、賭ける場合と賭けない場合のそれぞれの「得失」について「論評」して逃げもできようが、その人も自分自身が当事者として生きるか傍観者として生きるかの選択としては、「賭け」ざるを得ない。

（九）知と愛　「この無限の空間の永遠の沈黙は私に恐怖を抱かせる」とパスカルは言う。宇宙が沈黙しているとは、宇宙それ自体が価値や意味を語らないということである。これは近代科学の洗礼を受けた私達にはむしろ当然のことである。それゆえその沈黙への恐怖はわからなくはないが、やはり大げさな物言いに聞こえる。価値や意味は人間が主体的に設定するものであり、つまり私達はある意味で虚無主義と実存主義から出発せざるを得ない。では私自身はそれをどこに見るか。パスカルが救いを「慈愛の秩序」にみたことは正しいと思う。しかし慈愛は「イサクの神」や「ゴルゴダのキリスト」にあるのではない。春の風や秋の光に、とぼけた木瓜や無心の蛙に、おどけ者のミーちゃんや寂しがりのハーちゃんにある。それは自然主義や人間主義だと言われよう。それはなぜいけないのか。人を傲慢にするからだと言うのか。だがそれは超越神とか造物主とか言われるものがあるとする、（パスカル自身、論証できないと正しく指摘した）前提がなければ論点先取である。論証できなくても命がけの証人がある、と言われようか。多くの馬鹿げた迷信や有害な邪説にも、殉教者に不足はない。それでもこうした「有限な」者からの／への愛はむなしいと（スピノザとともに）言うのか。いや、それは「有限」と「無限」を単純に対立させる誤りであることは、ヘーゲルとフォイエルバッハとが明らかにした。

文献

（1）『世界の名著29 パスカル〔パンセ／真空論序言／愛の情念について／罪びとの回心について／覚え書／初代と今日のキリスト者の比較／ド・サシ氏との対話／幾何学的精神について／病の善用を神に求める祈り／大貴族の身分について〕』中央公論社、一九七八年
（2）『パスカル著作集Ⅲ〔プロヴァンシアル（前）〕』『同Ⅳ〔同（後）〕』教文館、一九八〇年
（3）三木清『パスカルにおける人間の研究』岩波文庫、一九八〇年
（4）野田又夫『パスカル』岩波新書、一九五三年
（5）ルフェーヴル『パスカル』新評論社、一九五四年
（6）ゴルドマン『隠れたる神』社会思想社
（7）ベガン『パスカル』白水社、一九七七年
（8）中村雄二郎『パスカルとその時代』東京大学出版会、一九六五年
（9）仲島陽一「Ⅶ 近代的自我と社会倫理思想―パスカルを中心に」（永井務・福山隆夫・長島隆編）『物象化と近代主体』創風社、一九九一年
（10）同「『自己愛』をめぐる最初の論争」（富永厚編）『仏蘭西の思想と倫理』行人社、二〇〇一年

13　ホッブズとロック

（一）ホッブズの生涯　ホッブズ（Thomas Hobbes, 1588–1679）はイギリスの哲学者である。国教会の牧師の次男として生まれる。十二歳のとき父が蒸発するが、富裕な伯父に引き取られる。学業優秀で、校長の推薦によりデボンシャー伯家の家庭教師となる。その地位などにより欧州大陸を三度旅行。ユークリッド幾何学を学び、メルセンヌ・アカデミーに迎えられ、デカルト、ガッサンディ、ガリレオと知る。ベーコンの秘書も一時務める。内戦前夜の一六四〇年、最初の著作『法の原理』が王党派寄りとされ議会派から批判されたのでフランスに亡命。四六年亡命してきた皇太子（後の王チャールズ二世）に数学を教える。しかし著書『リヴァイアサン』（1651）が異端とされ亡命宮廷に出入りが禁止され、帰国。クロムウェルを中心とする革命政府に帰順。他に著作『物体論』『市民論』など。

（二）ホッブズの認識論　経験論の立場をとる。真理は表象間の一致・無矛盾性であるとする。幾何学を雛形とする認識論が現れている。

（三）ホッブズの存在論　物質論的であり、機械論的、決定論的である。ガッサンディは原子論の復興者であり、ホッブズの個人主義はこれとも関係づけられよう。ガリレオは「慣性の法則」を発見したが、ホッブズが生命以外のものにも「自存性」(conatus または endeavour)を認め、自己保存を倫理の原理としたのもこれのホッブズなりの展開とも言えよう。

(四) ホッブズの人間観 機械論では物の位置とその空間的「運動」が問題とされるが、人間的な運動は意志的運動であり、その「内的端緒」をホッブズは「情念」(passion)とする。ところで彼は「**人間は人間にとって狼である**」と言い、人間が本性的に争い合うということを意味させている。実は通常の状態では狼は互いに争うことはない。狼には迷惑なたとえだが、牧畜が重要だった欧州では狼は悪役とされてしまいがちなのである。ところで人間の争いの主要な原因は「人間本性の中に」ある、競争・不信・誇りであると言う(文献(1)二〇二頁)。また彼は、「全人類の一般的性向として、次から次へと力を求め、死によってだけ消滅する、永久不断の意欲」があると言う(同一六四頁)。

このような思想は**性悪説**に属すると言えよう。それへの批判を予想して、ホッブズはあらかじめ答える。この説を非難する者も、旅行するときは武装し、眠るときには家の戸に錠をかけ、在宅のときでも金庫には鍵をかける。武装して旅するときは同国民に、家に錠をするときには近隣住民に、金庫に鍵をかけるときにはこどもや召使に対して彼はどう考えているのか。彼はホッブズが言葉で表していることを行為で示しているに過ぎない、と(同二〇四頁)。これはきわめて特徴的な論理であり、また経験論の長所と短所がよく表れてもいる。長所の側から言うと、人間を知るときに、その当人がどう思っているかやどう言っているかよりも、どう行為しているかの観察が重要だということである。短所の側を言うと、観察は常に限定されたものであるのに、それを性急あるいは無理に一般化しがちなことである。ホッブズの観察自体は正しいものとしよう。しかし日本人は旅行するときに武装しない。少し前までは田舎では留守にするとき施錠しない。鍵のかかる金庫を持っている家は多くない。すなわちこれらの「経験」は国により異なり（最もホッブズ的なのはアメリカであり、西欧諸国は概してアメリカと日本との間である）、時代により異なる（日本でも概して昔より今のほうがホッブズ的だが、昔でも戦国時代などは今よりホッブズ的かもしれない）。限定された事実によって人間「本性」を論じることはできない。人間「というものは」と大上段に構えながら自分やまわりの人々のことしか考えていないのはありがちな素人論議だが、ここでホッブズ先生も同じ誤りを犯している。

しかしまた人間は他の動物と違い**理性**も持つと彼はみなす。理性を人間の特徴とすることはありきたりであるが、「理性」という語で何を意味しているかは思想家によって同じと限らないので、注意が必要である。たとえばデカルトにとってはそれは「真偽を区別する能力」、すなわち客観的な認識能力であった。ホッブズにおいて注目されるのは、理性が、一つにはこうした認識能力としては（広義の）**計算能力**としてとらえられることであり、もう一つは、客観的な真偽というより主体的な損得の計算能力とされることである。独立した道徳的判断の能力と道徳的価値との実在は認められず、各人の欲求と欲望の対象が「善」とされる（同九八頁）。

（五）ホッブズの社会哲学　「リヴァイアサン」とはもともとは聖書に出てくる怪獣の名であり、ホッブズは国家をこれにたとえている。国家は個人を超えた力を持ちうまく操らないと破壊力となる点で、怪獣のようなものだというのである。これを題にした彼の著作の一番の主題は、それゆえ国家論である。ホッブズはまず国家のない状態を想定し、これを「自然状態」と呼ぶ。国家がないということは権力がなく、権力によって強制される規範である法がなく、したがって違法を取り締まる警察や裁く法廷もないということである。そうした状況では、我欲の主体である人間は互いに争うと彼は考える。すなわち自然状態は「**万人対万人の戦争**」であると彼は言う。「戦争」はふつうは国家対国家であるが、いまは国家が存在しないという想定であるから、いわば全人類バトルロイヤルだというのである。これはよくない状況である。弱い人間には間違いなく不利である。しかし強者にもけっしてよい状況でない。なぜならこの場合「強い」とはどういうことか。体力でまさることか。しかし腕自慢も眠っているところを襲われれば終わりである。昼日中でも、相手が大勢なら勝てない。プロレスのバトルロイヤルでも、一番強そうなのがみんなに総攻撃されてはじめに脱落させられるのはよくある光景である。では経済力でまさることか。警察はないという想定だが、金があるなら警備会社と契約してガードできるではないか。しかしこのように「セコムして」いても、警備会社なり用心棒なりが裏切ったらどうか。危ない仕事ではした金をちびちび頂くよりも、たっぷり持っているところからそのまま奪ったほうが得ではないか。裏切ってはいけないという法律はなく、取り締まる警察も訴え出る裁判所もないのであるから、畢竟そんな相手に警備を頼んだ奴が馬鹿だった、ということで話は終わってしまう。こうしてみると単に腕力や金力でまさる「強者」も、こうした戦争状態はけっして得ではない。いやなまじ財産を持っている者のほうが攻撃される恐れは多いとさえ言える。すなわち誰にとっても自然状態とは身の安全が保証されず**死への恐怖**のもとである。そこで人々は戦争状態を終わらせ平和をつくりたいと思う。そのためにはどうしたらよいか。他人を殺傷してはならないというような掟をつくることである。だが人間は（ホッブズによれば）本性的に利己的であるから、この掟を他人には守らせたいが自分では縛られたくない。そう万人が思うのであるから、それが掟として機能し万人が守るようにするためには、それを強制する（すなわち違反者を処罰する）権限を誰かに与え、他の人々はこの権力者に服従する契約をすることが必要である。ところで人は理性によりこの契約の損得を計算できる（前節）。「どっちが得かよく考えてみよう」。掟や権力者に服従するのは自由を失うことであり、損ではある。しかしそれによって平和が実現し生命や財産が保証されるならばより大きな得である。それゆえ人々全体が社会的にこの契約を行うことによって国家が設立される（**社会契約説**）。

(六) 社会契約説の意義　社会契約説は国家の設立に関する説であるが、事実問題としての説明原理と受け取る必要はない。つまり、実際に国家がそのようにつくられたわけではないが、だから社会契約説は「間違いだ」とか「無効だ」とか言うのは無意味である。私達は国家（政治権力）をこのようなものとして扱うべきであるという思想原理として扱おう。すると私達がなすべきことは、この原理の「真偽」の検討ではない。まずはこうした価値意識がなぜ生まれたかということの解明である。それはそう難しくはない。国家がそれ自体で存在し、国民がそのために存在するのではない、逆に諸個人が自分達の存在を保つために人為的に製作した団体が国家だ、という思想は、個人主義である。勃興する個人主義による国家論の設立がホッブズにみられる。また彼は「諸個人」の間に本性的な質的断絶や位階秩序を認めないので、身分制などには導かない。デカルトは人間の理性的存在としての平等から始めたが、ホッブズは「心身の諸能力」全体において自然的な平等から始める（文献(1)一九九頁以下）。すなわちホッブズの思想の根底には民主主義がある。では私達はそのような価値に賛成すべきか反対すべきかが次の問題である。私はかなり評価すべきものがあると考える。（批判点については、ロックやルソーのところでもみることになろう。）「社会契約説」の最も本質的でかつ意義ある点をもう一度まとめればこうなろう。「人は自らが同意した権力にだけ服従する義務がある」。またそれを政治原理というより社会生活一般にわたる基本的な規範として言えば、次の二つに整理できよう。①**暴力に反対せよ**。②**約束を守れ**。これはまさに大原則として自ら行い、人々にも行わせたいものである。

（七）ロックの生涯　**ロック**（John Locke, 1632-1704）はイギリスの哲学者であり、近代哲学の代表者の一人である。父は弁護士でピューリタンであった。大学卒業後は医師となり、後シャフツベリー卿の庇護を受けた。七十二歳で死去。著書に『人間知性論』（1689）、『市民政府論』（1690）など。なお後者の邦訳名として一部の検定教科書を含め『市民政府二論』とあるのはよくない。*Two Treatises of Government* とその二つ目の *Of the Civil Government* とがごっちゃにされている。

（八）ロックの認識論　知識の源は経験である、とロックは主張する。彼は**経験論**の代表者である。彼によれば人の心は生まれたときは白紙（tabula rasa）のようなものであり、見たり聞いたりするような経験によっていわばそこに文字が記されるように知識内容すなわち観念（idea）が増えていくのである。それゆえ彼はデカルトの「生得観念」説を否定する。デカルトは数学的公理のような一般的原理は人が生まれながらに持っている観念であるとする。しかし未開人やこどもはそうした観念を持っていない。彼等がまず持つのは感覚的な、したがって個別的で具体的な観念であり、それが増えていき、内省によってそれらを比べ抽象化することによってはじめて一般的な観念が得られるというのである。真理とは観念相互の一致とする。だがそれだけでは対象の実在性の認識には届かず、それでは役立たないと認める。そこで実在的真理のうち、自己の実在は直観により、神の実在は論証により、他の事物の実在は感覚によるとする。だが感覚の確実性は再び神の保証に委ねられてしまう。こうして事物の「実在的本質」の認識とともに、ロックは不可知論に足を踏み入れ、その不十分性を自覚しつつも英米的な実用性重視で糊塗しようとする限界を持つ。

（九）ロックの存在論　デカルトの二元論から出発するが、それを超えようとする部分もある。すなわち彼は「魂」でなく物質が思考する可能性を、すなわち人間が「思考する物質」である可能性を認めている。その根拠としては神がそれを創造する可能性に投げてしまうのではあるが。

（一〇）ロックの人間観　人間の本質が何であれ、機能からすればロックは人間を理性と労働の主体とみる。この理性とは単なる損得の計算能力でなく善悪の判断能力であり、「良心」と結びついている。

（一一）ロックの宗教論　ロックは、政治権力は人の外的行為だけを問題にし、信仰を含む内面には関与すべきでないと考える。ということは各人がそれぞれの信仰を持つことを許容することになる。しかしそれでは国家に統一がなく、宗教戦争になるのではないか。否、と彼は答える。宗教戦争の原因は、信仰の違いでなく、他人に信仰を強制しようとすることである。寛容の精神を持ち、各人が思想信条を自由に選ぶ権利を認めれば、暴力による戦いにはならないのである。

(一二) ロックの家族論 ロックは家父長制を批判する。

ロックは第一に、親は子を養い育てる義務があると主張する。今日では当たり前のことでしかあるまい。ということはロック以前は当たり前ではなかったということである。スパルタでは虚弱なこどもは足手まといとして捨てることになっていた。古代ローマの「十二表法」では、親によって三度売られたこどもは自由人とみなされるという規定があったが、これは親は子を二度まで売ってよいことを意味する。中世ではキリスト教精神もあり、さすがに子捨てや子売りは駄目な建前だが、子を修道院に入れることは実質的にはこれに等しいことも少なからずあった。日本では江戸時代までは親が子を売ることは(「気の毒なこと」と思われても)法的には可能であった。明治以後は建前上は人身売買は禁止されたが、抜け道も少なからずあった。昭和に入っても初期の不況下の東北地方では、娘の身売りを役所が仲介することさえあった。ロックは(日本では元禄に当たる時代に)、こどもは親の私有財産でも奴隷でもないと主張しているのである。すなわちこどもにも人権を認めたと言ってよい。

しかし親子は平等ではない。親は子に対して命令や禁止を行う権利、すなわち親権を持つ。ロックもこれを認めるが、第二に、親権をいままでとは別にとらえる。まず従来これは「父権」とされたが、彼によれば親であることにおいて父母は平等であり、母も含めた「親権」である。そしてこれは上の扶養義務から生じるとするので、無条件ではない。かつて某カルト教団が摘発されたとき、その施設にいたこどもが県の施設に移された。信者達はこどもは山梨県のものではない、と抗議したが、栄養失調状態にして学校にも行かせない「親」に親権は認められなくて当然であろう。扶養の義務から生じるということは、親権はその資格者だけでなくその行使内容も制約する。すなわちそれは子の心身の保護目的で使われるべきである。小さい子に夜遊びややくざとの付き合いを禁止するのは親権の正当な行使である。しかし一切遊ばせずに勉強を強いたり、当人の意に反して稽古事をやらせたりするならば親権の乱用であり、子の人権の侵害である。

第三に、親権が扶養義務から生じるということは、それが永遠でないことを意味する。成人した子は親と法的に平等であり、子に対する親の命令権や、親に対する子の服従義務はなくなるとロックは考える。もっとも彼も、まっとうに育ててもらったこどもは親に対して感謝と尊敬の念を持つべきだとしている。平等になっても親子が他人になるわけではない。しかしそれは道徳的な結びつきであり、権利・義務で縛るものでないということである。これは日本国憲法の規定と同じである。たとえば未成年者の結婚には親の同意がいるが、成人すれば（まっとうな親子関係なら）親の理解や同意を得るべく努めるのが望ましいが、最終的な決定権は本人にあり、親が勝手に決めたり禁じたりはできない。私達の大部分はこれをもっともと思うであろうが、戦前の民法ではそうではなかった。親が生きている間は、子は三十になろうが四十になろうが、親の同意がなければ結婚できなかったのである。これが、マッカーサーが壊したものとして反動派が賛美する日本の「醇風美俗」である。中流以上の家庭では、親に「口ごたえする」こと自体がけしからぬことと指弾されていたような奴隷状態に、私達はほんの少し前までおかれていたことをけっして忘れてはならない。

（一三）ロックの政治論　政治社会すなわち国家に関して、ロックはホッブズが切り開いた道を進む。すなわちまず自然状態を考察し、社会契約による国家の設立を説く。しかしロックはホッブズに対していくつかの重要な修正を行う。

第一に自然状態をロックは戦争状態とはみない。そこでは実定法がないが、だからといって欲望のままにふるまうとは考えない。人間が欲望を持つことはロックも否定しないが、同時に理性も持っている。ホッブズの「理性」は欲望に従属する損得の打算に過ぎなかったが、ロックの「理性」は良心と結びついた善悪を判定する能力である。自然状態では国家による法すなわち実定法はないが、理性による法すなわち**自然法**はある。国家が何とか法第何条で定めていなくても、各人は理性に照らしてある行為の善悪を認識できる。それゆえ自然状態は基本的には平和状態であると考える。自然法は人間が自然的に持つ権利、すなわち自然権を示すが、それはロックによれば三つある。第一は**生命**、第二は**自由**である。**自然権**は人が「自然的に持つ」ということは誰かから与えられたものではなく、だから誰も奪えない権利であるということである。もし王が国民に生きる権利を与えるなら、王の命令で国民を殺すことは正当となり、議会が決めた法律で国民に自由が与えられたなら法律を変えればある人々を奴隷にしてもよいことになる。最高権力者や多数派によっても侵害されてはならないのが自然権であり、今日の基本的人権にあたるものである。第三の自然権としてロックが考えたのは**所有**（property）である。所有権を侵害してはならないということは他人の財産を盗んだり奪ったりしてはならないということであり、自明であるようにみえる。しかしここでもロックは画期的なのであり、国家や教会といえども、所有権を侵害できないと言っているのである。それまでは国王や教会が国民や信者から「税」を取ることは彼等の当然の権利であり、国民や信者の当然の義務であると考えられていた。そうではないということであり、ではどうあるべきなのか。たとえば国民が代表を議員として選び、議会が国民はこれだけの税を納める、と定めたならば、国民は自ら同意して納税することになるから、国家が個人の所有権を侵害することにはならない。このように徹底して個人の権利を基礎に社会秩序を考えていくところが近代的である。「所有」を自然権とする根拠としてそれが労働に基づくことをロックは挙げる。ここにホッブズとの第二の違いがある。欲望の主体である人間は掟のない自然状態では争い合う、とホッブズは考えた。しかし自分が所有していないものが欲しいからといって百貨店に奪いに行く者は少ない。理性と良心を持った人間ならば、働いて金をためて買おう、とでも考える。つまり労働の主体でもあるから、人間は欲望を理性的・平和的に実現することもできるのである。ところで所有が自然権であるのは自分の労働によって得たことによるのであるから、そのような財産に限定されることになる。親族から相続した財産や拾った財産等は自然権ではない。誰に所有権があるのか、何割の所有権があるかなどは、たとえば多数決による国の法律等で規定される。

さて、このように自然状態は戦争状態ではない。しかしそれは自然権の侵害がまったくないことを意味するものではない。一般論として人間は理性や良心を持っていると言えても、中にはとんでもない悪人もいる。国家によって厳しく秩序づけられた状態でも犯罪者がゼロということはないのを考えれば、自然状態でそれよりましだとは考えにくい。また私達ふつうの人間は、法律で禁止されているとか警察に捕まるとかいちいち思わなくても、確かに理性と良心で善悪の区別はできるが、悪いと知りつつ欲望に負けてふるまってしまう、ということが一生に一度もない者はほとんどいないであろう。そうしてみると自然状態より国家をつくったほうがよい、という結論はロックも認め、社会契約説を継承する。

だがここでもホッブズとの微妙だが重要な違いがある。国家の設立はホッブズでは君主への自然権の譲渡だが、ロックでは政府への統治権の委任である。譲渡は与えることであり、受け取った人のものとなる。君主はそれを国家の平和のために使用しなければならないが、「しなければならない」ということと実際にどうするかは別問題であり、君主自身の利益のために使わないという保証はない。そのときどうするか、ホッブズでは行き詰ってしまう。そこでロックは委任とし、預けたに過ぎないから、そのときは返してもらうのだとする。すなわち自然権の保全という役目を果たさない政府は義務を果たしていないので統治権を失い、国民からすれば服従義務を解除されるとする。これを**抵抗権**という。また逆に政府自体が国民の自然権を侵害するようなときは、国民はそのような政府を打ち倒し新たな政府を設立してよいとする。これを**革命権**という。無論いまある政府を単に自分が好まないとか、身内や仲間内の得にならないとかの理由で、逆らってよいということではない。しかしそもそも政府をつくる目的である国民の権利の保全に反するようなときには背いても、けしからぬむほんというようなものではなく、国民がもともと持っていた権利を行使するだけで正当なのだ、ということである。ここまできて社会契約説は近代民主政治の原理として確立された。

ロックの生きたイギリス十七世紀は、革命の時代であった。そして彼は名誉革命（一六八八年）を支持した。これを含む市民革命の動きは、ロックの理論も支えとしてさらに広がっていった。アメリカ独立もその一つである。アメリカ十三州はもともとはイギリスの統治下の植民地であった。それを離れて新たな政府を設立したのであるから、これは一つの革命でもある。その独立宣言（一七七六年）は、独立の理由と正当性を述べている。それによればイギリス政府がアメリカ人の自然権を侵害しているのであるから、もはや服従せず別の政府を組織するのは正当な権利の行使であるとして、ロックの思想を用いているのである。ロックの思想が近代の思想だけでなく近代の社会そのものに大きな影響力を持ったことが、これだけからも知られよう。

文献

（1）ホッブズ『リヴァイアサン』（全四冊）水田洋訳、岩波文庫、一九五四年、一九六四年、一九八二年、一九八五年
（2）ホッブズ『哲学者と法学徒との対話』田中浩・重森臣広・新井明訳、岩波文庫、二〇〇二年
（3）ホッブズ『市民論』本田裕志訳、京都大学学術出版会、二〇〇八年
（4）ロック『人間知性論』（全四冊）大槻春彦訳、岩波文庫、一九七二年、一九七四年、一九七六年、一九七七年
（5）ロック『市民政府論』鵜飼信成訳、岩波文庫、一九六八年
（6）ロック『教育に関する考察』服部知文訳、岩波文庫、一九六七年
（7）浜林正夫『イギリス民主主義思想史』新日本選書、一九七三年
（8）田中浩『人と思想49 ホッブズ』清水書院、二〇〇六年
（9）同『ホッブズ』岩波新書、二〇一六年
（10）浜林正夫・他『人と思想13 ロック』清水書院、一九六八年

14　デカルト以後の合理論

(一) スピノザ

(1)　生涯　**スピノザ**（Baruch de Spinoza, 1632-77）はオランダの哲学者である。オランダは一六〇九年に共和国として事実上の独立を達成し、一六四八年のヴェストファリャ条約で正式に承認された。経済が発展し、デカルトも移住するなど文化的にも栄えたが、世紀後半になると、ピューリタン革命を経たイギリスとの戦争に入った。これとからんだ国内の政治的・宗派的対立も深刻化し、一六七二年にはすぐれた政治家デ・ウィットが虐殺される事件も起こった。スピノザはユダヤ人として生まれるが、破門された。デカルトの合理主義を学び、ユダヤ教の権威と伝統に基づく外的律法を無視し、また聖書そのものについても権威としなかったためである。ハイデルベルク大学から招聘されたが断る。著作に『デカルトの哲学原理』（1663）、『神学・政治論』（1670）、肺病により四十四歳で死に、遺稿『エチカ』などがある。

(2)　認識論と方法論　デカルトを継ぎ、合理論の立場をとる。認識を三種類に分け、表象(imaginatio)

よりも理性（ratio）を上におくことはデカルトと同じだが、さらにその上に個物の認識である直観をおく。

またデカルト以上に幾何学的方法を重視し、主著『エチカ』は正しくは『幾何学的秩序による倫理学』であるように、幾何学的方法で学問全体を統一しようとした。

(3) 存在論　デカルトは精神と物体の二元論をとった。それぞれの本質が思考と広がりであった。しかしスピノザは、思考と広がりとは一つの実体の二つの属性であるとする。その実体とは「神すなわち自然」である。端的な一元論であり**汎神論**（pantheism）である。これはユダヤ教とは（キリスト教とも）確かに相容れない。個物は「自己の存在に固執しようと努力する」傾向（コナトゥス）を持つという（『エチカ』第三部定理6）。これは近代自然科学による物体の「慣性」を哲学的に拡張したものともみえるが、生物や精神への拡張としては少なくとも一面的である。なぜなら生物は絶えず非自己を取り入れまた自己を非自己化して排出することによってだけ「自己の存在」を保てるのであり、またこうして絶えず死（自己の非存在）へと向かっているからである。

(4) 人間論　デカルトの心身二元論では心身の関係がうまく説明できなかったが、スピノザはこれに**心身並行論**で答えようとした。すなわち精神と身体とは唯一の実体である神の二つの側面であるから、それぞれの秩序が並行関係というかたちで対応しているというのである。これは「機械仕掛けの神」による説明と言うしかない。

またデカルトは人間の自由意志を重視したが、スピノザはこれを否定する**決定論**をとった（『エチカ』

第二部定理48)。ここから彼は事実と規範を区別しないことになるが、これとあらゆる個物にコナトゥスをみる彼の存在論を結ぶと、個体の欲望や力を価値的に肯定することとなる。各人が自分の利益を追求し自己の存在を維持することにより多く努めそれができるほどそれだけ有徳であるとさえ彼は言い切る(『エチカ』第四部定理20)。これは Might is right.(勝てば官軍)という、最悪の思想となる。これはニーチェが歩んだ道であり、ポストモダンが継承するものである。

最高の倫理的価値を「神への知的愛」にみる。「愛」は、スピノザ自身も「外的な原因の観念をともなっている喜び」と言う(『エチカ』第三部定理13注解)ように感情の一種であるから、「知的愛」というのは「丸い四角」のような形容矛盾にみえる。知性を優位におくのは哲学者的偏見に過ぎないが、それでも感情や愛を否定し切らず補助的に残すのは、彼の倫理思想の特徴とも言える(拙著『共感の思想史』第六章、参照)。

デカルトが避けた宗教と政治についての合理主義的研究を敢て進めた。すなわち聖書の合理的解釈を行い、奇跡を否定した。無神論の烙印で大きな批判を受けたが、宗教や聖書の合理的解釈はそれらの否定ではなく、また汎神論は無神論ではない。他方でこの誤解によってかえって次の世紀の啓蒙主義に影響を与えた。

思想と宗教の自由を強く唱え、共和制を支持し、人民の抵抗権を認めた。これは評価できる面であるが、彼の倫理思想とどうつながるかはわかりにくい。

(二) ライプニッツ

(1) 生涯 **ライプニッツ**(Gottfried Wilhelm Leibniz, 1646–1716) はドイツのライプツィヒに生まれた。ハノーファー選帝侯に招かれて同国に移り、その国事に携わる。一七〇〇年、プロイセン公国のベルリン学士院の初代院長となる。数学者としては、ニュートンと並んで**微積分学**の創始者である。新旧両教会の合同をもくろんだ。ロックの『人間知性論』を逐条的に批判した著書『人間知性新論』は一七〇四年執筆だが、ロックの死を理由として公刊されず、一七六五年にようやく出版された。『弁神論』(1710) はベール(次節)への批判であり、小著だが『単子論』(1714) が彼の哲学の中核を表したものとされる。

(2) 認識論 真理を「理性の真理」と「事実の真理」に分ける。前者は「2+2=4」のような、「そうでしかあり得ない」真理であり、後者は「カエサルはルビコンを渡った」のような、「そうでないこともあり得た」真理である。前者は論理学における(同一律・矛盾律・排中律の)原則によるとするが、後者の原理として彼は「充足理由律」を立てる。

(3) 存在論 実体は多数あるとしそれを「**単子**」(**monade**)と名付けた。唯一の実体しか認めないスピノザ(の一元論)とも、有限実体としては「精神」と「物体」の二種類を認めるデカルト(の二元論)とも違う**多元論**である。「単子とは複合体を作っている単一な実体」で「部分がない」とする(『単子論』一)が、注釈者が言うように、部分を(したがって広がりを)持たないものが複合体つまり広がりを持つ物体を「つくるというのは理解に苦しむ」(文献(1)四三七頁)。

単子の本質は「力」だという。これも勿論現代物理学の概念ではないから漠然としている。そして好意的に読み込めば今日の「エネルギー」にあたるとしてこれも一見科学的にみえはする。しかし現代物理学では「エネルギー」と「質量」との両者が転換可能ながら一方が他方に「過ぎない」ものと還元はされないことに注目できよう。そうしてみるとここでのライプニッツは「広がり」を物体の本質とするデカルトに対抗していることからも、「力」の一面に固執していないかという疑問が起こる。自然学の中では、保存される「力」について、デカルトの mv に対して mv^2 を提唱した。これはどっちもどっちと言うべきであろう。「運動量」（mv、ただし v はベクトル）と「運動エネルギー」（$1/2mv^2$）という二つの観念が明瞭に区別されていなかったからである。

「単子」は「表象」と「欲求」を持つという。問題は、ではどのようにしてある単子は他の単子を（それどころか彼によれば宇宙全体を）「表象」できるのかである。「単子は窓を持たない」という彼の言葉から、ある単子と他の単子が結びつく原理がなく、そのために「**予定調和**」という原理が天下り的に導入された「という通常の解釈は、誤解である」と下村寅太郎は言うが（文献(1)七二頁）、ライプニッツが単子同士の直接の関係を認めているかどうかは疑問が残る。

ライプニッツは「**連続性の原理**」を唱える。これは科学的という解説もある（文献(6)七八―七九頁）。現代科学は、デカルトが物体とは「違う種類の実体として」精神（宗教的には「魂」）を持ち出すのには否定的であり、「物質」と「生命」と「精神」とを連続してとらえることに肯定的だからである。しかしそう簡単ではない。確かに生命は物質に基づき、精神活動は生命現象を前提としており、そこには連続性があるが、しかしそこには発展、すなわち飛躍の要素もある。生命は物質なしに、精神は生命なしにはあり得ないが、後者は前者に「過ぎない」ものに「ほかならない」ものではない。一般に連続と断絶（または飛躍）との関係は、初期ギリシャ以来哲学の重要問題の一つである（第2章第六節、参照）。「自然は飛躍しない」とするライプニッツはこの「連続」の一面に固執しているのではないか。彼による微積分学の創始は偉大であるが、これによって次元が異なるものの「連続」性がみえてきたあまり、にもかかわらずそこに「次元の違い」は実在しているという面が見逃されてしまったのではないか。両面の把握が必要なだけでなく、順序としてはまずは「知性的な」分析ないし区別が先行し、後に「理性的な」総合または連続性の把握であって、はじめから区別を否定するようなライプニッツ哲学は、経験諸科学には無益ではあるまいか。

(4)　社会倫理思想　この世界はあり得る世界の中で最善のものだと彼は言う。これを**最善観**（optimism）と言うが、ただちに同意するのはよほどおめでたい奴であろう。ふざけるな、と憤らないとしても、そこまで言えるか、といぶかるのがふつうであろう。彼がそこまで言う理由を聞くと、この世界は神が創った世界であり、可能な他の多くの世界も創り得た神がこの世界を創ったからには、それが最善なものであるからに違いない、と言うのである。創造神というものを前提しない私達には通用しないということは横におくとして、では悪の現実存在をどうみるのかと尋ねよう。彼もその実在は否定しないが、しかしそれによって善も価値づけられるのであり、したがって全体としての世界の善さにむしろ寄与していると言うのである。犯罪者のために警官が、病人のために医者が、死者のために葬儀屋が食っていけるという類の理屈であり、悪に苦しんでいる人々には残酷な詭弁である。特にそれは現実を肯定させ、悪をなくそうとする努力から人々を遠ざけるので有害な思想である。そうではない、たとえばけがや病気は痛みという「悪」を生むからこそそれに気付き治療しようと思うのだと反論されるかもしれない。しかしこれは、そもそもけがや病気はないに越したことがない、ということを無視しており、反論として無効である。なお以上はライプニッツの、あるいはむしろ西洋語一般の用語法に基づき、「悪」を「よくないこと」の意味で使っており、現代日本語の用法とは異なる。後者での「悪」は道徳上の意味に限定されており、死や病に対しては用いない。私はこの日本語の使い分けは最高度の意義を持つものと評価したい。死や病や害虫や地震などは（「禍」であっても）道徳的な悪ではなく、なくせないものも多い。悪は、いじめや戦争や拷問やカルト教団のように、人間の意志によって生じるものである。ライプニッツもこれらを区別はするが、結局は「最善観」の枠組みの中にくくって処理してしまう。しかし私達は、両者を原理的にきっぱりと区別し、道徳的悪は（自由意志を否定しない限り）なくせるものと認識すべきであり、またそれをなくすことに何よりも努めなければならない。

(5) 宗教論　最善観の思想ははじめから宗教論の中で問題とされている。すなわち、神によるこの世の創造と悪の実在との二つの観念を認めるなら、そこから神の責任をどう考えるかということであり、「**弁神論**」と呼ばれる（議論としては昔からあるが用語としてはライプニッツの創始）。その弁護が成功しているかどうかはさておき、彼が創造神をたてるキリスト教を擁護したいことははっきりしている。彼はキリスト教の新旧両教会の合同にきわめて大きな労力を費やした。これについてキリスト教の外にいる哲学者がまず感じるのは、そのこと自体の可否やよしあしというより、「連続性の原理」が、彼の認識に先立って彼の心理的欲求からきているのではないかということである。「調和」を求めるのは同感できるが、そのためにすべての区別を量的ないわば濃淡の違いとみなすことができるのか、またよいのか。質的な区別としたうえで、にもかかわらずの共存や、逆にそのおかげでの協力や、時には断固とした一方の撤廃もあり、それらの諸々の違い間の区別が、理論的にも実践的にも重要なのではあるまいか。まあまあ妥協し合って一致団結しましょうよ、というのは往々、現状維持の保守的な、そして少なからず弱者にしわよせをする論法ではなかろうか。

(三) ベール

(1) 生涯　**ベール**（Pierre Bayle, 1647–1706）はフランスに新教徒として生まれ、六八年にいったん旧教に改宗したが、若気の至りとして七〇年にカルヴァン派に戻った。ジュネーヴ大学で神学とデカルト哲学を学ぶ。フランスに戻ってセダンの大学で哲学教授となった。しかしフランスでは新教徒への迫害が強まり、軍による拷問を含めた改宗強要を行い、新教によるこの大学も八一年に閉鎖されたので彼はオランダに移った。フランスは新教の信仰を認めたナントの勅令を一六八五年に廃止し、他方イギリスでは一六八八年に名誉革命によって新教国の性格をはっきりさせ、オランダではカルヴァン派内部で対立するなど、宗教問題が激化した時期である。ベールは『文芸共和国通信』を発行して人文学の国際交流を進め、膨大な『歴史批評辞典』（1696–97）によって多くの人心を揺るがせたほか、宗教論を中心に多くの著作を著した。才気煥発な性格である。

(2) 宗教と道徳　『彗星雑考』（1682）はおもしろい著作である。彗星を凶兆とする迷信への批判がきっかけだが、単純な合理的啓蒙に終わらない。神が迷信を助長することはないから、と宗教的根拠も挙げるのだが、ふつうの神学論でもない。神に関する迷信は無神論より悪い、と彼は言う。自分が人から誤解されるとしても、とんでもない悪人だと思い込まれるより、そういう人は実在しないと思い込まれているほうがまだましだと感じると彼は言う。同様に神について間違った観念を持つのは、神は実在しないと思われるよりも悪いと彼は言う。ベールは旧教を「迷信」と考えており、彼の底意は旧教批判にある。しかしそれが無神論より悪いというのは新しい論法であり、そのため彼は道徳が宗教から独立していること、したがって宗教のない社会も可能であることを示す。信仰熱心だが悪事を行った人や無神論者だが有徳だった人などの例がたくさん挙げられる。これは私達東洋人には特に不思議ではない論法で（ベール自身も中国社会を引き合いに出すのだが）、当時の西洋にはスキャンダラスであった。彼自身が無神論者として攻撃されたり、逆に次の世紀の啓蒙思想家達からは先駆者扱いされたりした。（なおたまに無神論も一つの宗教だという人がいるが、これは「宗教」という語の意味を不当に拡張することによる詭弁であろう。また無神論的思想を宗教的に信奉したり宗教の代用にしたりする者がいることは事実だが、それは区別して論ずべき事柄である。）

⑶　寛容論　フランスで新教徒への激しく残虐な迫害が起こっているなかで、ベールは不寛容、すなわち思想信条を強制することに対して、きわめて原理的かつ全体的な批判を行った。キリスト教で不寛容の正当化を確立したのはアウグスティヌスである。最大の教父として新旧キリスト教徒がともに仰ぎ見る存在だが、ベールはおそれずに立ち向かう。教義学的議論には深入りはしないでおこう。要するに

正しい教えなら「強いていらしめて」よいということだが、問題は「正しい」ということがどうしてわかるかである。客観的基準はなく、教皇なり公会議なりを持ちだしても相手がそれを権威としないなら水掛け論である。ここでベールは正しい信仰やその基準の存否を議論しない。しかしまたそんなものはないという相対主義に立つわけでもない。客観的に間違った信仰であっても、相手がそれを良心的に信じている限り、信仰を変えることを強制する（信仰を理由に暴力的政治的な力を加える）ことは許されない、ということである。彼はこれを「**迷える良心の自由**」と言うが、ここでは「良心」の観念が徹底的に主観的なものとしてとらえられかつ擁護されたことが重要である。もともと新教では個人の内面的な信仰が要であったはずであったが、ルター派もカルヴァン派も現世的権力と結びついて、その国家の宗派を信奉しない者には不寛容で火刑を含む迫害も行った。ベールの寛容論はカステリオンを継ぎヴォルテールにつながるものであり、信教の自由や思想の自由として近代民主主義の最も大事な宝になっていくものである。

（四）ラバール　**ラバール**（François Poulain de la Barre, 1647–1723）はフランスに生まれた思想家であり、**男女同権**を唱えた先駆的な思想家である。ナントの勅令の廃止（一六八五年）によりジュネーヴに亡命し、その地で没した。『両性平等論』（De l'égalité des deux sex, 1673）は、文字通り男女の平等を主張したものである。言うまでもなくそれは現実でないだけでなく思想としてもばかげたものと思われていた。彼がこの状況を批判するのはデカルトに負うところがある。心身二元論に基づき「魂に性別はない」という存在論にもよるが、それ以上にその合理主義的方法論にである。すなわち現実はこうなっている、ということや人々はそう考えている、ということは、それが正当であることを保証せず、理性によって吟味しなければならないという思想である。男女平等に反対する者は、高い地位についたりすぐれた功績をあげた者のほとんどは男性であるという。確かにそういう事実はあろう。しかしそれはそのような地位につく機会や才能を磨くための教育が女性に拒まれているからであって、女性にその能力がないからではないと彼は言う。男性にできることはすべて女性にもできると彼は言い、そのため女子も教育を受けさせるべきだと考えた。このような彼の思想は受け入れられず、遊戯的な逆説と受けとられたこともあり、したがって彼の名はその後長くほとんど忘れられた。（二十世紀半ばのボーヴォワールの『第二の性』の題辞に彼の言葉がとられている。女子教育に関してはその後サン＝シール学院ができたりフェヌロンの著作『女子教育論』（1687）などで少しずつ進められたが、ラバールのように根本的な男女平等に基づくものではなかった。）またキリスト教も性差別のために利用されてきたが、彼はそれは聖職者達（無論男性）が男性に都合よく聖書を解釈したり命令したからに過ぎないとして、キリスト教のフェミニズム的な解釈も示す。

ラバールは、ある女性の口を借りて、愛に最高の価値を与える思想を説いている（文献（9）二六一頁以下）。彼の革命的な思想の根底には、合理主義の徹底だけでなく、理性よりも愛を上におく価値転倒があろう。

性支配だけでなく、力による一切の支配をラバールは正当化しない。自然状態では人間は平等であり、現実の不平等や従属は暴力によるものだと批判し、社会契約論的思想を含む、先駆的な社会理論を展開している。

（五）トマジウス　トマジウス（Christian Thomasius, 1655–1728）はドイツの哲学者であり、主として法哲学を専門とした。ライプニッツも教えた父と同様にライプツィヒ大学で教えるようになると、ドイツ語での講義を始めた。初めてのことであり、これをドイツ啓蒙主義のはじめとみる者もいる。しかし当時は反発が強く、他にも革新的であった彼は追放された。国際的な学術語であるラテン語でなされるべきだというのである。専門家達からは、俗衆の言葉は大学にふさわしくないとし、またドイツ語を使っている宮廷からは、慎んで服すべき法令を臣民がああだこうだとあげつらいやすくすることは好ましくないということである。一般国民が使っている、すなわちそれでものを考えている言葉で教育や学問が行われることは思想や理論の健全さと発展との前提であり、この点でトマジウスの功績は明らかである（彼は最初のドイツ語の学芸雑誌の刊行者でもある）。今の日本の大学で英語で授業をしたいという動きがあるが、これは改革でなく反動である。わが国は先人の努力により、大学院まで、最高最新の研究まで自国語でできるが、これは欧米諸国以外では稀な利点で、広く国民の知的水準を上げるのに役立ってきた。私は英語が「国際語」だなどとは認めないが、仮にそう思っての主張ならば、二、三十年後に中国語のほうが羽振りがよくなったら大学は中国語で、と言うのだろうか。いずれにしても憎むべき奴隷根性である。（念のため言えば、私は外国語学習や留学にはおおいに賛成である。自文化中心主義、国粋主義、排外主義には反対である。）ライプツィヒ（ザクセン所属）を追われたトマジウスはハレ大学（プロイセン所属）の創設に関わった。外的な行為を対象とする法と内的な心を対象とする道徳とをはっきり区別し、法が道徳を規定することを否定し、政教分離をも要求した。魔女裁判に反対してやめさせ、一般に拷問に反対した。これらは近代的とか民主的とか言われ得る社会にとってきわめて基礎的であるだけにいっそう大きな功績である。そして残念ながらしかし今日でも必ずしもきちんと実行されていないばかりか、後戻りの動きさえあるだけに強調すべきである。彼の哲学を「浅薄」（フォルレンダー『西洋哲学史』）として低くみるのは狭量であり、このような人こそ人類の恩人の一人として顕彰すべきである。その方面を調べようとすると、どんな残虐な魔女狩りや拷問が行われたか、というような文献はそこそこあるのだが、どのような人々が勇気を持ってそれらに反対してきたのか、彼等を支えたのは何であったのか、どのようにしてそれらはなくされる方向に進んでいったのか、という研究があまりないのである。通俗的にもサド—マゾヒズム的心性をまるで人間の「本性」のようにみなす言説があるが、これはこうした不正と暴力を容認する結果をもたらす。原理的にも歴史的にもこれらを乗り越えるのに役立つ研究を進めたいものである。

文献

（1）『世界の名著30　スピノザ（エティカ）、ライプニッツ（形而上学序説／モナドロジー／小品集）』中央公論社、一九八〇年
（2）スピノザ『神学・政治論』（上・下）吉田量彦訳、光文社文庫、二〇一四年
（3）工藤喜作『人類の知的遺産35　スピノザ』講談社、一九七九年
（4）増永洋三『人類の知的遺産38　ライプニッツ』講談社、一九八一年

(5) ライプニッツ『人間知性新論』米山優訳、みすず書房、一九八七年
(6) 酒井潔・佐々木能章編『ライプニッツを学ぶ人のために』世界思想社、二〇〇九年
(7)『ピエール・ベール著作集』(全八巻・補巻一) 野沢協訳、法政大学出版局
(8) メゾー『ピエール・ベール伝』野沢協訳、法政大学出版局、二〇〇五年
(9) フランソワ・プーラン・ド・ラ・バール『両性平等論』法政大学出版局、一九九七年
(10) 小林道夫編『哲学の歴史5 デカルト革命』中央公論新社、二〇〇七年

15　バークリとヒューム

（一）概観　バークリとヒュームはともに十八世紀イギリスの哲学者である。またともにロック（第13章）の経験論哲学を継いでいる。しかしその中身はかなり違う。バークリの哲学は観念論または非物質論であり、かなり常識外れのもので実用に適さないが、常識や実用を無視してひたすら根本的に思索するという意味で「哲学的」思考の訓練としてはいい題材と言えるかもしれない。彼は僧侶であり近代科学に反対して宗教的形而上学をめざしている。他方ヒュームの哲学は懐疑論であり、宗教的信仰にも近代数理科学にも「批判的」であるが、ふつうの人間の習慣や信念を重視し有用性を重んじるという意味で、英米人の好みにかなう面があり、今日でもいろいろと「使われる」思想である。

（二）バークリの生涯　**バークリ**（George Berkeley, 1685–1753）はアイルランドに生まれた。イングランドから移住してきた国教徒の家であり、祖父、父とも収税吏を務めた。ダブリンのトリニティ・カレッジを卒業した。著作『視覚新論』（An Essay towards a New Theory of Vision, 1709）、『人知原理論』（A Treatise Concerning the Principles of Human Knowledge, 1710, 1734）、『ハイラスとフィロナスとの間の三対話』（Three Dialogues between Hylas and Philonous, 1713）を著わした後、一七一三年、ロンドンに移る。二八年から三一年はアメリカで暮らす。三四年、アイルランドのクロインの主教となる。五二年、ロンドンに移る。

（三）バークリの目的と方法　信仰の篤い聖職者であったバークリは、台頭がみられる無神論への対抗を志した。彼はこの状況の背景に高等数学を含む近代自然科学の興隆をみ、したがってこうした科学とその哲学的基礎を崩そうと努めた。それだけなら単なる反動であるが、そのためにロックの経験論哲学の利用を図ったことに彼の独自性があり、この認識論の問題性を鋭く突いたことは、彼自身の意図とは独立しても意義ある考察となった。また彼の信仰とは別に彼の独自の形而上学的世界観に注目する者もいる。

（四）バークリの認識論　ロックを受け継ぎ、バークリは知識の源は経験であるとする。外的対象について、私達はまずその性質を知覚することによって認識する。そしてロックによれば、性質は客観的な「一次性質」と主観的な「二次性質」とに分かれる。前者は形・大きさ・固さであり、後者は色・におい・味・音などである。後者は対象そのものの性質ではなく人間の心に生じる感覚である。たとえば赤くて丸いりんごを見たとき、「丸さ」はりんご自体の性質であるが、他方りんご自体の中に「赤さ」の感覚をひきおこす原因はあるが「赤さ」という性質そのものはないとされる。これは大きな枠組みではデカルトの考え方であり、幾何学的性質だけを実在とするものである。だがバークリはこの区別を否定する。外的対象は幾何学的には「奥行き」を持っているのが特徴であるが、それは視覚で得られるものであろうか。これを否定するためにバークリは、先天的盲人が手術によって視力を回復した事例をとりあげる。術後も彼ははじめは外的対象を見ただけで奥行きを知ることがきわめて困難で、触ってみるというようなことと組み合わせた長い経験によってようやくそれができるようになった。ここからバークリは、奥行きを認知させるのは視覚ではなく判断であるとし、したがって外的対象（以下「物」と略）の認識は直接には主観的ないわゆる「二次性質」だけであるとする。

知識の単位は観念であり、ロックは観念の種類をいろいろに区分した。そのうちバークリは「抽象観念」の事象性を否定して観念はすべて個別的であるとする。「このりんご」や「あのりんご」の観念はあっても「りんご」（一般）の観念というのは空虚だというのである。だが私達は「りんご一般」についても考えるではないか。いや、バークリによれば、それはある場合には（たとえばりんごをみかんと比べるときには）「このりんご」の観念が他の諸々のりんごの観念も代理していることに過ぎず、観念のいわゆる抽象性とは代表性のことであるとする。これは唯名論の認識論版であると言えよう。

さてデカルトもロックも物（物体）を実在として認めた。もとよりそれは自然な考えであるが、バークリはそれを認めない。なぜか。だが物が存在することはどうしてわかるのか。経験論からすれば、それが知覚されるからである。だが実在、すなわち客観的に（意識から独立して、人がそれを知っていようといまいと）存在するとはどういうことか。実はこの問題にはデカルトもロックも苦労したのだが、物が実在することは認める。しかしバークリはあっさりとそれを否定する。物体は客観的存在ではなく、物の「存在とは知覚されることである」(esse is percici.)、と。当然疑問が出されよう。では知覚されないものは存在しないのか。バークリの考えを注意深く表現すれば、知覚されないものは「存在しない」というより「存在すると言えない」ということであろう。私がいま前に見ている本が、後ろを向くたびに消えてなくなる、というようなことを積極的に主張しているわけではない。後ろを見ているときも、もし振り返るならばその本を見るであろう、とか、横の人はその本を見ているであろう、とかいうような意味で、そのときもその本は存在するであろう、と言い得る。それにしても存在が知覚に依存するに過ぎないならば、夢や幻のような、あるいは錯覚や想像力による観念と「実在」に対応する（と一般には考えられる）観念との違いがなくなってしまわないか。バークリによれば、後者は心が自発的につくることができるものではない（だから知覚「される」と受動態で表される）。この意味で想像による観念などとは区別される。それでもこの区別がどこまではっきりしているかは微妙なところもあり（夢や錯覚は不随意的である）、物体を知覚という心の作用に依存させるバークリの**観念論**は奇妙な、また近代科学とは両立しない哲学的立場である。

（五）バークリの存在論　バークリによれば物の存在とは知覚「される」ことである。何によってか。心によってである。ということは心も存在することになるが、心の存在とは知覚「する」ことである。知覚においては受動的であるが、無論心には能動的な働きとして思考と意志とがある。バークリにおいて物は心に依存する存在なので実体ではないが、心はそれ自体で存在するものすなわち実体であるとされる。

ところである種の観念は心が生み出すものではないことをみた。ふつうはこれは実在する対象が心を触発して印象をつくりだすことによるとされる。だがバークリによれば物は実在ではない。そこで彼によればこうした不随意的な観念を「私の」心につくりだすのは、他の心であるという。またここから実在するのは「私の心」（cogito）だけでなく他の心も実在することがわかるという。このことによって彼は実在を「私の心」に限る独我論を退ける。たとえば私がりんごの観念を持つとすると、ふつうはその源泉として三つが考えられる。第一は物体としてのりんごを私が見ることによってである。第二は私が自分の心の中でりんごを想像することによってである。第三は心を持つ他の存在が私に（言語などによって）その観念を伝えることによってである。バークリはこの第一の事態は否定し、第二第三だけを認める。いずれにしても心だけが能動的とされ、「物」「自然」「物質」などと言われる存在に能動性はない。これらの存在は私または他の心が生み出す「観念」に過ぎない。この観念相互を比べると、そこにはしばしば秩序がみられる。「三角形における等しい二辺」の観念と「三角形における底角の等しさ」の観念とは常に両立する。「物体が落下してからの時間」の観念と「物体が落下した距離」の観念を比べると、後者が前者の二乗に常に比例する。こうした観念の秩序が自然法則と言われるものだという。

他方で、「人間を空中で運ぶ竹とんぼ」の観念や、「開けるだけで行きたいところに導くドア」の観念は、他の観念とは調和しない。人はそうした観念をつくりだすことができるが、それは「自然」の中にあるものではない。夢や錯覚による観念についても同様なことが言え、それゆえ「物の存在とは知覚することに他ならない」と主張したからといって、すべての観念を想像力の所産や幻のようなものと区別なく特徴づけるわけではない。

ところで「真理」と言ったとき、数学的真理や、場合によっては自然法則でさえ、こうした観念相互の無矛盾性や秩序のこととして解されることがあった。しかしいわゆる外的対象の実在についてはそれでは不十分なので、デカルトやロックも苦労したところであった。バークリはいわゆる「外的対象」は認めないのであるが、こうした従来（トマスの定義では「物ト観念トノ一致」として）の「真理」を彼なりに認めないわけではない。物体に能動性が認められない以上、それは心の産物だが、単に「私の心」や「他人（たとえば『ドラえもん』の作者）の心」がつくったのでは「真の」観念と言えないことは「タケコプター」や「どこでもドア」の例から明らかである。では「酸素と水素が結合すると水になる」や「信長は光秀に背かれた」が「真の」観念であるのはなぜか。「私」なり、物理や歴史の先生がつくりだした観念だからでもない。だが観念はすべて心が生み出すものであるから、こうした「真の」観念は、「私」や「他人」――私達――とは異なる、すぐれた心が生み出し、私達に伝えた観念である。このすぐれた心がすなわち神なのであり、神におけるこうした観念が原像、それを伝えられた私達の観念が模像である。

㈥　バークリ哲学、総評　バークリ哲学はかつて――たとえばカント（『純粋理性批判』）やレーニン（『唯物論と経験批判論』）によって――主観的観念論として位置付けられてきた。しかし彼の言う「真の観念」は外的対象そのものを指しているとも解釈できる。そしてそれなら彼の哲学で奇異なのは名称に過ぎないという意見もあるようだが、さすがにこれは逆の行きすぎであろう。物体をもあくまで「観念」と言うことによって、彼は物を心に依存しているから実体でなく、またもっぱら受動的な存在とみなしたいのである。そこで彼の哲学を近年「非物質論」（immaterialism）と呼ぶのは、物質論でないのは勿論、二元論的観念論、主観的観念論や独我論と区別する意味で有効と思われる。（広義の観念論に含まれることは確かだが。）

ではそれは正しいか。（無論ここで言う「正しい」はバークリ的でなくふつうの意味である。）正しくない。ではなぜ彼は間違ったか。まず内在的に考えよう。それまでの経験論では心を一面的に受動的にとらえる点で確かに欠陥があった。単純な視覚でさえ、手を伸ばして触ることや、目の筋肉を収縮させることによって、立体認知として成立する。ここからわかるのは、「真の」視覚的観念が得られるのは、「すぐれた心」としての神のおかげでなく、私達の心が私達の身体と結びついて働くからである。ではそれなら得られたのは対象そのものの（客観的）観念ではないのではないか。それゆえこのいわば生の、主観性を帯びた観念から客観的判断（この語は形容矛盾ではない）を形成していくのが、科学という作業なのである。彼がそのように考えなかった外在的理由はたやすくわかる。すなわち彼の宗教的意図である。実証科学（哲学上の「実証主義」と混同してはならない）は外的対象としての物質や自然を実在として、また能動性をも持ったものとして認めるが、これは神の容認を危うくすると彼は（正しく）みてとった。これに対抗すべく彼の奇妙な（しかしそれなりに理屈づけられた）形而上学的観念論が生まれたが、その意図は成功しなかった。

（七）ヒュームの生涯と哲学的志向　ヒューム（David Hume, 1711-1776）は、スコットランドのエジンバラに生まれた。父は弁護士であった。エジンバラ大学を卒業後、三四―三七年にフランスに滞在した。三九―四〇年『人性論』（*A Treatise of Human Nature*）を出版。家庭教師、将軍秘書を経て五二年、エジンバラの図書館長となる。五四年『英国史』（*The History of England*）出版。六三―六六年、駐パリ大使秘書、六七―六九年、外務次官を務めた。

ヒュームは、「…である」ことと「…べきである」こと（存在と当為）とを区別し、前者から後者を導き出すことに反対する（文献（4）三―一―一）。精神現象は道徳など当為を含むが、その「べきだ」という精神行為（ヒュームによれば意志による）も、どのよう「であるか」を探求すると言うことはできる。しかしそれは（価値についての）事実問題ではあっても価値問題ではない。後の倫理学は、事実から価値を導き出すことを「自然主義的誤謬」（naturalistic fallacy）と名付ける。これは事実問題と価値問題との区別という近代哲学に一般的な思想である。

（八）ヒュームの認識論　「推論の経験的方法を精神的主題に導入する試みである」と副題された『人性論』は、経験論による精神哲学である。ロックの哲学は確かに経験論として知識の源を経験としたが、存在論としては二種類の実体を認め、認識の説明に原子論的な構成も（「事象記述の平明な方法」とともに）用いた。しかしヒュームは原子論的存在論を排する。そして彼は、認識内容である表象（perception）を、発生的に先立つ「印象」（impression）とそれを源とする「観念」（idea）とに分ける。両者は力（force）と生々しさ（liveliness）とにおいて異なるという。（認識内容一般を「観念」と呼ぶロックに対しヒュームの「観念」の指示対象は狭いが、語源であるプラトンの用法にはより近い。）抽象観念の事象性を否認する点で共通するバークリは観念に代表性を認めたが、ヒュームは観念を表示する名辞にしか代表性を認めない。私達の心にはいろいろな観念が生じるが、それらは次の法則に従って連合する。①類似の関係。②時間的・空間的な接近関係。③原因と結果（cause and effect）の関係、すなわち因果関係。このうち①②は確実性を知ることができるが、③はそうでないとヒュームは言う。

単なる「知識」の寄せ集めでない「学問」は、事柄が「何ゆえ」そうであるかについての知識であるとアリストテレス以来考えられ、この「何ゆえ」のなかでも近代科学で本質的とされたのが因果関係である。因果関係とは、Aが「原因」としてBを「生み出す」という意味だが、この「生み出す」ということ自体は私達には「知覚」できない。というより私達は、Aが起こるとBが「必ず」起こるという事態があると「思考」すると、両者に因果関係にあるとするのである。ところでこれは正しい思考として成り立ち得るのか。たとえば「火が燃えると煙が出る」という判断を考えよう。そう考える人の、あるいは人類すべてのそれまでの経験ではそうであったとしよう。しかし「いままではいつもそうだった」ということと「必ずそうなる」ということとは別であり、前者から後者が自動的に出てくるわけではない、とヒュームは言う。そして彼によればこうした「必然的結合」は知り得ないものであり、ふつうそう思われている事柄はいままでの習慣に基づく「信念」（belief）に過ぎないという。それゆえ経験科学は確実な認識ではないと彼は結論する。ここから彼の認識論は**懐疑論**（skepticism）であるとも言われる。しかし彼は実際生活には必然的な知識でなくても蓋然的な知識で十分とする。ここには英米思想に特徴的な実際的傾向がみられる。

（九）ヒュームの存在論　バークリ同様、ヒュームも物体を実体とはみない。彼によればそれは特殊な性質の集合に過ぎない。バークリはそれでも「心」を実体と認めたが、ヒュームはこれも否定する。彼によればそれは「表象の束」（bundle of perceptions）に過ぎない（文献（4）一―四―六）。「他のあらゆる事物の知覚から独立な我々自身というのは真実には無である」（同二―二―二）。そうであれば、いわゆる「霊魂の不滅」は認められないことになる。宗教的実在が無効にされるだけでない。これはイギリス的（ロック的）伝統とは異なる点であるが、彼は自然における原子論を否定し、社会的存在論としては個人主義の否定に赴く。「私達は社会と関係のないどんな願いもかたちづくれない。完全な孤独は、たぶん被り得る最大の罰である」（同二―二―五）。このことの裏には**共感**（sympathy）への着目がある。彼はこれを動物すべてに通じ、人間では特に強いとする（同所）。徳や美や富などの価値も、他人の意見や感情に助けられないときはほとんど影響力を持たないと考える（同二―一―一一）。彼は共感の仕組みをはじめて理論的に考察した人である（拙著『共感の思想史』参照）。

（一〇）ヒュームの倫理思想　倫理は直接には意志の問題であり、倫理的意志は善悪に関わる意志である。ところで理性は善悪でなく真偽に関するものであって倫理とは領域が異なる（文献（4）三―一―一）。ヒュームによれば、価値づけを行うのは情念（passion）である。ここから彼は、それを理性によるとした、ロックを含む哲学者達を批判する。「理性は情念の奴隷であり、またただそうであるべきである」（同二―三―三）。道徳的価値、すなわち美徳と悪徳とは感情（sentiment）による（同三―一―一）。理性は、ある価値が実現可能であるかどうか、またどんな手段によって実現できるかを示すことができるが、ある事柄がそれ自体として価値があるかどうかは示せない。理性に対して感性に優位を与えたところに特徴がある。

道徳は快・不快の感情によるが、快・不快の対象がそのまま善・悪ではない。つまり道徳はどのような感情によるのかが言われなければならない。一般にも当然と考えられるがヒュームの非個人主義的人間観からすればいっそう、それは社会的感情の作用であり、公共的利害への共感という社会的感情が道徳的是認の対象となる（同三―二―二）。

ここで利害が出てくることで、ヒュームの倫理は功利主義に近くなる。実際彼は社会形成の原理としては利害で通す。彼が「感情」を欲望と同一視し、「公共的利害」を社会構成員の欲望の総和ないし最適な総合のように考えるならば、それを「合理的」に計算する設計をもって社会理想とするベンサム的路線と一致しよう。その路線をよしとする見地からは、ヒュームはその先駆であり、「共感」というような余計なものによって未完成だ、と評価されよう。ヒューム解釈として一理ある。

他方でそのような「設計主義」をたたく見地からは、ヒュームがそうならなかったことがかえって評価される。これも一理ある解釈である。私としては、功利主義にならなかった（なりきらなかった）面を評価するが、しかしそれは理性や社会設計の評価をたたく立場からではない。感情と理性、個人と社会を本性的に対立するものとは考えない。私がこの面を評価するのは、感情を欲望とは異なる、または欲望を超えるものとしてもとらえる余地を彼が残したことによる。

（一一）ヒュームの社会思想　経験的に認識できない「自然法」を否定するだけでなく、ロックなどの社会契約説を、ヒュームは批判する（文献（5）「原始契約について」）。一切の政治社会が構成員の同意を基礎とするというような事実はない、と彼は指摘する。むしろ征服や権力僭取がほとんどすべての政府の生みの親であり、同意があるようにみえる少数の場合でも、ペテンや暴力をまじえたものであるのが普通である、と。これは事実問題としては正しく、また有益な指摘でもある。しかし社会契約説の本質は、権力の成立を事実問題として説明することでなく、権力の正統性の根拠についての権利問題を扱うのであるから、このヒュームの言い分は社会契約説への反駁にはなっていない。では彼自身は権力の正統性についてどう考えるのか。人民の同意は「政府を支える一つの正当な」また「最良最神聖な基礎」と認めはするが他にも基礎はあると言う。

ヒュームは道徳的義務を二種類に分ける。一つはこどもへの愛、恩人への感謝、不幸な者への憐れみのような本能的なものである。私達はこうした絆により結ばれるのを自然的社会と言ってよかろう。もう一つは反省による義務で、利益に基づくという。こちらだけからすれば彼の社会理論は功利主義的と言えよう。法律や権力者がなく、政府への服従義務がなければ市民化された社会（civilized society）は不可能になりそれが存続できないとし、これが理由として「全人類に明快でわかりやすい」答と誇る。

しかしそんなに簡単に納得できるものではない。第一に、非自然的で意志による社会の「正当性」を利益で説明するのは、ヒューム自身が問題にした「である」から「べき」へのすりかえではなかろうか。ここからは彼の体系の整合性を問う解釈上の問題と、彼の「反自然主義」と「自然主義」のどちらの側面を重視するかという戦略上の問題が生じる。第二に、これは、事実問題として多くの市民社会・政治社会が暴力やペテンによって生まれたという彼の先の洞察とは両立困難であろう。こうした非自然的な社会の基礎に欺瞞があるということは、それが多くの人々にとっては利益ではなかったしいまも有益でないということなのである。すなわちそのような社会は存続しないほうがよいし、廃止すべきだということなのである。ヒュームがそのように言わず、論理的には不徹底、社会的には現状維持的で効果からすればむしろ有害な保守思想になってしまったのは残念である。それは彼が、事実と価値とを区別する見地や、富も共感されなければほとんど無価値として物質的欲望を超える見地を持ちながらも、それを十分に生かせなかったことと結びついていよう。

文献

(1) バークリ『視覚新論』下條信輔・植村恒一郎・一ノ瀬正樹訳、勁草書房、一九九〇年
(2) 同『人知原理論』大槻春彦訳、岩波文庫、一九五八年
(3) 同『ハイラスとフィロナスの三つの対話』戸田剛文訳、岩波文庫、二〇〇八年
(4) ヒューム『人性論』(全四冊)大槻春彦訳、岩波文庫、一九六六年
(5) 同『市民の国について』(上・下)小松茂夫訳、岩波文庫、一九八二年
(6)『ヒューム宗教論集』(全三冊)福鎌忠恕・斎藤繁雄訳、法政大学出版局、一九七二年
(7) スティーヴン『十八世紀イギリス思想史』(上・中・下)中野好之訳、筑摩叢書、一九六九年
(8) 高田純『カント実践哲学とイギリス道徳哲学』梓出版社、二〇一二年
(9) ホープ『ハチスン、ヒューム、スミスの道徳哲学』奥谷浩一・内田司訳、創風社、一九九九年
(10)『思想』第一一二号(デイヴィッド・ヒューム生誕三〇〇年)、岩波書店、二〇一一年

16 フランス啓蒙思想

（一）はじめに

「啓」とは「開く」、「蒙」とは「暗い」を表し、「啓蒙」とは戸を開けて光を入れ闇をなくすことである。翻訳語であるが、原語で英語のenlightenment、独語のAufklärungも同じであり、仏語のlumièresは「光」そのものである。無論比喩であり、「闇」とは無知や迷信を、「光」は知識を意味する。知識ある人はいつでもどこでも何ほどかはいるので、啓蒙とは民衆を（迷信や無知から解放して）知的に高めることとしてもよい。また多くの場合これはより多くの自由や権利を民衆に与えるという社会的運動でもある。以上の意味では普通名詞であるから、「古代ギリシャの啓蒙思想」とか「儒家思想の啓蒙的側面」とかの言葉遣いも可能である。しかし「産業革命」や「宗教改革」が普通名詞としての用法以上に、歴史的出来事として特定の時代と場所におけるものも指す（英語なら大文字で書かれる）ように、「啓蒙」もその歴史的地理的限定を持つものとして使われることが多い。その場合それはイギリスのロックからドイツのカントまでの一世紀を考えるのがふつうである。しかし「啓蒙思想」が最も特徴的な展開を遂げたのは、この時期のフランスであった。ルイ十五世と十六世の時期（一七一五一八九年）であり、身分制度と絶対王政の末期にあたる。経済的にはマニュファクチャーが起こって市民階級が実力を伸ばした時期であり、おおまかにはフランス啓蒙思想はこの市民階級の思想であり、フランス革命（一七八九─九九年）を思想的に準備したものと言える。しかし啓蒙思想家の中でもその色合いは多様であり、またそのような「歴史的意義」に尽きない影響や関心につながるものも少なくない。

(二) モンテスキュー　モンテスキュー（Montesquieu, 1689–1755）はボルドー高等法院の裁判官も務めた貴族である。『ペルシャ人の手紙』（1721）は、フランスに来たペルシャ人の故国への通信という形をとった小説である。表面的には、おフランスの文明に戸惑う外人を笑える。異国人がすぐれていなかったり奇妙であったりするのを見せられるのに、民衆の自尊心は満足させられる。しかし真にすぐれて賢い人は、そこで思い当たる。「彼等」からすれば「我々」のほうが奇妙で愚かに見えよう。はたしてどちらかをより上とするような基準があるのかと。この作品は具眼の士にはそのような価値の相対性を突きつける思想小説である。これは啓蒙の始まりである。『ローマ盛衰原因論』は歴史哲学であるが、前代のボシュエのものと対照的に、神の摂理などを持ち出さずに世俗的合理的に歴史の説明を図ったものである。

『法の精神』（1748）は古今東西の法、政治制度、宗教などを論じた大著である。「法」一般については、「事物の本性に由来する必然的な諸関係である」と抽象的に定義する。後にルソーやヒュームやミルが批判するように、事実と規範の関係が明瞭に規定されていない。本質においては事実＝規範であり、個々の実定法としては、この自然法にかなうものは「よい」、そうでないものは「悪い」法と価値判定されると解釈されよう。そしてこの自然法においても、人間本性に基づく普遍的な面と、個々の民族の習俗などの「諸関係」として特殊的な面との両面からみているようである。後者に関しては、デュボスが美意識に関して提起した、風土などによる相対性の観点を社会制度におしひろげている。そこから「事実を説明する」のがこの著作での基本的態度で、事実学としての比較社会科学的著作とも言える（デュルケム『モンテスキューとルソー』など参照）。政体論として「民主政」の原理を「徳」に、「貴族政」「君主政」の原理を「名誉」に割り振ったのは、社会制度と精神態度の関係にかかわるものとして興味深い。彼がまた間接的ながら現状の批判や改革の志向が、すなわち規範的思想もみえる。彼が人間性に反するものとして反対するのは「専制主義」（despotisme）であり、これは法に基づく「君主政」と異なり、「恐怖」によって支えられているに過ぎない。また奴隷制度を風刺している。当時フランス内地に奴隷はいなかったが、西インド諸島などの奴隷労働による貿易利潤があって容認されており、完全な廃止はフランス革命を待たなければならない。最も有名なのは**権力分立論**である。今日の「三権分立」とまったく同じものでなく、また彼自身としては法服貴族の立場からの絶対王政への対抗という意味があったとしても、民主政治の原理の一つとして普遍的意義を持っている思想である。

(三) ヴォルテール　**ヴォルテール**（Voltaire, 1694–1778）はパリの公証人の家に生まれた。デカルト、パスカル、モンテスキューという、ここまで紹介したフランスの思想家がすべて貴族であったのと異なり、平民である。名門リセ「ルイ・ル・グラン」校を出、若くして詩人、劇作家として頭角を現した。叙事詩『アンリアッド』はアンリ四世を歌ったものだが、彼の寛容政策に好意が示されている。国政への風刺詩や大貴族との個人的な争いによってバスチーユに二度収監された。そのためイギリスに渡り、そこで先進的なイギリスの社会と文化に触れた。『哲学書簡』（1734）におけるその紹介の多くは彼が初めてではない（ニュートンの自然科学はモーペルチュイが、ロックの哲学はコストが、シェークスピアの演劇はプレヴォーが早い。）が、彼の巧みな筆で、デカルトの自然哲学とパスカルの宗教思想への批判などを含め、イギリスにおける宗教の自由や議会制度などの紹介を中心に、フランス国民を啓蒙するものとなった。帰国後はまず自然哲学に傾注し、彼なりの理神論を構想した。これは啓示は否定するが、理性によって神の実在は認めるというものである。ただし宇宙論的要請というより、社会秩序の安定（貧民の抑圧）のために宗教を必要と考える功利主義的思想から来る面が特徴的であり（「もし神が存在しないなら、それをつくりださねばなるまい」）、有産市民の保守性もうかがえる。同様の立場からルソーの平等思想にも激しく反対した。プロイセン王フリードリヒ二世に招かれポツダム宮殿に行った。しかし前からいたモーペルチュイやラ・メトリの下に立つことを肯んぜず、彼を有名な文化人として使い捨てにしようとするこの「啓蒙専制君主」の底意もみえて立ち去った（一七五三年）。後多くは（亡命に便利な）スイス国境に近いフェルネーにいて旺盛な文筆活動を行い、啓蒙思想の代表者になった。『習俗試論』では世俗性・合理性でモンテスキューの歴史学を継ぎつつ、史料批判の観点を加えた。文化史に詳しい『ルイ十四世の世紀』という彼の作になぞらえて、十八世紀は「ヴォルテールの世紀」であるとも言われる。リスボンの大震災に際し、罪のない多くの人が犠牲になったことから「天罰」とする考えを批判し（拙訳「リスボンの震災に関する詩」『早稲田大学高等学院研究年誌』第五六号、二〇一二年）、すべては神の予定によるとするライプニッツ哲学の「最善観」を小説『カンディード』（十八世紀において、ルソーの『ジュリ』に次いで読まれた小説）によって風刺した。ダランベールら次世代の百科全書派の活動を支援しつつ、自ら狂信に対する闘いを繰り広げ、行動する知識人の原型となった。宗教的偏見により冤罪で処刑された新教徒カラスの名誉回復のための活動は特に有名であり、それらを通じた**寛容**の訴えは、思想・信教・言論の自由の権利として、フランス革命を通じ、現在にまでつながる精神的遺産となっている（近年ではシャルリー・エブド事件でも彼が想起された）。『哲学辞典』（1764）は学問的というより、啓蒙の文化的・社会的な闘いの書である。死後カトリック信者でないとして葬儀が禁じられそうになった（遺体はごみとして処分されることになる）が、親族の僧侶により何とか埋葬され、後革命政府によって万神廟（パンテオン）に祀られた。

(四) ラ・メトリとモーペルチュイ　**ラ・メトリ**（La Mettrie, 1709–51）はブルターニュ地方の港町サン・マロに、富裕な商人の子として生まれた。医学を学び医者になった。ランスの大学で資格をとったが物足りず、当時医学の最先端にあったライデン大学に赴きブールハーヴェ学派に学んだ。故郷に帰り師の説の紹介や自らの研究を著すが、フランスの医学界と対立して本を焼かれ身辺も危なくなったのでオランダに奔った。四四年に従軍した際、自ら熱病にかかり多くの傷病兵にも接した経験から、精神活動の身体への依存という考えに至ったようである。『魂の自然誌』（1745）、『**人間機械論**』（1746）がその成果であり、フランス唯物論の典型とされる。これによって宗教界からも激しい攻撃を受けオランダにもいにくくなった。そこをプロイセンのフリードリヒ二世に招かれ、ポツダムに赴いた（一七四八年）。

生理学的唯物論の典型である。その源泉としては二つのことが考えられる。一つは医者としての観察と考察であるが、それを理論化するうえでは、デカルトにおいて、動物が機械と考えられ、「魂」を排除して力学的説明が追求されたことがあげられる。では人間が自動機械（automata）でなく「魂」を持ったものであることはどうしてわかるか。この疑問をデカルトも「他我問題」に対して出し、創造的な言語使用やコミュニケーション能力によって答えた。しかしそのようなことができる機械は不可能なのか。十八世紀のヴォーカンソンによる自動人形にも、ラ・メトリが「動物機械論」から「人間機械論」に展開したきっかけは求められよう。

モーペルチュイ（Maupertuis, 1698–1759）は、ラ・メトリがまず医学者であったようにまず自然科学者である。『天体形状論』（1732）によってデカルトの宇宙論に反対しニュートンを擁護した。その検証のためにラップランドで観測を行い、成功して子午線の長さを定めた。フリードリヒ二世によりベルリンの学士院の総裁に任じられた。専門家であるだけに、生物を機械論的に説明することの限界に気付いた。彼がとりくんだ問題を今日の言葉で言えば、分子がどのようにして細胞を、すべての生物の単位であるとともにそれ自体生命体でもある細胞を構成するのか、またその細胞がどのような分化と統合によって生物をつくるのか、ともなろう。もとより成功したとは言えないが、ラ・メトリとディドロをつなぐ自然哲学と言える。

（五）コンディヤック　**コンディヤック**（Condillac, 1714–80）はグルノーブルで、法服貴族の子として生まれた。歴史家のマブリは実の兄である。一七三三年にパリに出、神学を学び、司祭に任じられた。

『人知起源論』(1746) では、ロックの経験論から出発し、知識の源泉を感覚に一元化した。友人ルソーの仲介でディドロに紹介され、彼の口添えで出版された彼の第一作である。『体系論』(1749) では、思弁的な形而上学を否定し、デカルト、スピノザ、ライプニッツを攻撃した。彼の経験的な学問方法論はダランベールの「『百科全書』序論」などを導くものとなった。『感覚論』(1754) では、大理石像に、順次五感を与えることでどのような観念が得られるかを思考実験した。彼の**感覚論** (sensationisme) はロックの経験論の一つの展開として、注意、反省、判断、推論、記憶といった知的能力もすべて感覚の変容とみなし一元化するものである。『動物論』(1755) ではデカルトを継ぎ動物機械論に立つビュフォンに反対した。その後、イタリア・パルマの王子 (仏王ルイ十五世の外孫) の家庭教師を務めた。『論理学』(1780) は「観念学派」(イデオローグ) に影響を与えた。

(六) ルソー　ルソー (Jean-Jacques Rousseau, 1712–78) はフランス人ではなく、スイス人である。フランス語が母語であり、三十歳すぎてからの大部分はフランスで過ごしたが、外国人としてであってフランス人になったわけではない。そしてそのことは彼の思想が「フランス」啓蒙思想と異なる一つの重要な要因となっている。彼が生まれ、十六歳までいたのは「ジュネーヴ共和国」であり、父は時計職人であるがこの共和国において参政権を持つ「公民」(citoyen) に属していた。彼はこれを誇りとし、フランス「王国」においても「ジュネーヴ公民」と好んで自称した。またジュネーヴはカルヴァンの都であり、百年前の熱気は冷めたとはいえ、習俗に厳しく、同時代のフランスよりも宗教性が高かった。こうした理由から、彼は当時のフランスで反体制の「啓蒙」に属しながらも、そのなかでの反主流派の位置につくことになった。徒弟修業を途中で放棄し、下僕から詐欺師の手助けまで種々の職業を経て広く世間の実情を知り、また放浪のなかで独学した。三十歳でパリに出たのは音楽家としての成功をめざしてであり、数年後これは実現して彼の歌劇や歌曲は国王から民衆まで大きな人気を得た。また駐ヴェネチア公使の秘書として国際政治に触れたことは、社会制度の矛盾と解決策への思索に目を開かせるきっかけになった。地方学士院の懸賞論文に当選したことで論壇に登場し（『学芸論』（1750））、社会悪の起源を土地の私有に求めた（『不平等論』（1755））。ディドロとは無二の親友になったが、次第に思想的な違いもあらわになり、私生活でのいさかいも加わって、ダランベール、ドルバックなど百科全書派と言われる思想家や、彼等の親分格であるヴォルテールとの対立を深めていった。そのなかでともに一七六二年に出された主著の『**エミール**』と『**社会契約論**』は、国家権力からも宗教当局からも、パリでもジュネーヴでも、カトリックからもプロテスタントからも弾圧と攻撃の対象になった。お尋ね者として欧州各地を転々としつつ書いた『告白』は、ベストセラーとなった長編恋愛小説『ジュリ』や、最後の作品となった随筆『孤独な散歩者の夢想』とともに、文芸分野で絶大な影響を及ぼした。

ルソーの思想は、部分的に文芸の形式で表現されており、また論説書もきわめて修辞的であるが、単なる詩人的直観や小説家的空想とみてはならず、理論的にもとらえなければならない。また書物間で自説が分裂しているように受け取られることもあるが、これは現実そのものの矛盾を弁証法的に把握しているためであり、彼の理論そのものには強い体系性と一貫性がある。その最大の主題は、悪の原因の究明とその克服策の提示である。全体は以下の三命題で要約される。①人間は本性的に善良である（性善説）。②土地の私有によって市民社会が始まって以来、現実の人々は邪悪になった（疎外論）。③疎外は、自由と平等を人為的に回復する共同体の設立によって克服される（救済論）。

ルソーは人間の本性として、a 自己愛、b 憐みの感情、c 自由意志、d 改善能力、を挙げる。aとbは人間が他の動物とある程度共有するものであり、またbが本性であることは人間が「自然状態」で邪悪でない根拠となる。cとdは人間を他の動物から区別するものであり、またdは社会のなかで発達するもので、理性とあいまって、人間に不幸をもたらすと同時にその解決も可能にさせる両義性を持つ。市民社会によって始まった疎外は、その上部構造として政治社会の設立という疎外をもたらす。実定法と現実の国家は、正義を詐称して、強者が弱者を支配する欺瞞の仕組みである。利害の対立によって、自己保存を目指す「自己愛」は優位や勝利をめざす悪徳な情念である「利己愛」に変質する。しかし自然状態には戻れない。（「自然に帰れ」と彼は言っておらず、彼の思想の表現としても不適切である。）「森に帰って熊と暮らす」のでなく、「力は権利を生み出さない」ことを根本原理に、疎外のなかでも破壊され得ない「良心」に基づき、他の人々とも結びつきながらも誰にも支配されない共同体をつくることが解決策である。失われた自然的な自由と平等とにかえて、契約による公民的で道徳的な自由と平等をもたらすことが問題である。この公民的共同体は、その設立に同意した人々すなわち人民が主権者であり、人民の一般意志によって民主的に運営される。政治支配の根源は経済的不平等であるから、土地の所有は制限されるが、政府のものとするのでも、画一的平等を強いるものでもない。搾取をもたらす私有は認められないが、自己労働に基づく個人的所有は共同体によってむしろ保証されることになる。

悪は人間本性に属するのでなく、「悪く統治された人々」に属する（性悪説自体もそのような悪の一つである）に過ぎない。神は人間を善良なものとして創った。すなわち善を知るために理性を、善を愛するために良心を、善を選ぶために自由意志を与えた。私達はそれを用いることによって悪を克服できるのである。

いくつかの哲学史はそもそも彼を「啓蒙思想」に入れず、「反啓蒙」に入れるものさえある。確かに彼は本章であげたヴォルテール、エルヴェシウス、ディドロ、ダランベールらを批判して（またされて）もおり、（共通性とともに）重要な違いがある。私自身はしかしルソーを「反啓蒙」とするのは行きすぎと考え、啓蒙主義の最も重要な内在的批判者とみる。広い意味では「啓蒙」の（カントとともに）高い意味での代表者と言えるが、もっと広く、人類の思想において（いわばイエスとマルクスの中間に立つ）最大級の思想家と考える。

（七）ディドロ　**ディドロ**（Denis Diderot, 1713–84）は地方都市ラングルの職人、商人の家に生まれた。はじめシャフツベリーを翻訳し、その道徳思想にひかれた。理神論的な立場による『哲学的思想』（1746）は発禁になった。匿名による『盲人書簡』（1749）でも三カ月投獄された。ここでは盲人数学者ソンダーソンの口を借りて、**無神論**が語られている。同年から『**百科全書**』の執筆と編集（同時代のすぐれた科学者、数学者である**ダランベール**が共同編集者）に携わった。これは知識の集大成と普及を図るまさに啓蒙の大事業であった。二十一年間——政府による発禁期間を含む——をかけて完成されたこの膨大な（本文一七巻図版一一巻）事典は、次のような特徴を持っている。①多方面にわたるのであるが、ディドロの広い関心と勉強が結実した。②それにしても各部門の一流の人の執筆にしくはないわけで、そこでは彼の組織者としての手腕が発揮された。③学問だけでなく技術の紹介に力を入れた。そこには、マニュファクチャー期における技術進歩への知的関心と、社会の実際の富を生み出しているのは職人などの平民であって、特権身分である僧侶や貴族ではなく、前者に社会的価値を与えるべきだとする思想がこめられている。④しかし当時職人の知は必ずしも言語化されたものでなく、またすぐれた職人もすぐれた執筆者ではなかった。しばしばディドロ自身が現場で観察し、ときには短期間自ら作業を習得して、文章を書いた。⑤事項間の参照を重視して、知識の有機的体系性を示そうとした。⑥体制からの弾圧に口実を与えないために、また執筆者間の協力のために、ディドロ自身の急進的思想は盛り込まず、視野の拡大や柔軟な思考を促すことで、読者が蒙昧や偏見から抜け出すという啓蒙効果を優先した。(この努力にもかかわらず、弾圧も仲間割れも免れず、ダランベールも途中で抜けたが、それを乗り越えて完成させた。)

ディドロ自身の著作に関して、体系的な整理はしにくい。形式上の理由としては、多くが対話体で書かれていることがある。対話体の哲学書は従来から少なくない。しかしたとえばプラトンのものにおいて、彼の思想は「話者」としての「ソクラテス」にあるが、ディドロにおいて登場人物の「私」が著者の思想を代弁しているとは言い切れない。これは一つは反体制的な文書において(著者は問題の思想には反対であると)言い逃れるやり口でもあった。しかしディドロの著作の多くが死後出版であったことからは単なる外的術策ではなく、彼の思想自体の特徴にもよるであろう。すなわちディドロの思想は、観察や経験科学の成果におおいに学ぶが、そこから帰納し総括したものにとどまる実証主義ではなく、しかしもとより独断的「真理」を体系化する形而上学でもなく、類比による仮説を多用した思考実験的哲学と言えるように思われる。

存在論では『ダランベールの夢』（1769）が最も重要である。そこで彼は、鉱物―生物―人間とつながる自然の連続性を考える。また「存在にとって運動は本質的」という定是を出し、機械論を超える自然把握をめざす。

社会倫理思想では、『ラモーの甥』が奇作である。（ディドロ死後）ゲーテの独語訳が原文より早く世に出、ヘーゲルの『精神の現象学』でも啓蒙の世界観を解明する弁証法的思考として取り入れられている。そこでは寄生者である「彼」によって上流階級の偽善や自己疎外が暴かれているが、『ブーガンヴィル旅行記補遺』においては、さらに根底的に、西洋「文明」がその他者としてのタヒチの原住民の口を借りて批判される。特に「自然」に反するキリスト教の性道徳と、経済と軍事の力による植民地主義（この批判に関してはレーナルの『両インド史』への協力もある）が問題とされる。しかし西洋近代の政治・経済・文化への批判は、ルソーほど「腹からの」ものではなく、相対化であろう。理神論的なルソーが普遍的な「自然」に規範をみるのに対して、ディドロの「自然」は動的でいかようにも姿を変える。『父親と息子たちとの対話』では、実際的な観点からかなり保守的な市民道徳が語られている。

美学では、真善美の一致という古典主義が守られる。しかし古代の、幾何学的、存在神学的な美学にかわり、生物学的で、実用的、道徳的な美学である。どの分野でも写実的（特に本質を示すもの）で建徳的なものを求めている。絵画と彫刻では『サロン』という最初の美術批評がある。演劇では、自らもつくったが、（アリストテレス以来の伝統に逆らい）市民を主人公にしたリアルな劇を説く劇作論や、大胆な演技論を展開した『逆説俳優について』が重要である。ヴォルテールが古典主義の内部での改革であったのに対し、古典演劇から近代演劇への転換点に立つのがディドロである（フランスではボーマルシェ、ドイツではレッシングにつながる）。文芸においては、同時代のイギリス（リチャードソン、スターン）から摂取して小説やコントをつくったが、彼の作品すべてが同時に文芸作品であるとも言える。彼の倫理思想は基本的には世俗的・功利的であるが、芸術作品においては「永遠の価値」につながるものを見いだそうとする。彫刻家ファルコネへの手紙において、作品によって作者は「後世」に生き残るとしている。「来世」を認めない無神論者ディドロは、「後世」によって、個人の永続、また個人を超えた人類の連帯が可能になると考える。

（八）エルヴェシウス　エルヴェシウス（Claude-Adrien Helvétius, 1715–71）は徴税請負人を務めた哲学者である。『精神論』（1758）では、還元主義的な唯物論を倫理・社会思想に展開した。認識論ではコンディヤックの感覚論に立つ。彼によれば人間の行動原理は「身体的快」（le plaisir physique）しかない。そこで社会秩序のためには、個人の美徳に訴えても無駄で、個人的利害（l'intérêt particulier）を公共の福利（le bien publique）に一致させる立法が役目とされる。だが立法者が私欲のために働かない保証はどこにあるのか。彼は快を善の基礎におく快楽主義に立つので、立法の「善悪」は最大多数の（したがって自分のも含む）欲望（「名誉」もそこに還元される）をうまく満たすような計算ができるかという賢愚の問題に還元される。ベンサムが自らの原理の源として彼をあげたのはもっともである。またそうすると現実の悪や不幸の原因は、直接的には権力者の、究極的には人々一般の「愚かさ」であるということになる。知的進歩によって社会がよくなるというのはまさに啓蒙主義的思想である。彼はいたるところで愚かな人だけでなく知的に「凡庸な」人々を槍玉にあげており、彼等にいらだち、彼等を嘲笑する。デモクラシーよりもメリトクラシーが望むところではないかと疑いたくなる。この著作は政府によって焚書の処分を受け、著者は撤回の表明を余儀なくされた。没後出版の『人間論』（1772）ではそれを教育思想に展開している。そこでは感覚論的で受動的な唯物論から、環境が意識を決定するものとされ、その環境として教育が重視されることから、「教育で何でもできる」という教育万能論が展開される。同時代的には、身分でなく、教育による能力を発達させ、業績により成果を得るという市民社会の倫理を示している。ただし、「本性」の否定とあいまって、この教育ユートピア思想は、社会制度が人間をいくらでも改造できるという教育逆ユートピアの危険性もはらんでいる。

（九）ドルバック　ドルバック（d'Holbach, 1723-89）はドイツの男爵の家に生まれ、フランスに帰化した。パリにサロンを主宰し、ディドロら反体制的な思想家の根城となった。特に反キリスト教の地下文書の源となった。匿名出版の『自然の体系』（1770）は、機械論的・決定論的唯物論の典型である。『キリスト教暴露』（1756）は啓蒙主義的なキリスト教批判として最も徹底したものであり、それを民衆をだます有害な欺瞞として告発している。社会倫理思想としては、エルヴェシウス同様、利害関心を唯一の心的動機として功利主義に向かう。「尊厳」を持った「人格」を認めないので、自分が有用な機械であることを恥じないとさえ言う（文献（8）一八八頁）。

（一〇）コンドルセ

コンドルセ（Condorcet, 1743-94）は若くして積分や解析などの数学においてすぐれた業績をあげて科学学士院に入った。ヴォルテール、ダランベール、チュルゴと交わり、『百科全書』に寄稿した。数学を自然科学だけでなく社会の研究にも用いる「社会数学」を提唱した。当時起こりつつあった統計学や経済学、彼の影響でサン＝シモンやコントが次世代に始める社会学などで広がっていく構想である。重農学派の経済学者また改革派の政治家となったチュルゴから「歴史の進歩」の観念を受け継いだ。フランス革命が起きるとパリの市会議員、ついで立法議会の議員となり、革命に参加した。多くの法律の起草に参画したが、特に非宗教的で知育中心の公教育の設立に尽力し、奴隷の解放や女性の自立にも努めた。ジロンド派に属したため、ジャコバン派政権の追及を受け、服毒自殺した。主著となった『人間精神進歩史素描』は、啓蒙主義的**進歩主義**を代表する。彼はそこで人類史を十段階に区分する。第七段階は印刷術の発明で、第八段階はデカルトによる近代哲学の成立で、第九段階はフランスの共和制の成立で始まるとし、最後の第十段階に未来の進歩を展望する。彼によればフランス革命は、人権、教育、財産が国内的にも、諸国民間でも平等にいきわたる、理想社会の実現をめざすものであった。

文献

（1）『世界の名著34 モンテスキュー〔ペルシャ人の手紙／ローマ盛衰原因論／法の精神／裁判の公正を論ず〕』中

央公論社、一九八〇年
(2)『世界の名著35 ヴォルテール〔哲学書簡／哲学辞典〕、ディドロ〔ブーガンヴィル航海記補遺〕、ダランベール〔『百科全書』序論〕』中央公論社、一九八〇年
(3) ヴォルテール『カラス事件』中川信訳、冨山房百科文庫、一九七八年
(4) ド・ラ・メトリ『人間機械論』杉捷夫訳、岩波文庫、一九五七年
(5) コンディヤック『人間認識起源論』(上・下)古茂田宏訳、岩波文庫、一九九四年
(6) ディドロ『ダランベールの夢 他四篇』新村猛訳、岩波文庫、一九五八年
(7) コンドルセ『人間精神進歩史』(全二冊)渡辺誠訳、岩波文庫、一九五一年
(8) ドルバック『自然の体系』(全二冊)高橋安光・鶴野陵訳、法政大学出版局、一九九九年、二〇〇一年
(9)『世界の名著36 ルソー〔学問・芸術論／人間不平等起原論／社会契約論／エミール〕』中央公論社、一九七八年
(10) 仲島陽一『ルソーの理論—悪の原因と克服—』北樹出版、二〇一一年

17　カント

（一）近代哲学の代表

カントの哲学は西洋近代哲学の代表である。

（二）カントの生涯

カント（Immanuel Kant, 1724–1804）はプロイセン王国に属する、バルト海沿いの町ケーニヒスベルク（現在はロシア領のカリーニングラード）に生まれた。父は貧しい馬具職人であった。善意の支援者や親族、友人の援助を得て学業を続け、ケーニヒスベルク大学を卒業した後も家庭教師などをしながら研究を続け、同大学に就職し、死ぬまでほとんどこの地を出なかった。両親からきまじめな勤勉さを受け継いだと言われ、彼の散歩を見て町の人が時計を合わせたという逸話を残した。はじめ自然哲学に主な関心を向け、ライプニッツ―ヴォルフ学派と呼ばれる大陸合理論の流れに位置していた。しかしイギリス経験論のヒューム哲学を知って両者の総合に向かう道を進む。「私自身は、傾向からして研究者である。認識に対するまったき渇望と、そこでさらに進みたいという貪欲な焦慮と、それを得るごとの満足とを感じる。これだけが人類の名誉になると信じた時期があり、無知な民衆を軽蔑していた。ルソーが私を正してくれた。この魅惑的な特権は消えうせ、私は人々を尊敬することを学び、もしこの考察が、人間性の正しさを回復するという価値を、他のすべての人に与え得ると信じないならば、自分を（ふつうの労働者よりもずっと）無用なものとみなすであろう」（「美と崇高の感情性に関する考察の覚書」）。生涯娶らなかった。代表的な著作としては『純粋理性批判』（1781）、『実践理性批判』（1788）、『判断力批判』（1790）があり、この三つは「三批判書」と呼ばれ、これを中心とした彼の後期哲学は「批判哲学」と呼ばれる。以下の説明もこれに関してである。（なお伝記としては、キューン『カント伝』菅沢龍文・中澤武・山根雄一郎訳、春風社、二〇一七年、が決定版である。）

(三)カント哲学は啓蒙哲学である　では啓蒙とは何か。自分自身の知性を使う勇気を持つことである、とカントは答える。誰でも知性を持っている。しかしそれをあまり使わないのは、他人の命令に従ったほうが楽だという怠惰のためである。うまくいかなかったときは他人のせいにできるという卑怯さのためでもある。そしてそれを「怠惰」や「卑怯」でなく「謙虚」や「素直」だと喧伝する者がいる。政治的な権力者や宗教家等である。しかしカントはそれは彼等が民衆をこども扱いにしていつまでも支配するための手管だとする。私達は、あやされるこどもではなく、尊厳をもったおとなにならなければならないのであり、そのためには「批評（批判）的」にならなければならないのである。現代は批判の時代であり、啓蒙の時代である、とカントは言う（文献(4)）。カント哲学が「批判哲学」であるのはこのためである。

(四)批判哲学の構成　批判は、哲学的批判としては、ある書物や体系の批判にとどまらず、それらを生み出す人間精神の批判に深められるべきである。そこでカントは哲学の問題を、①「私は何を知り得るか」、②「私は何をなすべきか」、③「私は何を望んでよいか」という三つにまとめられるとし、この意味で「人間とは何か」ともまとめられると言う（『人間学』および『論理学』）。

（五）「私は何を知り得るか?」（Was kann ich können?）すなわち認識論である。「私は何を知っているか」なら、知っていることを列挙すればよいが、「知り得るか」が問題である。またこの場合の「私」とはカント個人のことではなく人間一般のことである。さらにここで問うに値することとは、あれこれの個別的な知識が得られるかどうかではなく、学問的認識一般を成立させる条件の探求である。だから問われているのは人間の学問的認識能力についてである。

このためにはまず、学問的認識が成り立っていると認められている分野において、それを成り立たせている条件を知ればよい。その分野とは（その当時では）、ユークリッド幾何学とニュートン力学とである。

ではまず幾何学とは何か。空間的関係の諸法則（たとえば「二等辺三角形の底角は等しい。」）の認識である。では空間とは何か。それは認識対象（物）の性質ではない。感性的直観の一つの純粋形式であり、したがって経験によって得られるものでなく、それに「先立ち」心にはじめから備わったものである。それゆえ（各人がどんな経験を持っているかに関わりなく、およそ「心」を持つ者なら）必ず誰にでもあてはまり、ここに幾何学が成り立つ根拠がある。次に力学を考えると、ここでは空間とともに時間の関係についての法則（たとえば「自由落下の距離は重力加速度と時間の二乗とに比例する。」）を扱う。では時間とは何か。それもやはり認識対象（物）の性質ではない。感性的直観のもう一つの純粋形式であり、したがって経験によって得られるものでなく、それに「先立ち」心にはじめから備わったものである。それゆえ必ず誰にでもあてはまり、ここに力学が成り立つ根拠がある。また力学では因果関係(たとえば「外力は加速度に比例する。」)を扱う。では因果関係とは何か。それもやはり認識対象(物)の性質ではない(それはヒュームが示した)。それは感性的認識を思考する際の純粋な知性(Verstand、悟性)概念としての**範疇**であり、やはり経験に「先立ち」心にはじめから備わった形式であって、それゆえやはり必然性や普遍性を持つ。

なおこれらの認識に統一性を与えるのは、それがすべて同じ「私」の認識であるということ、すなわち「…と私は考える」(デカルトの言うcogito)という表象はあらゆる表象に伴い得なければならない、ということであり、これを**純粋統覚**という。

認識の形式となるこれらの直観や概念や統覚が「純粋」であるとは、経験によるものでない、つまり空虚だということである。たとえばいったん「二等辺三角形」というものを考えたら、その「底角が等しい」ことは普遍的必然的であるが、「世の中に二等辺三角形(をした何か)が実在する」かどうかは(論理でなく)経験によって知るしかない。それゆえおよそ客観的認識の内容は経験によるが(この点では経験論が正しいことになる)、学的認識の普遍性や必然性の根拠は経験に先立つ心のあり方に求められ(この点では合理論が正しいことになる)、両者が合わさったときに、対象についての学問的認識が成り立つ。すなわち少なくともその一方が欠ければそれは成り立たないことがわかる。またこの学問的認識は、私達(人間)の感性や知性の形式に従うものとして成立するものであるから、「物自体」でなく「現象」の認識である。

他方、学問として成り立つかどうか疑われているのが、「（実体としての）魂」「（存在の全体としての）世界」「（創造主としての）神」を対象とする考察である形而上学である。

形而上学者は、「私」が常に同一であるから、それは単一なものであり、つまりそれは不可分であるから不壊＝不死であると「推論」した。しかし同一なのは思考という「働き（作用）」としての「心」であって、この「働き」の「実体」としての「魂」を証明なく同一視するのはごまかしである。前者の実在は「純粋統覚」として示せるが、それはあくまでも「現象」としての心であって、そのいわば背後に考えられる「物自体」としての魂は、私達には認識できず、ましてそれが「不死」であることを「証明」すると称する論理操作は、「作用であり現象である心」と「実体であり物自体である魂」とをごっちゃにした誤謬推理である。

形而上学者は、全体としての世界について論じてきた。しかしこれは形式論理学的にはどちらかが真であるはずの二命題のどちらもが偽であると証明できる事態、すなわち二律背反に陥る。①世界には始まりがあるのかないのか、②世界を構成する最小の単位が実在するのかしないのか、③人間には自由があるのか、それともすべての事象は決定されているのか、④絶対的に必然的な存在者があるのかないのか、の四つがそれである。たとえば①において、もし世界そのものに始まりがあると仮定すれば、無から有が生じたことになるが、こうした考えは私達（人間）の理性は認め得ない。しかし逆に世界に始まりがないと仮定すれば、現在までに無限の時間が既に経過したことになるが、これは論理的に矛盾した言明である。これらは問題そのものが人間理性の限界を超えており、それゆえこれらに関して学問は成立しないのである。

形而上学者は、神の実在を証明しようとした。それはA 自然神学的証明、B 宇宙論的証明、C 存在論的証明、に分けられる。Aは、世界の秩序の実在からそれを与えた英知的存在者（神）をひきだそうとするが、世界自体の創造主としての神の実在は証明しない。Bは、何かの実在は経験上疑えないということからその最終原因としての神の実在を「推論」するものだが、「因果関係」という「純粋知性概念」は、経験的に裏付けられていない対象に適用されるときは空虚な形式であって妥当性を持たない。Cは「完全性」といった神の概念からその「実在」を論理的にひきだそうとするものだが、「『実在』は事象的な述語ではない」。通帳の「残額」欄にゼロの文字を足すことで貯金が十倍にならないように、「実在」の証明には論理的操作にとどまらない経験的根拠が必要である。以上により神の実在は証明され得ないことが証明された。

以上により、「形而上学」は学問として成り立つことはできない。「神」や「自由」や「魂」の観念は、（経験の普遍的総括である）「知性概念」としては成り立たない。だから現実を認識するために構成的に使われることは不当な越権行為になる。ただしそれは「理性概念」（理念）として、理想を思考するために統制的に使われることは可能である。

(六)「私は何をなすべきか?」（Was soll ich tun?）　すなわち道徳論である。もっともその答えはあらかじめわかっている。すなわち私は善いことをなすべきである。およそなすべきことが学問によってはじめて知られるなどということは、人間性に対する侮辱である、とカントは考えている。それでも倫理学の効用は消極的ながらある、ともする。悪い理屈屋が善の存在を否定し、あるいはその概念をぐらつかせ、あるいはその導き方に疑問を投げかけ、生得の良心を曇らせることがあるからである。「なぜ人を殺してはいけないのか?」は、確かにまっとうな人間は口にすること自体をはばかる問いであるが、乱れた世にあっては回避すべきでない問いとなる。しかも「魂の不死」や「神の実在」の証明不能を示したカント哲学にとっては、この問いは、「神の命令」や天国・地獄を持ちださずに、どのような道徳が可能なのか、というものになる。

学問の対象は自然法則であった。道徳の対象は道徳法則である。なぜ「法則」なのか。「善・悪」が単に「好き・嫌い」でないならば、普遍性や必然性を持たなければならないからである。ただし自然法則は起こらざるを得ない(müssen)ことの法則であるのに対し、道徳法則は起こるべき(sollen)ことの法則である。では道徳法則はどのように成り立っているか。自然法則の可能の条件が、心のあり方に求められたように、道徳法則の根拠も心中の「道徳法則の意識」にある。私達は道徳法則に反することもなし得るが、そのときでもそれが道徳法則に反しているという意識は持っている。これは人間が**自由**の意識を持っているということでもある。さもなければ私達は他のようにもなし得た(のに)とは思わないであろう。自由は、学問的には証明できない「二律背反」の一つであったが、道徳的な要請として肯定される。人間は学問の客体としては必然的な存在者であるが、道徳の主体としては自由な存在者である。では道徳法則の内容は何か。これに答えることはできない。内容は常に経験によって制約されており（時と場合により）、普遍性や必然性を持たないからである。答えることができるのはまさにその（普遍性や必然性という）形式である。すなわち道徳法則とは、「汝のやり方が誰にでもあてはまるようなやり方で物事をなせ」ということである。ここには、自分を特別扱いするな、とか人を差別するな、ということが含まれており、平等の要求であると言える。では平等に、たとえば百円のものは誰にでも百円で売れば道徳的だと言えるのか。動機が問題である。道徳法則にかなっているだけでなく、それが根拠でなければならない。なぜなら無条件的に「善」と言えるものは、（成果でなく）「善意」だけだからである。無知な客も騙さないという「信用」ができれば「結局は自分の得だから」というのでは、内申点めあてに「ボランティア」する生徒と同じで自愛が動機であり、客は「結局は」儲けの「手段」である。こうした利用し合いが市民社会というものであり、カントはそれを否定しないが、それだけではあるべき関係ではないと考える。すなわち「あらゆる人間を単なる手段としてではなく、常に同時に目的として対せよ」という。それゆえ自愛でなく**友愛**が求められる。

自由・平等・友愛、それがカント倫理学の標語である。それゆえそれはフランス革命（一七八九―九九年）の哲学版である（文献(7)参照）。すなわちそれが「近代的」であるのは、功利的資本主義の倫理というより、進歩的民主主義の倫理としてである。もとよりそれは、宗教や形而上学に依存する「他律」の倫理を否定し、自由・平等・友愛に反する封建倫理を否定する。そしてそれが功利的資本主義を否定するのは、人間を物質的利潤を生むための「人材」として「使える・使えない」と見積られる「市価」でなく、道徳的主体として各々が絶対的価値、すなわち「**尊厳**」を持つとするヒューマニズムによる。

（七）「私は何を望んでよいか？」（Was darf ich hoffen?）現に何を望んでいるか、または望むかもしれないか、ではない。何を望むことが許されるか、正当か、という問題である。人が望むものは一括すれば幸福である。もし人がなすべきことをなさずに幸福は望むならば図々しい。つまり道徳性は人を幸福に「値させる」ものとしての必要条件である。しかしそれは幸福の手段ではなかった。なすべきことは、たとえそれで不幸になってもなすべきことであるので、幸福の十分条件ではない。他方道徳性自体でもって瞑すべきとするほど、カントはストイックではない。天使ならぬ人間には感性的要求を是認するところに、カント人間論の人間味がある。私達は、幸福を求める前に、幸福に値するように努めなければならないが、「よいことをしたら幸せになれるのか」に無関心ではいられない。――しかし、必ずしもそうではない、がその答えである。なぜか。まず原理的には、道徳は当為（理想）、幸福は自然（現実）と属する世界が異なるので、そのつながりには運が伴う。ゴンベが種蒔いてもカラスがほじくるかもしれない。

当為と幸福、理想と現実、さらに道徳と学問とは確かに別の領域に属するが、両者に橋渡しをするものもある。現実そのものにおける理想の現れである美の領域である。美は（自然法則や道徳法則が物や行為の性質でなく心のあり方に根拠づけられたように、やはり）対象の性質でなく、人間の「趣味判断」においてある。「美・醜」が「好き・嫌い」と異なるものであるならば、普遍性や必然性を要求できるものでなければならない。しかしその普遍性や必然性は、「認識判断」におけるものとは異なり、「概念」

に基づくものでなく、それゆえ媒概念を用いて「推理」によって証明することもできない。(「この花はバラだ」という認識判断は、「バラ」の概念に基づいて、なぜそうかを三段論法で証明できるが、「この花は美しい」という趣味判断は、「美」の概念がないのでなぜそうかを証明できない。)だから美は理性批判でなく「判断力批判」として検討される。そして学問は知性(概念の能力)を、道徳は(狭義の)理性(すなわち理性概念としての理念と推論の能力と)を本分とするが、判断力はまさに知性と理性、概念と推論を橋渡しする能力であるから、美は学問と道徳を橋渡しする領域と言える。美は「利害関心なしの快さ」である。趣味判断が普遍性・必然性を得るには、経験に制約される内容的な「利害関心」を離れる必要がある。しかし学問や道徳の普遍性・必然性と違い、それは対象(客観)でなく主観の「快さ」にだけ関係している。利害関心からすれば、種をほじくるカラスは憎い。しかし私達は、秋の暮れの枯れ枝にとまるカラスを利害関心ぬきに眺めてある種の「快さ」を得ることもできる。利害の目には自然は敵か手段であるが、風雅の目には、ともにあわれな有情であり友である。

自然とはかく宥和もできよう。しかし虎でも台風でもなく、強盗や戦争が私達の生命や自由や財産を奪うのは、許すべからざる悪である。この根拠は悪人の「自愛」にあるが、これを責め「友愛」に生きよとの説教に終わるほど、カントは観念論的ではない。自己の利害が他者のそれと対立する社会制度に目を向けるべきであり、カントは自他の自由が両立する「公民的組織」をまさに「理念」として、すなわち民主主義と国際平和を追求すべきだと論ずる。ここではこの「理念」を「現実」と「橋渡しする」ものは、趣味判断という美的観想ではなく社会的実践である。すなわち私達が(現に幸福を享受できなくても）「望んでよい」ものの第二は、（永遠平和を含む）理想社会への歴史の進歩である。しかしこの理想社会が実現（現実化）することはない、と二元論者のカントは考える。そして「後世」に続く第三の希望とされるのが「来世」である。なぜなら神は自然の創造者にして道徳上の審判者でもあるからである。確かにそうした神の実在は学問の対象としては証明され得ぬものとして否定された。しかしそれはその非実在が証明されたことではなく、ここで信仰の対象として要請されることになる。

（八）カント哲学の評価　哲学史的に言えば、カント哲学は**ドイツ観念論**の出発点であり、また内在的な機動力であった。この意味で私達はその功罪をドイツ観念論の完成者であるヘーゲルの章においてもみることになろう。しかしカント哲学の評価はおおざっぱにでも、より広い観点からなされるに値する。

認識において「経験に先立つ」（アプリオリな）要因の問題は難しい。人間が学問的認識において、それどころか生物が個々の認知をするにおいてすら、個体や社会の発達段階に応じた、または生得的な構造に応じた、「経験に先立つ」図式に従っていることは否めない。しかしカントが言う「アプリオリ」とはこのような発達心理学的・科学史的・生物学的な構造のことでなく、論理学的な「権利問題」として主張されるものであり、その厳密な意味においては彼は間違っていたと言わざるを得まい。時空や範疇が、本源的には、意識（主観）でなく物質（客観）のあり方であることは、カント以後の非ユークリッド幾何学や相対性理論によっても示された（彼が絶対視していたユークリッド幾何学やニュートン力学は——たとえば物体の運動速度が光に対して無視し得る程度のときに近似的に妥当する——部分的な真理であった)ものと考えられる。彼のこの点での誤りは、こうした当時の科学の限界からとともに、ヒュームの不可知論からも来ている。それは彼を「独断のまどろみから覚ました」(『プロレゴメナ』)が、他方このため彼は、人間が認識(erkennen)できるのは「現象」であってその根拠として思考(denken)される「物自体」ではないとし、だから物の根本的なあり方である時空や範疇も意識の側から説明する(これを彼は「先験的観念論」と名付ける)ことになったのである。しかし彼が同じ論法から、「神」や「魂」や「世界全体」についての観念的思弁を経験的裏付けを欠くものとして「学としての形而上学」に破産宣告したことは有益であり、正しい道を開くものであった。

道徳論は、カント哲学において最も価値ある分野であろう。そこで批判され得ることは、確かに、形式主義的に過ぎるところや、それと結びついているが、「理性」に過大な評価がされている(感性の評価が低い)ところであろう。しかしここで私達に役立つのは、カント道徳論を「否定」するよりも「実質化」することであるように思われる。また同じことが、道徳論の延長と言える彼の社会哲学・歴史論についても言えよう。

美の領域は、学問の領域はもとより、道徳の領域よりも「主観性」が認められ、この意味でカントの「先験的観念論」的方法にふさわしく思われる領域であろう。しかしここでも問題が残るとすれば、彼の二元論である。美醜を好悪や身体的・経済的損得から区別すべきことは納得できても、だからといって美的「判断力」を「関心」から切り離された「普遍性」を持つとするのは、(古典幾何学や古典力学へのものと同じ)古典美学への素朴な信念に制約されているのではないか。また区別づけに鋭く関連づけに物足りないのは、カント哲学全般の特徴である。

宗教論に関しては、二、三の鋭い考察は認められるが、全体としてはなくもがなの感がある。カントの人間主義（ヒューマニズム）の残された難点が、まさに困ったときの神頼みのように、ここに尻を持ち込まれたようである。徳福一致のための「要請」としての神はまさにそれである。ここに現れているのは「人間理性の」限界ではなく、カント哲学の限界である。彼の「神」は、「現実には不可能とされた共同体の代替物」というゴルドマンの解釈（文献(10)）が参考になる。しかし敢てここでもカントに好意的に評すれば、彼が神を、（スミスのように）「見えざる手」によって市場社会の利己主義を正当化するお墨付きを与えるような存在としてではなく、逆に現実社会においては道徳的な人間が報われていないという悪の実在をあぶりだす存在とするところに、現実へのさめた目と理想への熱い心をみてとれるかもしれない。

文献

(1) カント『純粋理性批判』（全三冊）篠田英雄訳、岩波文庫、一九六一―六二年
(2) 同『実践理性批判』波多野精一・宮本和吉・篠田英雄訳、岩波文庫、一九七九年
(3) 同『判断力批判』（全二冊）篠田英雄訳、岩波文庫、一九六四年
(4) 同『啓蒙とは何か　他四篇』篠田英雄訳、岩波文庫、一九七四年
(5) 同『道徳形而上学原論』篠田英雄訳、岩波文庫、一九六〇年
(6) 同『永遠平和の為に』高坂正顕訳、岩波文庫、一九四九年

(7) ハイネ『ドイツ古典哲学の本質』伊東勉訳、岩波文庫、一九七三年
(8) 岩崎武雄『カント』勁草書房、一九五八年
(9) 浜田義文『若きカントの思想形成』勁草書房、一九六七年
(10) ゴルドマン『カントにおける人間・共同体・世界』三島淑臣・伊藤平八郎訳、木鐸社、一九七七年

18　ヘーゲル

（一）位置付け　ヘーゲルは最も偉大な哲学者である。それゆえヘーゲルの哲学を通じて、哲学そのものの最大の意義と限界とを理解できる。またヘーゲルは近代思想の総決算である。それゆえ諸々の「現代思想」は多かれ少なかれヘーゲル批判を含むが、どこをどう批判しているかをみれば、それらの「現代思想」の特質が理解できる。

（二）生涯　**ヘーゲル**（Georg Wilhelm Friedrich Hegel, 1770–1831）はドイツの西南部ビュルテンブルク公国に生まれた。チュービンゲン神学校に入学。同窓に同年のヘルダーリン、四歳下のシェリングがいて影響を与え合った。在学中の一七八九年、フランス革命が始まる。ヘーゲルはこれを感動して迎えた。卒業後しばらく家庭教師などでしのぎ、イエナ大学の私講師となった。最初の著作『精神の現象学』執筆中、勝利して入城するナポレオンを目にして、「馬上の世界精神」と呼んだ。しかしこの戦役によってイエナ大学は閉鎖されたので、一時新聞発行などもてがけたが、高校の校長を経て、ハイデルベルク大学、そしてベルリン大学に勤め、後者では総長にもなった。他の著作に『論理の学』『エンチクロペディー』『法の哲学綱要』があり、また多くの論文や、弟子達が刊行した講義録がある。コレラで没。

(三) 哲学観 そもそも哲学とは何であるか。ヘーゲルはそれは「学」(Wissenschaft) であるべきだとする。

語源からすれば哲学 (Philosophie) は「知恵への愛」であり、「愛」が好きなロマン派はそれがよいとしたが、ヘーゲルは感情に属する「愛」と理性の営みである「学」とは区別すべきだと考える。理性とは客観的な認識であり、学とは体系的な理性的認識である。それは主観的な信念の吐露ではなく、霊感の伝達でも気の利いた警句の寄せ集めでもない。

カントにおいて、哲学は実在する世界についての認識そのものではなくて「先験的認識」であり、学問・道徳・芸術など、人間精神の産物である諸文化の「基礎づけ」であった。ヘーゲルはこうした「先験的」方法を畳水練として嘲笑する。認識についての認識は、世界についての認識に「先立って」あるいはそれを「かっこに入れて」行うことはできず、それを「通じて」行うしかない。それゆえ哲学は「公理」のような「第一原理」から始めることはできず、むしろ虚偽から始めざるを得ない (第11章第七節)。というよりここで気付くべきことは、どこかに「哲学的真理」があると考えるより、哲学とは、より多く虚偽のものからより多く真理であるものへの過程であり運動であり発展であるということである。

(四) 弁証法 ところでこのように事柄を固定的でなく流動的にとらえることが**弁証法** (Dialektik) の第一の特徴である。それはまず哲学そのものに対しても適用される。蕾は花が咲くと消え、花は実がなると消える。蕾は花では「ない」というように否定関係にあり、同時に共存はできない。しかし蕾が花に「成った」というように前提関係にもあり、発展を通じて一つの生きている植物として存立している。たとえばソクラテスを蕾、プラトンを花、アリストテレスを実に喩えられよう。その際誰の哲学が「真」であるかを問うのが無意義であるのは、蕾と花と実とで何が植物の「真」であるのかを問うのが無意義であるのと同様である。重要なのは植物の諸形態の必然的発展を把握するように、「諸々の哲学」の必然的発展を歴史的に把握することなのである。このような弁証法的把握によってヘーゲルは学問的な哲学史を初めて叙述した。

　では事物はなぜ発展するのであろうか。それは事物に内的矛盾があるからである。たとえば植物であれば生命体として、外界と物質交換しつつ自己保存を図らなければならない。すなわち自己否定しつつ自己肯定しなければならない。（蕾をむしりとるのは外的否定であり、そこから発展は生じない。）この相反する両運動を「契機」として、すなわちもはや単独では存立できない構成要素として含む形で総合する、すなわち「**止揚**」（aufheben）することが発展であり、個体としての植物の止揚は種としての植物である。注目すべきは、「肯定」「否定」といった論理学用語が、ヘーゲルでは実在的運動を表すことである。カントは（いみじくも「弁証論」（Dialektik）と題した個所で）「二律背反」を論じて内的矛盾に迫ったが、これを論理的矛盾と解したために虚偽としてしまった（第17章第五節参照）。これは彼が基本的には固定的見方を脱しなかったためで、弁証法的には「生きている」とは「死につつある」ことであるが、固定的には万物は生きている（生あり）か死んでいる（生なし）かのどちらかになる。

「学」とは勿論真なる認識でなければならない。では真とは何か。むしろ偽とは何か。私達は「虚偽から始めざるを得ない」のはなぜか。それは出発が部分だからである。哲学が「より真なる認識への運動」であることは、より全体的なものへの発展であることであり、これを裏から言えば「真なるものは全体である」。もう一度逆から言えば、哲学的虚偽とは完全な虚偽ではなくて部分的真理なのであり、象の足に触れて象とは柱のようだと言う者や、その尻尾に触れて象とは紐のようだと言う者に等しい。

より全体的なものへの発展へと事柄を動かすものは内的矛盾とその止揚であった。これらの「論理」は事柄そのものに属しており、人間ないし哲学者が外からあてはめる「形式」ではない。実在するものはその根拠によって成立し存立し、またこの論理によって生成すべきものは現れざるを得ない。それゆえ「理性的なものは現実的であり、現実的なものは理性的である」。固定的な現実にとじこもることも、非現実的な理想を説教することも、実は両者を相容れないものとする同一の先入見にとらわれている。

(五) 円環形式と観念論

ところでヘーゲルはこの発展が無限に続くとは考えない。植物が実において成るところのものは胚においてあったものであるように、円環をなすと考える。これは彼が認識の主体を精神そのものとし、精神を持った(しかしその前に身体を持った)人間とは考えないという、観念論からきている。彼は認識を生命活動の一環と考え、精神的(そして社会的)労働とさえ考えるが、生命活動や物質的労働が一次的であり、精神的労働は派生的とは考えない。後者では確かに、はじめにあったものが成就して円環が閉じられる目的論になるのである。これはアリストテレスの形而上学とも、キリスト教の神学とも合致する。

ヘーゲルによれば哲学は神学でもある。無論そこには区別もあるが、排除し合うものではない。カントによれば両者を分かつものは有限と無限との論理的矛盾である。しかしヘーゲルによればそのような無限（悪無限）はいまだ理性的なものではない。なぜならそれは有限「ではない」ものとして有限によって限定された、もう一つの有限だからである。これに対し真無限とはむしろ諸々の有限なものを包み込むものである。

学とは体系的な理性的認識であったが、それゆえこの体系は三拍子で進んでいく。最も大きな枠は、Ⅰ 論理学、Ⅱ 自然哲学、Ⅲ 精神哲学、となる。論理学は純粋理念の学である。純粋理念が外に現れ出たものが自然である。この自然が理念に還ってきたものが精神である。

(六) 論理学　「純粋」な、「外に現れていない」ない理念とは、論理的範疇そのものである。アリストテレスは存在するいろいろなものの最も一般的なあり方として範疇を考えたが、カントは観念論の立場によって判断作用からそれを引き出そうとした。それでも彼は人間（有限的理性）の立場からであったが、人間と神、有限と無限とのカント的区別を否定するヘーゲルからすれば、論理的範疇はむしろ、神（無限的理性）の、世界創造以前の世界ということになる。

ここで重要なことは二つある。①以上のことからヘーゲルの論理学を、神がかった思弁の天下りの屁理屈ととらえてはいけない。その「神秘的な外皮」には、きわめて具体的な考察が（実は）こめられている。無論それはこじつけや論理の遊戯がないということではないので、私達はよくみきわめる必要がある。②アリストテレスでもカントでも従来の範疇論は範疇間の区別を重視したが、ヘーゲルではむしろ範疇間の相互移行に力点がある。

さて論理は、①感性でとらえる「存在」(Sein)の、②知性でとらえる「本質」(Wesen)の、③理性でとらえる「概念」(Begriff)の、論理に分かれる。

(七) 存在論 最も単純で「ある」としか言えない純粋な存在は、あらゆる「あり方」については「…ではない」としか規定されず、したがっていわば「何でもない」存在であり、これは純粋な無と同じである。より規定された存在は、何か「或るもの」であり、純粋の無と同じではないが、何か「他のもの」ではないものとして無を含んでいる定在(Dasein)である。定在は純粋な存在と純粋な無との止揚であり、それを存立させまた撤廃する運動が生成と消滅である。

「或るもの」は或る「他のもの」と異なる質を持っている。「質」とはまずは「量」でないものであり、量とは互いに無関係のものである。「冷たさ」や「赤さ」は、冷たいものや赤いものがいくつあろうと何キログラムあろうと、冷たくあるいは赤い。また三つや五キログラムはそれらの量を持つものが視覚や触覚にどんな質を与えるかには無関係である。しかしこの区別は絶対ではない。水の温度が三〇度から五〇度になっても液体のままだが、一〇〇度を超えると気体に変わる。政党の議席が四分の一から三分の一に増えても(単独では)野党のままだが、二分の一を超えると与党になる。このような量の質への転化が生じるのは、実は両者が無関係ではないからである。「冷たさ」なら物体内の分子の運動量(と人間の触覚)、「赤さ」なら光の波長(と人間の視覚)が関係している。そして(質の量への還元というのは時折みられる一面的な単純化だが)この質と量との関係の把握が、近代科学の本質的課題の一つである。

（八）本質論　一定の質と量を持った「或るもの」が「物」であるが、物はいろいろな属性を持っている。砂糖は白く甘く水に溶け、金は硬く重く輝き水に溶けず王水に溶ける。これらの属性のうち、他の属性がそれによるものであり、それによってその物がまさにそのものになっているところのものが、その物の本質である。何が属性かは感性でわかるが、何が本質かをとらえるのは知性の働きである。

単に或る属性を持った「或るもの」の他者は他の属性を持った他の或るものであり、両者の関係性は差異であるが、その本質によって把握された対象の他者は、それに固有の他者であり、両者の関係性は相関である。相関とは、空間関係における右と左、人間関係における親と子、電磁気におけるプラスとマイナス、生物における雄と雌、商品における相対的価値形態と等価形態のように、一方は常に他方との関係において規定されるものであり、単独では存立できない。本質と相関するものは現象である。現象を通じてだけ本質は把握されるのであり、個々の具体的な知識を得ることなく、神秘的な「悟り」や「知的直観」で本質に至ることはできない。逆に「本質は現象せざるを得ない」。人いずくんぞ隠さんや。とはいえ現象の中には仮象もある。「あの声で蜥蜴食らうか時鳥」（其角）。感性すなわちイメージで本質がわかるわけでなく、知性すなわち考える働き（知的労働）が重要である。

（九）概念論　ヘーゲルにおいて本質は既に力とみなされていた。ただし諸々の現象を凝集し、またそこへと外化する力としてはじめは静的な力であった。しかし対象を生み出し育て滅ぼす力を考えると、対象の発展がとらえられる。

形式論理学において思考の要素的形式とされるものも、ヘーゲルは実在的運動（ないし労働）の契機としてとらえかえす。「概念」（Begriff）とは労働対象を把握する（greifen）ことであり、「判断」（Urteil）とはそれを根源的に分割する（ur-teilen）ことであり、「推理」（Schluß）とは労働手段を媒介としてそれと労働主体とを連結させる（schließen）ことである。

客観的世界の形式としては、他者との結合（衝突）によって質は変わらず位置の移動だけ起こる機械的な運動、質が変わるが平衡状態に至ると静止し（中和）、外から新たな結合がないと固定する化学的な変化、自己同一をめざすが内的な自己否定を媒介に絶えず前進せざるを得ない合目的な活動（労働）、と高次化する。ここで注目すべきは、最後の労働が、他の自然運動と断絶した神秘的な「精神力」の働きでなく、物理的・化学的・生物的な諸運動を自らの目的実現のために活用する「理性の詭計」としてとらえられていることである。

こうして客観的世界の中から理性が生まれ、それが自らを反省するならば「理念」を自覚することになる。ここで純粋理念の世界は円環を閉じる。

（一〇）自然哲学　純粋理念の外化が自然である。と言われても私達の大部分はきょとん顔になるしかあるまい。この「移行」の論理は没論理に思えるので、これを了解するには外から解釈せざるを得まい。①純粋な理念（ロゴス）から自然（天地）がつくられたとするのはキリスト教の観念である。②精神から物質ができるとするのは観念論哲学の思想である。――それゆえ、①も②も前提していない読者としては、これらが（書き手の前提として明示されるならともかく、できないことだが）論証されるかのように示されるのをみると、きょとん顔で応じるのが正しい反応というものであろう。また内容上へーゲルの（実は誰のでも）「自然哲学」から、自然諸科学が教えてくれる以上のことを学ぶことはできない。労多くして実り少ない部分である。これに対し自然から精神への移行は納得しやすい。特にダーウィン（『種の起源』（1859））以降の科学的知見を考慮すれば。

（二）精神の現象学　精神の第一段階である主観的精神は、個人的精神とも換言できよう。主観的精神の第一段階は「魂」と言われるが、キリスト教的意味でなくむしろ古典世界の「アニマ」、自然的諸条件（風土、性別、年齢等）に埋没した精神のことである。

自然から独立した精神は意識であり、意識の経験の学が精神の現象学である。意識は（その完成をめざす発展の旅路の門出において）まず対象としての自然に自らの本質を探そうとする対象意識である。その最も単純な形態は感覚的確信であり、その対象は個別的なものである。かく意識はひとり合点しているが、反省してみれば個別的なもの自体、普遍的なものによってはじめて存立している。私以外私じゃない「マイナンバー」も、「私のもの」（私有財産、私の夫・妻）も、役所や世間の承認によって成り立つ。そこで次には知覚によって普遍的な「物」を把握しようとし、次には多様に知覚される諸性質を統べている「物」の「内なるもの」を知性によって見通そうとする。しかしこうなると対象は意識に現れてくるものというより、意識自体が物において投げ入れたものであることになり、意識自体が意識の対象となる。

そこで意識は自己意識に高まることになるが、それは何かと言えばまずは対象をわがものにしようとする欲望である。それもはじめは自己保存のための物欲であるが、精神は物だけでは満足しないから、他の自己意識を対象として承認を得ようとする社会的欲求に赴く。だが他の自己意識も自らが承認を得ようとするから、ここで闘争が起こる。勝者は主《あるじ》となり、物も地位（社会的承認）も得られる。敗者は僕《しもべ》となり、生殺与奪権を持つ主のために労働しなければならないが、労働と死の恐怖によって精神としての自己形成がなされる。主は逆に自らが支配する僕に従属することになり、僕の僕となる。この関係性が自覚されると主僕関係は止揚され、相互承認によって可能な自由が生じる。

自由はただの気ままでなく相互承認の上に、すなわち個々の意識が他の意識を意識として承認することを前提する。それゆえ各々は自らの目的を達するために他者に関係し、その際他者の目的を名目とする。商人は自らの商品が「有用でお得」だからと売りつけるが、本当の理由は自らの利得にある。しかし買った側が騙されたと苦情を言うのはおとなげないが、なぜなら彼も商人のためでなく自分の利得のために他者を利用しただけだからである。こうした普遍的な相互利用関係を活用して自らの目的を追求するのは、確かに理性の働きであるが、精神はこれに安らうことはできない。これは相互欺瞞の体系であり、精神の堕落と分裂の現れだからである。あくまでも道具的で主観的な理性であって客観的理性に高まる必要があるからである。

（一二）正義の哲学　客観的精神の第一段階は法である。これによって個々の意識は物的依存によってだけでなく、政治的な掟によっても統一される。しかし法は形式的で外面的な紐帯であり、いわば打算と処罰の恐怖によるに過ぎない。内面的な紐帯は道徳であり、ここでは意図が問題とされるが、逆に結果については意のままにならないものとして無責任が合理化される。両者の止揚が、具体的な共同体としての**人倫**（Sittlichkeit）であり、これは道徳性を備えた社会制度である。

人倫の第一段階は家族であり、これは自然を基礎としている。それは感情的な愛を原理とする夫婦関係によって始まり（この点ではヘーゲルは近代ロマン主義に賛成する）、こどもの誕生によって確立する。しかしまさにこの家族の保持のためには家族原理の外にある世間、すなわち愛情でなく利害で結びつく市民社会に出て稼がなければならない。この欲求の体系は、相互依存と相互欺瞞によって相対的な自立と安定を持つが、人倫の完成ではないとヘーゲルは考えた。当時市民社会を発展させつつあったのはイギリスであったが、彼はその現状とその学的表現である古典派経済学とを考察して、市民社会が労働者の窮乏化などの社会問題を生むことを見据えた。そこから彼は、家族と市民社会とを止揚するものとして国家を位置付けた。すなわちそれは諸個人の欲得のために形成されるのでなく、むしろそこに諸個人が自らの安らいや生きがいをみる点で家族と似た共同体であるが、感情や血縁といった自然でなく、理性的な意志による契約団体という点で市民社会と連続する。ヘーゲルは確かに国家を重視する思想家であり、個人や家族や市民社会も国家なしでは存立できないとする。しかしこれらがただ国家を目的としてありその単なる犠牲になってもよいとする国家主義者ではない。また国家は所詮滅びるものであり、精神の完成された形態ではない。国家を生み出しまた滅ぼすものが世界史である。

（一三）歴史哲学　諸個人の情熱なしでは歴史的に意味あることは何もなされない。歴史を動かしているのは何か神秘的な力でなく、私達自身の力である。しかし人々はふつう単に自分個人の目的を追求し、それらがぶつかりあいうちけしあい、結局はこうした主観的目的から疎遠な力で歴史が動かされるようにみえる。しかしここにも「理性の詭計」があり、主観的な諸力を通じて客観的な論理が働いている。世界史的個人、いわゆる英雄は彼の主観的目的が歴史の流れに合致することで大きな仕事をなすが、それを果たすと没落せざるを得ない人のことである。この歴史の論理は、然る所以の故（自然必然性）であるだけでなく、当に然るべき所の則（道徳的進歩）でもある。超越的な宗教が歴史の彼岸に「世の裁き」をおくのも、前世紀の合理主義が無限の進歩を想定したのも、ともに悪無限的認識にとどまっている。世界史が世界審判なのであり（Die Weltgeschichte ist die Weltgerichte.）、日々是決戦なのである。

しかし具体的には歴史的発展はどのように現れているか。歴史は世界精神の発現であり、精神の本質は自由であるから、自由の拡大においてである。すなわち東洋的世界においては王とか皇帝などのようなただ一人だけが自由であり、他の人々はその奴隷や、よくて家来のような地位にあった。次に地中海世界の古典古代においては独裁や専制を排除する仕組みが生まれ、貴族制や共和制などで若干の人々が自由になった。最後に西欧世界においては万人の自由がめざされ、まずはキリスト教によって観念として現れ育ち、ついにはフランス革命によって社会制度化された。それは壮大な日の出であり、人類ははじめて理性によって行動するようになった。

しかしこの歴史の論理も前述のように単に客観的なものであり、精神はさらに主観的精神との止揚として絶対精神に高まらなければならない。

（一四）美学　絶対精神の対象は絶対者であるが、それをとらえるに際しても、意識はまず直観によって自らの外に探求する。これが芸術である。その外的対象はしたがって絶対者の象徴となる。具体的分野としては建築のような現実的有用性に基づきつつも、それを超えた装飾において外面性を超えようとするものであり、東洋世界の芸術の本領はこの象徴主義にある。しかし絶対者は単に外的なものでないから、外面性と内面性との結合が、人間、すなわち精神を持った身体という形で追求される。具体的分野としては彫刻などであり、この古典主義においては芸術と宗教とが一体になっている。精神がさらに進んで自らの本質を身体の否定におくと、芸術的直観は自らの対象を直観し得ないものへの憧れという形で辛うじて追求するしかない。これがロマン主義であり、具体的分野としては絵画・音楽・文芸となり、キリスト教芸術の本領となる。これは精神としては進歩だが芸術としては後退である。芸術の本質をあくまでも感性的直観とするならば、ギリシャ彫刻の神々のほうが、磔にされ血を流し嘲笑されるイエスよりも明らかに美しいからである。だがやはりここには進歩がある。少女は人形の、年頃の娘は自分の服飾や化粧に熱中する。なぜか。自分の外の人形のほうが自分自身よりも見えやすいからである。だがその場合の「自分」もまずは自分の身体であるが、より進歩すれば、見た目はきれいでもなんも知らんあっぱらぱーでは駄目だから放送大学に行って教養を身に付けようとか、自己中の顰蹙女では駄目だからボランティア活動でもして道徳性を身に付けようとか思ったりする。人形を着せ替えてるのは東洋的段階、美容体操やダイエットをしたりするのがギリシャ的段階、内面的な慈愛の精神と奉仕の活動に志すのがキリスト教的段階というわけである。

（一五）宗教哲学　絶対者を表象において、感性的にではあるがより内面的に探求するのが宗教である。

東洋においてはそれは自然宗教である。すなわち自然における何かしら常ならずいみじきものが神（絶対者）なのである。日月星辰のような特別な存在物、生命力を持つ植物、「知恵」ある動物、王や氏族の祖先のような特別な人間、そしてペルシャにおいては最も抽象化されたものとしての「光」である。歴史的に東洋を西洋とつないだのはエジプトであったが、そのスフィンクスはまさにその移行を示している。その「人面」は「獣身」から脱出せんともがいており、一個の「謎」として謎をかける。その謎を解いたのがギリシャ人オイディプスであり、その答えは「人間」であった。ギリシャにおける絶対者（神）は人と同じ姿形と情念を持つ個別的存在であるが、これは生身の、ただし常ならぬ力を持つ人間が絶対者であるということである。この芸術宗教は神話から彫刻へ、そして悲劇から喜劇へと発展することにおいて次第に自覚に達する。だがその「絶対者」の力はやはり主に物理的に考えられており、また自分のポリスの外には及ばない局地的なものである。自然的な家族から疎遠な（狼に育てられた）英雄が、法というむしろ非情な原理によってつくり世界帝国となったローマの辺境において、真の絶対者は出現する。受肉という形で具体的な肉体を持って自己否定的に現れるのは、やはりその本質が人間的なものだからであるが、まさにその人間の本質が身体でなく精神であることを示すためには、肉体的存在としての自己を再び受難において否定しなければならない。この啓示宗教においては愛は単に自己肯定の欲望でなく自己犠牲の共苦でもある。だが啓示宗教も自らの意味をこのように理性的には自覚しておらず、個別的な出来事として表象しているに過ぎない。そこで絶対者を概念において把握したものが哲学である。

（一六）哲学史

美学が芸術の歴史的反省であり宗教哲学が宗教の歴史的反省であるように、哲学の哲学は哲学史である。すなわち哲学は概念による絶対者の把握であってもその登場はその完成でなく、蕾が花になり花が実になるように、あるいは商品が貨幣になり貨幣が資本になるように、そこにはより高次なものへの発展がある。タレスから始まる哲学史は内的矛盾を通じてより完成されたものになっていく一つの過程である。そしてその最も完成された形態における哲学とは、――何を隠そう、わがヘーゲル哲学にほかならない。ヘーゲルにおいて哲学と絶対精神とは完成した。そしてそのヘーゲル哲学とは何か。まずは論理学がくる……、とここで（円環が閉じ）、はじめに戻る。

文献

(1) ヘーゲル『精神の現象学』（上・下）金子武蔵訳、岩波書店
(2) ヘーゲル『小論理学』（上・下）松村一人訳、岩波文庫
(3)『世界の名著44 ヘーゲル〔精神の現象学・序文／法の哲学〕』中央公論社、一九七八年
(4) ヘーゲル『歴史哲学講義』（上・下）長谷川宏訳、岩波文庫、一九九四年
(5) 中埜肇『ヘーゲル』中公新書、一九六八年
(6) 金子武蔵『ヘーゲルの精神現象学』ちくま学芸文庫、一九九六年
(7) 上妻精・小林靖昌・高柳良治『〈古典入門〉ヘーゲル 法の哲学』有斐閣新書、一九八〇年
(8) 鯵坂真・有尾善繁・鈴木茂編『ヘーゲル論理学入門』有斐閣新書、一九七八年
(9) フィッシャー『ヘーゲルの生涯』勁草書房、一九八七年
(10) フィッシャー『ヘーゲルの美学・宗教哲学』勁草書房、一九八六年

19　キルケゴールとフォイエルバッハ

(一) 近代から現代へ　ヘーゲルは近代思想の総決算である。それゆえ諸々の「現代思想」は、多かれ少なかれヘーゲル批判を含むが、その出発点となったのがキルケゴールとフォイエルバッハである。ヘーゲルとの対比において「現代思想」一般を特徴づけるとき、「本質の哲学から実存の哲学へ」と言うことも可能であろう（文献(1)参照）。この場合「実存の哲学」とはいわゆる「実存哲学（または実存主義）」だけでなく、フォイエルバッハの「現実的人間学」、マルクスの思想、実証主義なども含む。共通点は、「実存（現実存在、Existenz）」と言われる、現実的、具体的、個別的、感性的存在を重視することである。

(二) キルケゴールの生涯　**キルケゴール**（Søren A. Kierkegaard, 1813–55）はデンマークのコペンハーゲンに生まれた。一八四一年、婚約破棄事件を起こした。真の信仰を求める立場から教会を厳しく攻撃した。**実存主義**の祖と呼ばれる。

(三) 哲学観　哲学（Philosophie）を「学」（Wissenschaft）であるべきだとするヘーゲルにとってそ

の真理は客観的認識である。しかしキルケゴールは言う。「私にとって真理であるような真理を発見し、私がそれのために生き、そして死にたいと思うような生活原理を発見することが必要なのだ。いわゆる客観的真理などを探してみたところで、それが私に何の役に立つだろう」(『日記』)。

ここでキルケゴールが求めているのは、「真理」というより「価値」とか「真実」とか言ったほうがよいであろう。私自身が単に「真理」と言うときには、客観的認識のこととする。真理と真実、事実認識と価値認識とはどちらかに還元され得ず、したがってはっきりと区別されねばならない。そのうえで考えると、このキルケゴールの主張は、それ自体は事実認識ではなく価値評価であり、それゆえ客観的に真偽を問えるものではなく、各人の主体的な賛否を問われるものである。そして私自身の立場としてはとりあえずは賛成である。すなわち人はまず「自分がそのために生き、また死ねるような」価値を発見すべきであり、それを求めずに「いわゆる客観的真理などを探してみても」むなしいと思う。もしもこの態度のことを「実存哲学」であると言うならば、すべての哲学は実存哲学であるべきだと考える。しかしもしもこれが、「客観的真理などはない」という、それ自体一つの事実判断であるならば、それは間違いであり、または「客観的真理などに価値はない」という、それ自体一つの価値評価であるならば、それに私は反対する。

(四) 質的弁証法 事柄を固定的でなく流動的にとらえることが弁証法の第一の特徴であり、その論理を確立したのがヘーゲルであった。蕾が花に、花が実になるように、人間精神も否定を通じて発展する。発展において、古いものは従来の形態においてあるものとしては否定されるが、新しい形態内における一つの構成要素（契機）としては保存されもする。その意味で発展において区別される新旧の形態には連続性もある。発展を生むのは内部矛盾であるが、それの「あれもこれも」それなりに生かしていく総合的形態に変わる発展がヘーゲルの言う「止揚」（Aufheben）である。しかし「実存」すなわち生身の人間にとって、それは可能であろうか。「あれか、これか」の決断をせざるを得ないこともあろう。たとえば会社を選ぶか、妻や子・夫や親を選ぶか、選択を迫られるときがある。無論両者が矛盾しない場合もあり、それが望ましくもあろう。しかしその調和はあらかじめ前提できないが、なぜなら家族と企業とは原理が異なるからである。そこでヘーゲルは言う。両者は人倫として不完全であり、国家というより高次の形態において止揚される。なぜなら国家は地縁血縁による自然的共同体ではなく、法の承認という個人の理性的意志による人為的団体であるが、他方で私利の追求のために利用し合う欺瞞の場ではなく、福祉などを行う精神的共同体であり、かくして家族と市民社会の両契機が統一されているからである、と。ごもっともな理想であるかもしれないが、その高説は誰に役立つのか。議員や官僚にとっては、私人に対して労働を国民の義務とする一方、私企業に対しては勤労者の私生活を保証することを義務付けるよう、法令や行政を行うことを教えるかもしれない。しかしいま悩んでいる本人に直接役立つものではない。つまりヘーゲルの弁証法はややもすると当事者の立場でなく評論家の立場からの理屈である。大所高所からみればこう考えればよい、という物言いであり、その点ではきわめてよくできている。キルケゴールはヘーゲルの体系を御殿にたとえた上で、しかしヘーゲル自身はその隣の犬小屋に住んでいる、と痛罵する。一粒の麦、落ちて死なずば一粒にてありなん、ということははたからみれば、あるいは後になればわかることであるが、そのときの当人にとっては、生か死かそれが問題であって、死して生きるとか甦るとかは言葉の遊びにしか聞こえない。「あれも、これも」総合して発展するヘーゲルの論理を量的弁証法、「あれか、これか」選択して飛躍する自分の論理を**質的弁証法**と、キルケゴールは名付けた。

（五）実存の三段階　ところでこの精神的発達の第一段階を、キルケゴールは「**美的実存**」と言う。日本人には妙に聞こえるが、ヨーロッパ語で「美的」に当たる語（ドイツ語なら ästhetisch）の原義は「感性的」であり、ここでもそれを聞くとよい。「感性的」領域の最高段階、いわば最も洗練されたものが「美的」だとも考えられる。そして第二段階が「**倫理的実存**」である。「美的」を「感性的」ととらえるならば、これはヘーゲルとかかわらず、それ以前に常識論である。ヘーゲルの取り柄は、ガキでないなら自らの欲望で生きるのでなく世の道徳や法律に従え、と「説教」するのでなく、精神が主体としてどのようにしてそのように成長するのかを客観的に把握しようとしたことにある。すなわち彼は感性的＝美的段階の頂点を性愛にみるが、その結果は出産と育児であり、そのため人は市民社会に、すなわち非情な掟の世界に参与せざるを得なく（müssen）なる、と言うのである。キルケゴールの場合、倫理への移行は感性的実存を成就するための自己否定というより、感性的実存の挫折による。あらゆる掟をなみして己の欲望に忠実ならんとするドン＝ジュアンを待つものは、幸福でなくむなしさであろう。それゆえ次の段階に移行しても、連続よりも対立が重い。いつ切られるかわからない派遣労働者の身では結婚など考えにくいのも事実だが、正社員となり三十五年ローンでマイホームを買ったとたんに単身赴任を命じられるのもありがちな話である。繰り返しになるが、そうならないようにすべきだ、というのはヘーゲル流の正論であるが、その思想を持ち出せばそうなっていない現実存在が解消されるわけではない、というのが「実存の哲学」の態度である。また「より高い段階」といっても「客観的」にでなく「主体的」にであるから、「俺はおとなになんかならねいやい」と青春している意識に対して、「なあに、そのうちわかるよ」としたり顔でつぶやくのは余計なお世話だということになる。

(十八) 実存的信仰

さて精神の第三の、そして最高の段階が「**宗教的実存**」である。ここでわかることが二つある。第一は、ヘーゲルでは哲学が精神の最高の形態であるが、キルケゴールでは宗教であることである。これはヘーゲルの合理主義に対して非合理主義に立っていることからくる。第二は、倫理と宗教の関係において、対立を重くみていることである。それは「客観的」にも真理であり得るが、そのことを多くの日本人はオウム真理教事件においてはじめて学んだ。つまり「宗教家ともあろう者がなぜ反社会的な行為をするのか」という疑問から、強い信仰を持つゆえにとてつもなく「反社会的」なこともなし得るということ、熱心な信者にとっては法律や道徳よりも教義や教主が優越するという認識に至った。信心深い人だから道徳的だろうというのは、信仰に身を入れている人はヘンな、あるいはアブナイ人だというのと同じく、不確かな思い込みに過ぎない。実はこの事件に劣らず宗教がとんでもない悪事を行ったことは日本でもあるのだが、それが国家の悪事と一体化して、あるいはそれを翼賛して行われたので、はっきり理解されなかっただけである。キリスト教では倫理と俗世との緊張関係ははじめから意識されていた。神はアブラハムにその子を殺すように命じ、彼は信者として従う。子殺しは寸前で中止されたが、それは彼でなく神の意志によるので、めでたしめでたしとは感じられない。西洋美術ではよくとりあげられる場面であるが、少なくとも私達日本人は、神の残酷さと父アブラハムの冷酷さとを感じていやな気分になる。またもしそれはアブラハムの信仰を試すためだと言われるなら、神は全知どころか、亭主の浮気を察知するそこいらの女房にも及ばぬぼんくらかと毒づきたくなる。実存的信仰は、こうしたいわば「良識人」的立場からの批判を、背負っていく。神の実在や宗教の意義が理性的に証明されないだけでなく、それは道徳の補完や完成といったものではない。それは「**おそれとおののき**」を通じた決断なのである。それはまた「**逆説**」でもある。なぜならまず実存的信仰の主体は「**単独者**」である。善人としてでも国民としてでも教会の一員としてでもなく、単なる一個人としての「私」の意志を優越させるからである。そして親として国民として隣人としての「私」を否定するかもしれない「神」を優越させるからである。キリスト教を信じる「国」や「家族」に生まれたから、あるいは教会の教えに従って信じるというのは、真の信仰とは無縁な、あるいはむしろその獅子身中の虫でさえあるというのが、キルケゴールの立場になる。

（七）現代への批判　このように考えるキルケゴールにとって、現代はよい時代ではない。以前をよりよかったとするかどうかはわからないが、少なくとも進歩しているとはみない。彼が最も批判の対象とするのは、人間の「平均化」である。「実存」とは本来「本質」に対する「現実存在」の意であり、「現実存在」とは頭で考えられた抽象的存在と違って、個別的・具体的・感性的な存在と考えられる。りんごの「存在」にしてもその「本質」に対してその「実存」を言うことはできるが、「実存」という語で多く示されるのは人間の現実存在のことである。というのはりんごにおいてより重要なのはその本質である。他と異なる一つのりんごが「現にある」ということよりも、それが「何であるのか」、つまり重さや成熟度やうまさはどうであるのかがより重要であり、それらが同じなら他のりんごと交換できる（どちらを買ってもかわらない）。しかるに人間においては、人間ならば、おとなならば、男ならば、誰でもいい、という側面よりも、まさにほかならぬ、かけがえのない個別者として現実存在するということのほうが重要だと考えられるわけだからである。ところが現代においては人間もこの実存としてよりも事物存在よろしくその「何であるか」が幅を利かせ、誰でもよい誰かになって平均化していると彼は指摘（この指摘はハイデガーによる「人」（das Man）の概念のもとになっている）し、批判する。これは実存主義が現代人の同感を得るゆえんの一つである。

しかしではなぜ現代においては「平均化」が起こるのか、それを実存主義は解明しないし、探求しようともしないようである。現代は「大衆社会」だから、と言ってもよいが、なぜそうなったのかはあいかわらず問われていない。また前近代は「大衆社会」ではなかったが、かといって「実存的」な時代であったとも考えられない。身分制や位階制で縛られ、「実存」どころではなかった。（「実存的人間」はどの時代にも例外者としてはいる。「非実存的人間」への批判は「現代への批判」ではない。）哲学は時代の子であるとヘーゲルは言い、キルケゴールも（おそらくその意に反して）その例外でない。彼の抗議は、一方では個人の自覚が高まり（その根底にはおそらく分業と専門化がある）、他方では平均化が進む（その根底にはおそらく大量生産と官僚制の進展がある）、そういう時代にして生まれたものである。

しかして夫子にはそのことはみえていない。

(八) 意義と弱点 キルケゴール的実存哲学は、現代に生きる人間が当然踏まえるべき哲学的出発点であるという性格を持っている。しかしそこには大きな弱点もある。第一にその反合理主義である。哲学が「学」であるべきだというヘーゲルのこだわりは、確かに継承する必要はない。「実存」は「学」によって包摂されるものではない。しかし現代人にとって、学問を拒否したり無視したりする生き方は正当化されない。「不当」でもそれが私の生きる道だと開き直る御仁には、「かっこいい」と仰ぐのでなく憫笑か唾棄かで対するべきである。理性と実存との「止揚」が求められるべきである。第二にその非社会性である。マルクスに言わせるならば、実存の尊重自体が社会的文脈において実現され得る。それをみないキルケゴールの実存は独り合点でしかないことになろう。伝統的キリスト教から言うならば、信仰には個としての意志が意味深いとしても、「二人または三人が私の名によって集まるところには、私もそのなかにいる」(マタイ:一八・二〇)という言葉を、彼は十分とらえていないことになろう。いずれにしても彼の思想では連帯が出てこない。

(九) フォイエルバッハの生涯 フォイエルバッハ(Ludwig A. Feuerbach, 1804-72)はドイツの哲学者である。父はベッカリーアに続いて罪刑法定主義を唱えた、高名な法学者であった。子はヘーゲル左派の哲学者として活躍した。宗教批判により大学を追われた。

(一〇) 物質論 ヘーゲルの観念論に反対して、**物質論**(Materialismus)の立場をとった。物質論とは、物質がそれ自体で存在する本源的存在であり、観念は特別な物質である人間によって生み出され、諸々の物質に依存する存在であることを主張する、哲学的立場である。その「証明は思考そのものから汲み出すことはできない」ということ（文献（6）五三頁）、「観念的なものから実在的なものへの移行はただ実践哲学においてだけその場所を持つ」（同一〇七頁）ということはきわめて正しい。

（一一）宗教批判　宗教への批判はすべての批判に先立つ。そしてそれはフランスでは既になされていた。それは宗教の「虚偽の本質」に対するものとしては徹底したものであったが、その「真実の本質」に対しては不十分であった。宗教が民衆の無知から生まれるという説明は古代からあり、また政治権力者が宗教を利用して民衆を精神的に支配するということはまさに当時のフランスで隠れもない事実ではあった。しかし宗教を「坊主のペテン」に還元することはできない。他方ドイツ観念論は、建前としては宗教を意義づけている。しかしカントは宗教を、政治や学問から、さらには道徳からも区別することによって、ヘーゲルは逆に宗教と世俗、神と人との区別を揺るがすことによって、宗教を不要にするのではないかと疑わせた。特にヘーゲルの（彼にあっては「外化」と明瞭な区別なく使われている）「疎外」の概念を用いて、フォイエルバッハは宗教の本質を解明した。AがBの「**疎外**」（Entfremdung）であるとはAがBから生み出されBの表れであるが、Bから自立化し逆にBを支配するようになることをいう。フォイエルバッハによれば、宗教は人間疎外である。

たとえばキリスト教をとりあげよう。人間が自らに似せて神の観念をつくったのであるが、この観念は自立化した存在、それ自体で存在するものとされるようになり、その「神」が自らに似せて人間を創ったとされ、人は神に従い、神に仕えるべきものとされる。これは転倒された考えであり疎外である。人間が自らに似せて神をつくったということは、人間が人間にとって神である（Homo homini deus est.）ということである。人と神は似ていないと言われるならば、では神が自らに似せて人を創ったという宗教観念はどう弁護するか。おそらく個々の人間でなく人間の原型ないし本質における類比のことだとも答えられよう。この論理ならフォイエルバッハにも有効であり、個々の人間でなく人間の本質の疎外が神であり、キリスト教の神とはいわば人間の理想像だとでも言えばわかりやすい。神と人とは共通性だけでなく異質性や対立もあり、キリスト教ではそれは人が罪を犯し神に背いたという観念にしている。これはすなわち人間の理想と現実とが異なり、あるいは人類と個人の利害とが調和していないことにほかならない。それでも神はこうした罪深い人間を救おうとし、自らの一人子を肉体を持った人の子として送り、彼等の罪を贖うために命を失わせた。これはすなわち、人間にとって正義以上に大切なもの、最高の価値は愛であり、その愛とは自らの命と引きかえても相手を救おうとすることであり、そこにあるのは自分と相手との同質性ないし同一性であるということである。私達はそうした愛の実践を行う者を天使のような○○とか仏の××とか言う。あにはからんやそうした人間そのものが本当の神仏なのであり、宗教で言う神や菩薩は、こうした人間（それを理想とか願望とか言ってもよいが、けっして非現実のものではない）を観念化し（独立した実在と変え）たものに過ぎない。イエスなりなんとか菩薩なりが自らの血と肉とを他者に与えるとは、私達はみな他者の犠牲において生きており私達が飲み食いするのは他者の血と汗の結晶であるという単純な真理を、もってまわって表現しているだけである。神が人間の疎外であるように神学の秘密は人間学であり、宗教の秘密は俗生活そのものである。

（一二）現実的人間学　観念論哲学は多かれ少なかれ思弁的な神学であった。しかしこうして宗教の本質が暴露されると、哲学の真の本質は現実的人間学であることがわかる。では人間の本質とは何か。自然の一部であり、生物の一種であり、身体を持った存在であるがまた精神を備えた存在でもある。精神の本質は、愛を中心とした豊かな感情性であり、理性的な思考力であり、道徳性を持った意志である。そしてそれらの調和であり、それが現実の三位一体である。これらの精神の威力は単独の個体には不可能であり、類的存在として可能になる能力である。現実的な愛とは、身体的であるとともに精神的な男女の愛であり、その結合がこどもを生むことにより家族が生成する。父と子、そして母性的原理である聖霊とが三位一体とされることは、婚約破棄する単独者たることが人間の本質ではないことであろうか。無論家族だけが人間の紐帯ではなく、理性による学問、意志による道徳もまた人間が類的存在たるゆえんである。しかし現実の人々はその本質において存在せず、自らを疎外している。すなわちこれらの本質諸力を、自らのものでなく神によって与えられ神のために用いるべきものと誤認し、神と宗教に支配されている。「異教徒」や「異端」とは、愛でなく敵対せざるを得なくなる。これを克服するためには、現実的人間学に裏付けられた宗教批判によってこの誤認から自己を解放し、真の自己認識を行うことによる。

（一三）ヘーゲル批判　フォイエルバッハはヘーゲルとは逆に、自然的・個体的・感性的な存在から出発して、精神的・類的・理性的なものに至ろうとする。そしてその際両者を対立させないところが大きな取り柄である。

（一四）意義と弱点　フォイエルバッハの思想史上の直接的意義は二つある。第一は、ヘーゲルの観念論を根本的に批判することによって、現代思想を開く一翼を担ったことである。第二は、宗教の本質を解明したことである。これらの「直接的」手柄だけでなく、彼の思想は現在の私達にとっての意義、「同時性」も持っている。それは第一に、「自然」を重視、すなわちそれを単に「利用」する（ユダヤ的・キリスト教的・観念論的）立場を批判し、それ自体としても価値を持ち人間にとって「観照＝鑑賞」の対象でもあることを主張したことで、**環境保護**の問題に導く思想である。第二にこれと結びついて、人間の中の「自然」である**感性**を重視、つまりやはり理性によって単に統制されるべきものとしてでなく、受動的＝受苦的＝情熱的（leidend）存在としての人間を正当に位置付ける思想である（愛の本質を「共苦」にみることに関しては、拙著『共感の思想史』（創風社）で詳しくとりあげた）。彼の思想は人間主義であり、自然主義である。leidend な存在を位置付けるということは、すべてを包括する「全体」が実体ではないということである。主体である「我」と、われにとって不可欠の他者である「汝」とが実体であるということである。ヘーゲル弁証法の根本的問題はそれが「量的」であるというようなことにではなく、それが結局は「単独者」的な実体＝主体の自己運動とされることにある。真の弁証法は孤独な思想家の外化―還帰の独白でなく我と汝の対話であるのだが（文献（6）九五頁）。「二人または三人が私の名によって集まっているところには、私、理性、真理がその中にいる」（同一三七頁）。人間は対象がなければ何物でもなく、対象の意識は人間の自己意識であり、対象は人間のあらわな本質であり、真実で客観的な自我である（文献（7）五二―五四頁）。ただしこれは形式面での話である。フォイエルバッハの「我と汝」はいささか内容に乏しい。これに対してヘーゲルにはどれだけ豊かな「我と汝」とが、また「彼や彼女やそれ」が登場し、活躍することであろうか。

宗教は疎外であることをフォイエルバッハは見破った。しかしなぜ疎外が起こるのかを解明しなかった。人間の本質の観念である神が、人間そのものや自然そのものから自立した「実在」とされる根底には、人間における現実と理想、個と類、自己と他者との対立があり、人間の悲惨が神を誕生させる（文献(6)六四頁）。より「低次の」宗教形態では神は、類としての人そのものだけでなく、人間にとって価値や威力を持つ存在とみられた自然――そこには政治的権力者や血族の祖とされる人間個体も含まれる――の本質の観念が実在化されたものであった。この場合、理性（学問）と意志（技術）の発達はこれらの宗教を解体する。電気学を学び避雷針を立てる国民は雷神を拝まない。しかし人間関係における対立は理解や愛の欠乏によって生じるのではなく、したがって相互理解や人類愛を説教することによってなくなるものではない。ところがここでフォイエルバッハは観念論に舞い戻る。疎外の事実を彼は、「ただ異常で不幸な場合にのみ、存在が本質から分離する」（同五六頁）といささかのんきな言明で済ませてしまう。

ヘーゲルは新しい哲学の旧約聖書である、とフォイエルバッハは言った。それは正しい。フォイエルバッハ自身が「真の福音」であるとするのは言いすぎであろうが、少なくともそれは現代の思想にとっては、「主の道を直くせよと荒れ野に叫ぶ者の声」ではあろう。

文献

（1）鈴木亨・田島節夫『実存主義』青木書店、一九五七年
（2）キェルケゴール『死に至る病』斎藤信治訳、岩波文庫、一九五七年
（3）同『不安の概念』斉藤信治訳、岩波文庫、一九五一年
（4）同『現代の批判　他一篇』枡田啓三郎訳、岩波文庫、一九八一年
（5）同『誘惑者の日記』飯島宗享訳、角川文庫、一九五五年
（6）フォイエルバッハ『将来の哲学の根本命題　他二篇』松村一人・和田楽訳、岩波文庫、一九六七年
（7）同『キリスト教の本質』（上・下）船山信一訳、岩波文庫、一九六五年
（8）エンゲルス『フォイエルバッハ論』大月書店（国民文庫）、一九七二年
（9）城塚登『フォイエルバッハ』勁草書房、一九五八年
（10）柴田隆行・河上睦子・石塚正英編『神の再読・自然の再読』理想社、一九九五年

20 マルクス

（一）人物　マルクス（Karl Marx, 1818–83）は協力者エンゲルス（Friedrich Engels, 1820–95）とともに**科学的社会主義**の創始者である。

ドイツ西部、モーゼル川沿いの町トリアに生まれた。父はユダヤ人から改宗した弁護士であった。ボン大学の法学部に進んだが、ベルリン大学に転じてヘーゲル哲学を学んだ。学位論文は『デモクリトスとエピクロスの哲学体系の差異』であった。物質論者である二人をとりあげたことと、決定論をとる前者に対し「自由」を認める後者をより評価したことに、後にもつながる彼の哲学傾向がみてとれる。その宗教批判と物質論が大きな影響を与えたフォイエルバッハが、しかし学界を追放される状況のなかで、マルクスも教職は諦めて新聞の編集者として働き始めた。現実との接触のなかでこの思想は発展し、政府の検閲から哲学的「自由」だけでなく法的な「言論の自由」を求め、また森林伐採の問題などから社会的「不自由」の根源に経済問題があることの認識を深めた。ここから彼は盟友となったエンゲルスとともに社会革命の実践に関わるようになった。『**共産党宣言**』（1848）はその理論的指針として書かれたものであり、めざされる共産主義社会を、「各人の自由な発展が万人の自由な発展の条件となる共同社会」と定式化している。出版直後に起こった三月革命に参加し、その敗北によってイギリスに亡命した。彼によれば、これからなされるべき革命は、思想家によるのでなく搾取され疎外された人民が行うものである。また市民階級（ブルジョワジー）が中心になり身分をなくした市民革命と異なり、労働者階級（プロレタリアート）が中心になって階級をなくすものである。現に労働者階級の革命運動は起きている。しかしそれは、農民一揆の職工版の暴動に過ぎなかったり、少人数の秘密結社による半ばテロ的な運動であったりした。これを乗り越えるには、運動に理論を与える必要があり、彼の後半生の最大の課題をこのことにあてた。『資本論』（第一巻（1867）、第二巻と第三巻はエンゲルスの編集で出された）が最も重要な成果である。またそのなかで、労働組合、労働者政党のような、階級闘争の担い手となる組織づくりに助力した。

（二）哲学の位置付け　マルクスは、いままでの哲学は世界をいろいろに解釈してきたが、肝心なのは解釈することでなく変革することであるとする（「フォイエルバッハに関するテーゼ」文献（2）一一三頁）。後に多くの人は「マルクス（主義）哲学」と言うようになったが、「哲学」を広義にとればよって彼の立場を「変革の哲学」と呼ぶこともできよう。ただし「それまでの哲学」にこだわるなら、彼の立場はむしろ「哲学」そのものを乗り越えるものであるとも言える。

「マルクス哲学」の出発点はヘーゲル哲学である。そして哲学は「学」であることをヘーゲルは強調する。この点で両者には連続性もあるが差異もある。（差異の面から、同じ Wissenschaft でもマルクスの場合は「科学」と訳す場合が多い。）ヘーゲルでの「学」へのこだわりはロマン主義に対抗する伝統的なものだが、マルクスでは十九世紀の「実証科学」との連続性が強い。また前者では理論活動こそ最大の価値という伝統思想と結びついているが、後者の動機は「空想的社会主義」では現実変革の力とならない、つまり「知は力」という近代思想（第10章のベーコンの項参照）の社会版であると言える。共通する問題点は、価値または規範についてである。「肝心なのは解釈でなく変革」という言説自体、科学（的に真偽を問えるもの）でなく価値（の表明）である。これに対して、マルクス哲学においては、価値は（「アプリオリに実在する客観」でもないが）思想家の主観ではなく人民の欲求という客観的なものである、と答えられるかもしれない。一応はそうであろうし、彼が共産主義は「めざされるべき理想」ではないと言う（『ドイツ・イデオロギー』）とき、そこには思想家が価値を押しつけることに対する否定という、まさに価値論的に意義ある思想がみられる。しかし「人民の欲求」をすべて是認するのか、という問題は残る。十九世紀半ばの労働者のように、文化的生存権はもとより衣食住さえ劣悪な状況では、まずそれが求められるべきだというのは人間的な（「哲学的」な、つまりひねくれたものでない）立場としては納得できよう。しかし「パンとサーカス」で大衆が堕落させられてしまうこともある（今もそうかもしれない）。人間はそんな卑しいものでない、と彼は思っていただろうが、その「人間観」は少なくとも科学で証明済みのものではない。まとめて言えば、マルクスが「科学的」であろうとしたのは、社会的現実からも社会思想からも根拠があり利点もあるが、広い視点からみれば哲学的には問題点も含むということである。その一つは、彼は実は「個人」を重んじているのだが、その「個人」は「人民」ないし労働者「階級」とは予定調和的でありすぎる（その「敵」との対立は単純化されすぎる）ことにある。ここに「個人」ならぬ「実存」を掲げた思想が、「（科）学」的であることをやめても、あるいはめざさないがゆえに、なおも「哲学」として（労働者をも含む）人々に訴えた理由がある。もう一つは、マルクスの思想が理論として整備されると、それに賛成しない者を、科学的に「理解していない者」「誤っている者」と単純に同一視する（価値観の違いと認めない）誤解を生みがちになる。さらにはその思想による勢力が政治権力を握り、価値観の「違い」と「対立」との区別をわきまえずに、自らの思想を「科学的真理」とするなら、同意しない者や反対する者に存在権を与えないことを正当化する論理に悪用される。無論これはマルクスの責任ではない。しかしこのような悪用がマルクスの名によって行われた（今も若干の国家では行われている）だけに、この問題点に留意することは無意義ではあるまい。

（三）**認識論**　マルクスにとって哲学はそれ自体が最高の価値である自己目的ではなく、現実世界を変えるための手段の一つであった。よって価値的に理論に対して実践が優位となるが、実践は理論に対して真理性を与えるものとしても位置付けられた。「人間の思考に対象的な真理が得られるかどうかという問題は〔…〕実践的な問題である。実践において人間は真理を、すなわち自らの思考の現実性と力とを〔…〕証明しなければならない。思考が現実的であるかどうかに関する論争は、この思考が実践から遊離していると、純粋にスコラ的な問題である」（文献（2）一一〇頁）。科学を範例とする理論としては当然の立場であり、科学革命がスコラ哲学を排したことと最後の文言は対応する。ただ近代科学が自然を対象とする理論に限定されていたのに対して、マルクスは人間社会にもこれをあてはめる。「人間」は単なる物欲で隷従を選ぶ（いわばエジプトの肉鍋を恋しがる）ような卑しい存在でないという彼の「人間観」は、科学的に証明済みでないと先に述べた。（むろん「そういう人々がいる」ことは証明不要の経験的事実である。）つまりこれが「真理」かどうかは、彼の言う共産主義が実現することによってはじめて「証明」されるわけである。なおここで、実践が真理の判定基準であると言われているのは、原理的にまたは究極的にはの話であり、「結果オーライ」的な狭い経験主義や主観的な実用主義とは区別される。また理論のための理論でなく、価値のための思想である点では実存主義とも重なるが、後者はその価値が主観主義的である。（「俗流マルクス主義」では一面的に客観主義的であるという逆の極論になる。）

(四) イデオロギー　「イデオロギー」という語ははじめは「観念学」という研究の分野と手法としてフランスの哲学者達によってつくられた。それが「机上の空論」、転倒した意識という意味での観念論というけなし言葉にかわり、マルクスも初期にはこの意味で用いたが、後には芸術・宗教・道徳などを意味するようになった。同じ意識の産物でも、マルクスはこれを科学とは区別した（『経済学批判』序説）。科学的認識は実践によって客観的世界の少なくとも近似的な反映としての真理をめざすものであった。イデオロギーは行動の指針として社会的な価値づけを与えるものであり、客体でなく主体のあり方による。つまり当人が、貴族であるとか、ポーランド人であるとか、イスラム教徒であるとかを示すものである。たとえば「貴族的意識」は真でも偽でもあり得ず、各々が好むか嫌うか、賛成か反対かが問われるものである。マルクス自身の精神的所産は、一部は科学であり（すべて科学的真理であるという意味でなく、科学的真偽が問い得るものという意味である）、一部はそれ自体がイデオロギーである。

（五）存在論　実践的に、人間は対象的世界の実在を日々に確証している。個人の主観だけでなく、およそ精神一般から独立した実在が、哲学的意味での「物質」であり、物質が本源的実在であるとする**物質論**（materialism、唯物論）に、マルクスは立つ。生命というのも、たんぱく質という物質の特別のあり方であり、精神というのも、人間という生物の活動のあり方である。物質なしの「生命」「精神」はなく、「絶対精神」や精神（霊）としての「神」は実在でなく、それ自体人間精神の産物である。

以上は物質論一般であり、マルクス以前からある。しかし彼は、人間は原子・分子の作用に「過ぎない」とする機械的物質論、個体と種の保存の本能に「過ぎない」とする生物学的物質論、精神作用も脳の分泌に「過ぎない」とする生理学的物質論には反対した。これらはたとえば十八世紀のフランス唯物論や、十九世紀前半のフォイエルバッハに、あるいは十九世紀後半の「俗流唯物論」に現れた（その後も科学のその時々の発達に対応して各種の還元主義が現れている）。マルクスはこれらの物質論の「主要な欠陥」が、対象、現実、感性がただ客体または直観という形式のもとでだけとらえられて、実践として主体的にとらえられていないことにあるとし、よって活動的な面は観念論によって展開されたとする（文献(2)一〇九頁）。この最後の文言で考えられているのはヘーゲルの弁証法である。彼はそれを物質論という土台で活用するので、彼の哲学を「**弁証法的物質論**」と呼ぶことは可能である。ヘーゲルが弁証法を確立できたのは、素材（論理学であれ、社会や歴史であれ、芸術であれ）を丹念に研究したことによるのだが、彼自身は観念論者として、独り歩きする「精神」の自己運動という転倒した意識を持っていた。よってマルクスにおいては、弁証法は出来合いの真理でなく有効な方法として用いられ、それ自体さらに鍛えられるべきものである（『資本論』第二版後書き、参照）。彼が弁証法自体について詳しくもはっきりも述べなかったのは、一つにはヘーゲルがある程度行っているからでもあるが、このためでもある。エンゲルスがある程度弁証法の「定式化」を行っている（『反デューリング論』その他）が、①概括的な試みであり、②確定した「真理」でなく、よって論証のためでなく、事柄に即した研究の導きの糸として役立てるものであり、③科学そのものの発展にしたがってさらに発展し得るものとして、とらえなければならない。

（六）人間論　人間は単なる物質でも単なる生物でもない。人間は自由意志を持った存在である。マルクスは一貫して人間の自由を追求している。しかしその自由は、観念論的な「魂」の活動としてでなく、物質的活動でもある労働においてみられる。労働は、他の動物の食物摂取と異なり、道具という媒介を用いる「合目的活動」であり、しかも他の動物が自らの個体や種族の直接の必要によってだけ巣作りなどの「生産」を行うのに対して、人間は自由に、「美」という基準に基づいても生産する（文献（1））。このような活動は人間の潜在能力（Potenz）の対象化であり、現実化であり、確証である。そして人間はこのような活動によって、自らの個性とまた自らの共同性とを、対象化＝現実化＝確証するのである（「ミル評注」）。

（七）社会観　マルクスによれば、人間は単なる物質でも単なる生物でもないが、身体を持たない人間や物質によらない生物はない、という物質論を彼は認める。だから人間はまず物質的生産によって生物的存在を確保しなければならず、思想や宗教、道徳などもその基礎の上に存在できる。ゆえに少なくとも社会全体としては経済が土台となる。経済において、人間と対象的自然との関係を示しているのが生産力である。これが少ないほど自然に支配されておりその意味で自由でないから、人間は生産力を上げようと努める。人間ははじめから群居的に暮らしており、生産における社会関係を示すのが生産関係である。ここで決定的なのは生産手段の所有関係である。原始社会の獲得経済では土地は私有になり得ず、また剰余生産物を生めない段階で人間そのものを奴隷とすることも無意味である。よって原始社会は階級のない平等な社会であった。しかし灌漑農業とともに生産手段としての土地が私有になり、貧富の差が生まれ、それは経済的支配関係に転化し、奴隷制が一般化するに至った。しかし奴隷制という生産関係は、生産力のさらなる発展には妨げとなり、農奴制へと発展することになった。同様なことは、農奴制に基づく封建社会にも起こり、そのなかで発展した市民階級（ブルジョワジー）は、ついに市民革命によって自分たちに都合のよい、資本主義社会をつくった。このようにマルクスは人間を社会的・歴史的に把握するが、それは一部の論者（アルチュセール、廣松渉など）が言うように人間の「本質」「本性」を否定したわけではない。マルクスは唯名論者や相対主義者でないのと同様構造主義者でもない。確かに人間「なるもの」それ自体が定在するわけではなく、「その現実態においては」社会的諸関係の総体である。「人間性一般」と「歴史的に変容された人間性」との、普遍・特殊の両面から考察されなければならない（『資本論』第一部第二二章）。そしてこの「変容」においても、本性の発達であるとともに疎外でもあるという両面から考察するのが、マルクスである。

（八）資本主義経済　資本主義という経済制度には次の特徴がある。

第一に、分業と、生産手段を含む私有の公認が前提とする市場経済を基本とする。市場とは交換関係であり（貨幣を媒介とする交換が売買である）、交換のために生産される財が商品である。交換では、当事者双方の自由意志と、交換物の等価性が前提となる。等価性が問題にされる以上は商品の価値が量的に示されなければならず、その商品を生産するのに社会的に必要な労働量で示したのがアダム・スミスであった。この古典派経済学の労働価値説をマルクスも継承する。そしていろいろな労働が（したがって労働者が）貴賤の質的差別なく、量的に等しい労働力の産物が等しい価値を持つということのなかに、市場経済を土台とする市民社会が、自由と平等を原理とする経済的土台がある。身分の上下に基づく封建社会では、経済外的強制によって財貨や労働力が「分配」されていた（貢納や賦役など）のとは異なる点であり、マルクスはこれを大きな進歩であると認める。この等価性とは交換価値のものであり、等価のものをなぜ交換するかというと使用価値が異なるからである。使用価値の点からすれば、交換は双方の個性と社会性とを実現する行為である。しかし（交換）価値の点からすれば、これは少しでも損をしたくないということであり、利己的である。なぜ利己的になるかと言えば、（「人間というもの」がそうだからではなく、市民社会においては）損をするのは自己責任であり、各人が「自己愛」を追求するのがよく、ひとの「仁愛」に期待して生きていくのは乞食だけである（アダム・スミス『諸国民の富』）という体制だからである。すなわち市民社会は、形式的自由と形式的平等を尊重するとともに、利己主義による罪悪の体系であるという、内在的矛盾を含んでいる。マルクスはこれを「自由・平等・所有・ベンサム」と定式化する（『資本論』第一部第四章）。

　第二に、資本主義では労働力が商品である。市民社会の出発点は原則として他人を雇わない小生産者の社会であった。しかし工場制手工業（マニュファクチャー）の出現は、生産力を飛躍させて商品経済を一般化しただけでなく、生産関係の転換ももたらした。雇う人である**資本家**と雇われる人である**労働者**とが、社会の二大階級になっていったのである。市民社会を土台とする資本主義は、奴隷制や農奴制と異なり、万人が法的（形式的）に自由で平等であるから、雇用も当事者間の自由な同意による契約行為である。その内容は労働力の売買であり、その価格が賃金である。商品の価値はそれを生産する社会的に必要な労働量によるから、賃金は、労働力を生み出すのに、つまり労働者が生活するのに社会的に必要な（衣食住などの）財貨の価値の総額、つまりほぼその生活費に該当する。これは等価交換であり市民社会の法的原則である。当事者の「自己愛」からは、生活費以下で労働力を提供するのは、法的に自由な労働者としては愚かなことである。資本家としても、労働者が雇われて働いてくれなければ始まらない。

　何が始まらないのか。資本家の「自己愛」は、労働者に生活を保障したり社会一般に必要な財貨を供給したりして道徳的満足を味わうことではない。確かにそのような結果はあり得るので、資本家や資本主義的思想家は時にそれによって資本家の有用性を主張することがある。しかし彼等の中でも正直な人々やまっとうな教科書は結果と目的を区別して、資本家の目的は労働者や社会一般の福利でなく自分の利潤を得ることであると認める。そしてそれを認めることこそが正当であり有用であるとするのが資本主義の第三の特徴である。では利潤はどのようにして得られるのか。それに対するマルクスの解答が**剰余価値学説**であり、「マルクス経済学」の核心をなすものである。労働力という商品は自らの価値を超える価値も生み出すのであり、この「剰余価値」を資本家が搾取しているというものである。『資本論』を読んで搾取の事実を知ったという者はいない。資本主義社会に生活していてその事実を認めないのは、理論水準が低い者ではなく、世間知らずの者か、それを認めたくない理由のために（自前のものであれ受け売りであれ）それを否認する「理論」に肩入れしている者かである。『資本論』は（搾取の生々しい実態の暴露もあるが）主題としては、資本主義における搾取の仕組みの理論的解明である。その理論がはたして、またどこまで妥当であるかは、今日も議論が続いている。市民は単に損をしたくないという意味で消極的に利己的であるが、資本家は利潤を得なければならないという意味で積極的に利己的である。しかもその利己性は、搾取という手段によっても、という意味で二重であり、さらに他の資本家よりもという性格によって三重である。なぜか。市民社会が競争原理によるからである。利潤を得なければ資本家であることはできない。そして資本家が現れ出すと、生産手段を持つ者も資本家でない独立生産者であることは難しい。競争に負けて労働者に、搾取される側に「転落」することが多いからである。他より多くの、つまり超過利潤を求めざるを得ないのも同様である。「人間というもの」についてはもとより一部の人々が欲張りだから資本家になるのではなく、資本家だから強欲にならざるを得ないのである。意識が存在を規定するのでない。ゆえにマルクスの理論は、彼等に欲張るなとか世のために働けとか説教するものではない。そうした観念論は、偽善的なガス抜きに終わるか（平日におおいに搾取した一部を祝日に寄付して社会貢献する資本家もいる）、負け犬の遠吠えと嘲られるか、健全で「活力ある」社会を破壊する危険思想と弾圧されるかである。

労働者はなぜ自由な契約によって搾取されるのか。生産手段を持たない者は、自分の労働力を売ること以外で、生活費を得ることは難しいからである。どの資本家とも契約せず搾取されない、つまり雇われないことも法的には自由であるが、それを放棄することを、彼が「生きる自由」を保つためにはこの社会体制に強いられている。

競争原理においては、独立生産者を資本家が駆逐していくように、中小資本家は大資本家によって「淘汰」されていく。大工業をよりどころとする産業資本は、科学と技術の力を用いて自然を大規模に収奪する。居住環境は劣悪になり、ついには地球規模の危機を招くが、利潤競争に追われる資本は、「わが亡き後に洪水は来たれ」にならざるを得ない。また人間的自然も破壊し、夜間・女性・こどもの労働を利潤本位で進める。

（九）賃労働における疎外と発達　労働者は自分が生み出した剰余生産物を自分のものにできない、すなわち搾取される。また労働は労働力を買った資本家がその利潤のために行われるのであるから、労働者が好む内容、やり方、時間空間でなく、命令された通りに働かなければならない。これは職人の労働とおおいに異なる。労働者にとって賃労働は自由や個性を発現する場ではない。労働とはそういうもの、つまり辛いものと思わせ、働くのは生活費を得るためとなるが、この「生活」とは消費生活のことであって、彼は最も人間的であるべき場において非人間的なあり方を強いられるのであり、商品生産の「人材」かつ商品の「消費者」に非人間化される。資本家にとって労働者は何よりも労働力商品という人材または「コスト」である。つまり安いほど、少ないほどよい。できるほど人員削減し、賃金を抑える。そこで労働者の側としては、「買ってもらう」ために、そしてなるべく高く買われるためには、同種の商品と、つまり労働者同士で競争せざるを得ない。よって人間的労働が持っている社会性は反転し、賃労働においては人々は互いに敵に、さもなければ自利のための「単なる手段」になる。また自分自身も「売り込む」ために商品化する。支払い能力がないと「信用」がない者という烙印で抹殺されるので、時には自らを偽造手形として信用を騙り取る。

商品は使用価値を持たなければならず、それをつくりだす具体的人間労働は、その限りで人間性の発現である。資本主義はより多くの、より多様な商品生産をもたらさなければ存続できないので、労働者はその生産能力だけでなく享受能力も発達させ得る。これは商品の交換をつくりだす抽象的人間労働が、労働者を一面化し道具化し、享受においても抽象的な「所有欲」に疎外するのと、内在的矛盾をなす。また資本主義は大工業をつくりださざるを得ず、これは共同占有と交通（Verkehr、人間関係）の高度化によって社会性を発達させる。そして職人が一人前になるのに七年とか十年とかの修行を必要としたのと変わり、多くの仕事がわずかの期間でできるようになり、こうして階級社会の根本原因の一つである分業を止揚するのに必要な全面発達が可能となる。しかしこの生産様式は当面は賃労働者にとって自分の労働をさらに疎遠な、自分が支配するのでなく支配されるものとし、意味を問わずに剰余価値を生み出すロボットとならせるか、本物のロボットに駆逐される。

（一〇）階級闘争　マルクスによれば、資本主義は労働者階級を増やさざるを得ず、また労働者の潜在能力を高めるとともに顕在的には疎外させるので、労資の**階級闘争**が激化する。階級社会における人間の本性と疎外との矛盾は、支配者と被支配者の政治闘争として発現する。ここに国家の起源と本質があるとマルクスは考える。すなわちそれは現にある支配体制（「秩序」）を、組織された暴力の後ろ盾で保つ政治制度である。それはヘーゲルが言うような国民内部の対立を調停するものでなく、それ自体が支配であり人間の自由を奪っている疎外である。よって経済的に資本家と争う労働者の解放は、国家によってでなく、現存の国家権力との闘いによって進む。その第一歩は、民主主義を発展させることである。①民主的法律によって労働時間を短縮させ、労働者が全面発達できる時間などを得る。②そのために普通選挙を実現するなど、政治制度をより民主化する。③民主的法制をしっかり施行するための、公正な公務員などと連帯する。——マルクスは、疎外の進行で革命は必然であるとしても、それが粗野なものか人間的なものかは労働者階級の発達によるとした。そしてこの「発達」は単に量的増加でなくこのような政治的訓練や文化的水準によるとし、『資本論』でも先述のイギリスの経験を特に重視した（同書初版「序文」）。労働者階級を中心とする**社会主義革命**の成功は、彼等の支配でなく階級の廃絶であり、支配そのものの廃絶である。人間は対人的関係では再び自由となり、ここでようやく人間社会の「前史」が終わる。革命そのものの内容は一面では、階級社会の法的土台である生産手段の私有を克服することである。しかし資本家階級がなくなり労働者「階級」でもなくなった勤労者が自ら経営し、社会を管理できるためには、「労働の転換」（Wechsel der Arbeit）を通じて分業（Teilung der Arbeit）を克服しなければならない。さもなければ「労働者」の、あるいはマルクスの名による新しい支配になるだけであろう。ちょうど人類愛の宗教が「神」の、あるいはイエスの名による民衆の支配に転じたように。

最初の社会主義革命は一八七一年のパリ・コミューンである。この蜂起にマルクスは賛成せず、実際短期間で滅ぼされ残虐な報復を受けた。が、立ち上がった労働者達に彼はできる限りの励ましを与え、また最終的勝利のための教訓を汲もうとした。たとえばコミューン「政府」では高官も労働者のふつうの給与を超えないことや、人民によって解任可能なことなどを評価したが、これは革命をめざす政府といえども官僚主義になりやすいことへの防御策として、確かに重要性を持っていた。

社会主義革命ははじめ市民革命と同様非合法的な実力によって政治権力を得ることと想定されていたが、『共産党宣言』が書かれたとき、普通選挙を行っている国はヨーロッパのどこにもなかったからである。マルクスはしかしパリ・コミューン以後は、少数の革命家の武力蜂起による革命の時代は終わり、多数者を得る陣地戦の時代に変わり、イギリスやアメリカでは平和的な革命が可能であると述べた。マルクス没後のエンゲルスはこの見地を推し進め、第三共和政確立後のフランスや「社会主義者鎮圧法」廃止後のドイツなども含め、政治的先進国では選挙を通じた政権獲得による革命をめざすべきであるとした。

（一一）共産主義社会　宗教は不幸な民衆にとってアヘンの役割をしており、その克服は、単なる理論的批判によっても、いわんや力による弾圧（それ自体自由の抑圧という大きな悪である）によってもなされ得ず、そのような逃げ場を必要とするような不幸な社会を変えることによってなされると考えた。また単なる宗教の自由では利己主義という悪は乗り越えられず(アメリカが実例)、利己的私人ないし「市民」であることと「公民」であることとを止揚する「人間的社会」が共産主義であるとした。

共産主義は、先行する社会の経済的・政治的・文化的な富を前提してだけ成立できるが、それだけにはじめはその母胎のしるしを一挙にはなくせない。経済的には、搾取がなくなってもはじめはむしろ労働に応じた報酬という等価交換、つまり損をしたくないという消極的利己主義の「平等」が原理となる。①経済的豊かさが保障されるという意味でも、しかしそれは自己目的ではないという意味でも、「人間性にふさわしい生産」(『資本論』第三部第四八章)が行われ、②一方で「楽しい労働」(『ゴータ綱領批判』)が、他方で必要物の供給がなされる社会的流通が科学的に整えられ、③優越や支配という疎外された価値観から人々が解放されたとき、はじめて市場経済も止揚され、貨幣という現世の神からも解放される。政治的には、やはり民主主義の徹底から始めなければならず、文化的平等にも支えられて全面発達が実現するとともに、官僚主義を含めた一切の「人の支配」がなくなり、国家は死滅する。戦争は無論、争いのない世の中にそのときなるという。

文献

(1) マルクス『経済学・哲学草稿』城塚登・田中吉六訳、岩波文庫、一九五七年
(2) マルクス/エンゲルス『ドイツ・イデオロギー』服部文男監訳、新日本出版社、一九九六年

(3) 同『共産党宣言・共産主義の諸原理』服部文男訳、新日本出版社、一九九八年
(4) マルクス『資本論』資本論刊行委員会訳、新日本新書、一九八二年
(5) エンゲルス『空想から科学へ』新日本出版社、一九九九年
(6) 同『フォイエルバッハ論』新日本出版社、一九九八年
(7) 同『家族・私有財産・国家の起源』新日本出版社、一九九九年
(8) 芝田進午『人間性と人格の理論』青木書店、一九六五年
(9) 同『現代民主主義と社会主義』青木書店、一九八一年
(10) 同『実践的唯物論の根本問題』青木書店、一九七八年

21　ニーチェ

（一）生涯　ニーチェ（Friedrich Nietzsche, 1844-1900）はプロイセンのレッケンで生まれた。父はルター派の牧師で、フリードリヒは長男である。二年後に妹エリーザベト（1846-1935）が生まれた。四九年、フリードリヒ五歳の時、父は脳軟化症で死去した。音楽好きの少年であったが、ボン大学に入学し、神学と古典文献学を専攻。六五年、ライプツィヒ大学に移り、古典文献学を専攻。このころショーペンハウアーの『意志と表象としての世界』を読み、感銘を受けた。六六年、二度徴兵検査を受けるが極度の近視のため不合格となった。なおイエナ大学病院精神科のカルテによればこの年梅毒に感染した。六七年、近眼鏡使用者でも兵役可能になったと知り、志願により砲兵連隊に入営し、翌年除隊。プロイセンにも戦争にも反対でなかったことがわかる。六八年、ワーグナーの音楽を聞き、強く傾倒し、面会し、以後交際が始まる。六九年、スイスのバーゼル大学の員外教授（古典文献学担当）として招かれる（七〇年、正教授）。同僚の歴史学者で、『イタリア・ルネッサンスの文化』（1860）の著者ブルクハルトとの交流が始まる。キリスト教的な（劣った）中世から（すぐれた）ギリシャ・ローマ文化が「復興」

した意義ある出来事としてルネッサンスを描いており、これはニーチェの歴史観とも共通する。七〇年、普仏戦争勃発。ニーチェはバーゼル大学の任命規約によってプロイセン国籍を離れて（スイス国民になって）いて従軍義務はなかったのだが敢て志願した。ここにも彼の戦争好きが表れている。看護兵とされたが病気でまもなく除隊。この戦争体験が彼の権力意志説の芽生えとなったことが、妹への手紙からうかがえる（文献（8）八四頁）。七二年『音楽の精神からする悲劇の誕生』出版。七六年、健康悪化により講義をやめる。オランダの音楽家に求婚して断られる。第一回バイロイト音楽祭に行き『ニーベルンゲンの指環』試演に出席するが失望。七八年『人間的な、あまりに人間的な』出版。これをワーグナーに贈ったのを最後に、二人の交際は終了。七九年、病気悪化により大学を退職。八二年、ルー・サロメに求婚し、断られる。サロメの件で妹と不和になる。八三―八五年、『ツァラトゥストラはこう語った』出版。八八年、『アンチ・クリスト』出版。『この人を見よ』執筆（一九〇八年限定出版、一一年公刊）。年末の書簡に精神錯乱の兆候。八九年、トリノの町中で昏倒。狂気の手紙をあちこちに出す。精神病院に入院。九〇年、病院より母のもとに引き取られる。九七年、母死去、妹が兄をワイマールに移して世話をし、遺稿を『力への意志』の題で出版した。一九〇〇年、肺炎により死去。なお昏倒前後の書簡に、「私が人間であるということは、一つの偏見です。〔…〕私はまた十字架にかかってしまったのだ〔…〕」（コージマ・ワーグナー宛）、「わが巨匠ピエトロに。わがために新しき歌を歌え。〔…〕十字架にかけられし者」（ペーター・ガスト宛）、などと記しており、小浜逸郎氏は「これは突然の精神錯乱などでは少しもなく、彼の思考過程の必然的な到達点を表しています」（『十三人の誤解された思想家』二〇〇頁）

と言う。

(二) 理性への反対 最後に理性を失ったニーチェは、はじめから理性に反対する思想家であった。ここで「理性」とは、客観的な認識能力、あるいは真偽を判断する能力とする。認識論的にニーチェが具体的に反対している対象としては、a 合理主義、b 形而上学、c 科学の三つに分節できる。「合理主義」は、人間に理性すなわち客観的認識能力があることを事実問題として認め、またこの能力を用いることを価値問題としてよいとする思想、と定義する。「形而上学」は、存在一般、あるいは世界の最も根本的な面に関する、経験によるのでない「純粋な」思考による体系的考察、と定義する。すると既にプラトンの哲学が形而上学であり、広義のプラトン主義すなわちプラトニズムはニーチェが敵対する「形而上学」とほぼ重なる。最後にここで単に「科学」と言うときには、経験的で実証的な近代科学をさすものとする。ニーチェは「科学」(たとえば生理学)に対して少なくとも一時期摂取しようともした。しかしそれは、彼が敵対する道徳や宗教をやっつけるために、科学知識や、科学が既成の価値観を排除して事実を認識する態度を利用しようとするものであって、科学が客観的認識であることを認めてはいない。また「形而上学」に関しては、事実問題に関する非科学的な思想体系であるという意味ではニーチェの思想も新たな形而上学とも言えるが、ふつうの形而上学は「学として」客観性や普遍性を志向していた、ということでは異なる。ここで重要なのは、この三つは彼にとって、また彼を評価する後の思想(ハイデガーやポストモダン派)にとって同類項扱いされるが、区別して考えるべきことである。関係性はなくはないが、ひとくくりにするのは粗雑である。彼等は形而上学の否定から一気呵成に合理主義や科学の否定までもっていく。それはいまおくとして、ニーチェに即してそれらの関係性を言えば、プラトニズムが「合理主義」の中核で、アリストテレスとその後の形而上学も広い意味でのこの流れを汲み、その近代版としてデカルトと（近代）科学ともある、というのが彼の中の思想地図なのであろう。近代科学にはそのような面（数学性や論理性の面）もあるが、経験的・実証的な面においてこれに対抗もするので、彼はこの後者を利用もする。しかし科学自体においては、後者が前者の「独り歩き」を抑え、全体としての科学は両者の相互補完的総合によるのだが、この科学そのものに対してはニーチェはやはり否定的である。

以上でニーチェにおける合理主義への反対が何であるかはわかった。①反対の仕方に関しては、先のａｂｃに共通するものとしての「客観的認識」を否定することによってである。②この反対に妥当性はない。①への答えによって、それ自体を彼が否定している客観的な正しさを「妥当性」の基準とすることはできない。彼がａｂｃを批判するのは価値的な否定であり、より彼に即して言えば感情的な罵倒に近い。よってこの問題はむしろ価値論に属することになり、彼の価値観が何を意味するのかというかたちで、③彼の批判の理由を考える、ということになる。

文献的な次元で言えば、③についてはニーチェが哲学的にはショーペンハウアーから出発していることが挙げられる。「世界は私の表象であり、意志である」は大雑把にはニーチェの哲学とも言える。そのうえで二つの観点から両者の違いを考えよう。一つは、「意志『と』表象としての世界」と言うときの「と」の意味合いである。ショーペンハウアーでは区別の面が強く、よって彼の哲学は二元論になる。

また表象と意志との関係では、意志のほうが実在に対応する。この際ニーチェでは意志の一元論になり、表象も意志による表象ととらえられる。またショーペンハウアーにおいて、意志は価値的には両義的である。救いをもたらすのは、「諦念」(Resignation)という一種の認識であるとともに、「意志の廃絶をめざす意志」でもあるからである。しかしニーチェはこれを退け、意志を積極的に称揚する。もう一つは、世界は「私の」表象であり意志であると言うときの「私」の意味合いである。ショーペンハウアーでは「私」といってもまずはカント的な意識一般に近く、さらにはむしろ個人的自我というのは錯誤とされ神秘主義的な忘我がめざされる。だが、ニーチェでは「この私」である。そこからだけだと独我論になりそうだが、ここでニーチェは異なる問題の立て方をする。もとより古代や中世の哲学のように、「存在論」を第一に立てるものでもない。「世界」を端的に「意志」によって説明しようとする彼の思想では、根本にあるものは価値論である。「『これこれのものはこうであると私は信ずる』という価値評価が、『真理』の本質にほかならない」(『力への意志』)。

(三) 価値論　ニーチェにおいて、価値評価の主体は何であり、その基準は何であるか。ショーペンハウアーにならって「世界は私の意志である」としても、ニーチェにおいてこの「私」(認識論的には主観、価値論的には主体)は普遍性でなく個別性に向かうものであった。この意味で彼の思想は**実存主義**に属すると言ってよい。よって普遍的な相対主義や懐疑主義には導かない。相対主義的ではあっても特権的な観点や立場を許すものとして、彼の立場を「遠近法(パースペクティヴ)主義」とも言える。「真理とは、それなくしては特定の種の生物が生きることができないかもしれないような種類の誤謬である。

生にとっての価値が結局は決定する」（『力への意志』）。価値評価の主体が「特定種の生物」であり、その基準が「生」であるが、ただし①「普遍性より個別性」はここでもあてはまる。すべてのウサギにとって価値は同じである、というより、ウサギにとっての価値はカエルにとってやクジラにとっての価値と違う、というのが言いたいことである。②この「種」の観念は厳密に生物学的というより比喩的である。ヒトという種のなかでも、ニーチェは複数の、しかも優劣を持ち位階秩序を持つ「人種」を認めるからである。「『こうであると私は信ずる』という価値評価が、『真理』の本質にほかならない」と言われたように、生物学的差異は普遍的価値を否定する際のダシに使われており、力点は評価主体の特殊性や個別性のほうである。よって単に「生存する」ことがすべてを「決定する」わけではないことがわかるが、彼が言いたいことはいわゆる精神的価値よりも生物学的価値のほうを重くみることである。「生きる」こと（das Leben）は、彼における価値の特権的審級の一つであり、彼を「**生の哲学**」（Lebensphilosophie）に所属させることは不当ではない。これを（たとえばユクスキュールのもののような）生物「学的」世界像とみてはならず、あくまでもそれ自体「私」ニーチェの価値評価なのだということが肝要である。ゆえに彼は、どんな真理が必要かは生物種によって異なる、と言う（これはそれ自体が生物学上の真理であるのでなく、その生物に必要な「誤謬」が「真理」なのだと言う（これは**実用主義**（pragmatism）という哲学的立場である）。

実用主義ということは、ニーチェの主張が真か偽かを問うことはできず、賛否や好悪が問題にされるということである（ラッセルの哲学史でもそのように扱っている）。つまりそれが「間違っている」ことを「証明する」ことなどはできないが、たとえばある人が（または「私」が）なぜ「反対か」または「嫌いか」を「説明する」ことは不可能でない。

ニーチェの実用主義についてまず言うべきことは、「真理」は価値の別名に過ぎないと「断言」（ヘーゲルが言う意味での Versicherung）はしているが、それを証明していないことである。まるで「真理」であるかのように言われることがそうあるべきだという「信念」でしかないことも確かにある。宗教や道徳についてはありがちだとさえ言えよう。通俗的なニーチェ・ファンが喜ぶのはこうしたところである。しかしそれが宗教や道徳の本質であると言うためには、こうした揚げ足取りではまったく足りないが、ニーチェが行うのはまっとうな学問的研究でなく「穿《うが》ち」による警句の連打に過ぎない。また2+2=4であるとか、水は水素と酸素とからなるという「真理」も、そう「信じる」という「価値評価」によるものなのだろうか。そうだと彼は断言、あるいは修辞的に示唆するのである。ところで「現象学」や「ポストモダン」などの「現代思想」はこの点でもニーチェを評価する。すなわち数学や科学においても「客観的認識」に否定的で、（「間主観」を含め）主観性を強調する。（「通俗的」でなく）思想がかったニーチェ・ファンが喜ぶのはこうしたところである。私はそれに反対であるが、その説明は現象学や科学論などそのものに立ち入らざるを得ないので省く。ここでは、二十世紀のニーチェ評価がこういう（よくない）側面を持つことの指摘と、少なくともニーチェ自身においてはこの思想を証明しようともしておらず、むしろ「決めつけ」て悦に入っているということとの指摘にとどめたい。

（四）理想への反対

ニーチェの認識論は合理主義への反対であるが、彼の価値論は理想主義への反対である。非理想主義を最広義の現実主義とすれば、そのなかで、現実にあるものはすべて価値があり、現実が変わればそれも現実として価値があるとする現実追随主義が、ニーチェが主張した価値論的自然主義（価値を事実に還元する立場）には整合的であろう。しかしニーチェはこれと異なり、反動的保守主義である。未来に理想をみないだけでなく、平等の進展のような現実の進歩にも敵対し、フランス革命以前やキリスト教以前を以後よりもよしとするからである。これは実は、理想主義を二元論的と非難する彼自身の主張と矛盾している。つまりすべての現実を現実であるがゆえに肯定するのでなく、よい・悪いを評価する彼の価値観があるのである。

　ニーチェは自らの価値評価の基準を「力」とする。西洋語における「力」はたいていの場合「強さ」という意味も持っている。つまり強いことはよいことである、弱いことは悪いことである、というのがニーチェの根本思想である。ここでまず問題になるのは、それをどう計るかである。物理学における「力」は明瞭に定義されて、原理的には正確に計れるが、生物においてはもうその「力」や「強さ」を計るのは不可能である。まして人間における「力」とは何か。ニーチェは「力（強さ）」をもちだして、精神的（道徳的・宗教的）な価値観を退けたいのであるが、それより体力なり経済力なりにおいてより大きいほうがより「価値が高い」と言うと、それ自体自然的事実を超えた精神的（道徳的・宗教的）な行為に入り込んでいる。知的反省なしにふるまう赤ちゃんは無意識の自然主義者でもあろう。ニーチェが「精神の三段の変化」で最後の姿を赤んぼにおくのを、私達東アジア人は、己の欲するところに従って則《のり》を超えない境地とみたくなるかもしれないが、「則」つまり客観的規範を否定するのがニーチェである。

したがってむしろ単なる駄々っ子が「力」を持ち「強い」事態を想定すると、独裁者の姿にほかならなくなる。なお彼の「力」はドイツ語の Macht であり、物理的な「力」を示す Kraft ではない。よって「権力への意志」とも訳される。それだと逆に限定されすぎる日本語になるので私は「力」としたが、政治権力も含む観念であることは確かである。彼は力を求める「支配者道徳」をよしとし、支配をなくそうとする思想を「奴隷道徳」として敵対する。

「永劫回帰」「運命愛」「あらゆる価値の価値転換」というニーチェの評語も、証明可能な事実認識や普遍性を持つ規範なのではなく、彼が好む価値としてだけ了解できる。「**永劫回帰**」が経験的事実でないことは明らかだが、ニーチェはなぜこの観念を気に入り、それに有頂天にさえなったのか。論理的には、進歩と復讐とを否定するからである。歴史的には、キリスト教以前のギリシャ・ローマにあった、宇宙や人間社会を循環するとみる神話に合うからである。「**運命愛**」も同様である。現状をすべて受け入れよ、進歩や革命を図るな、ということである。ニーチェは、強者が弱者を殴り倒しただけでは満足しない。倒れた弱者を何度も踏みつけ、再び立ち上がって立ち向かってこないように躍起になる。「**あらゆる価値の価値転換**」の了解にはひねり直しが必要である。「あらゆる価値」は「支配的な価値」の誇張表現と認めよう。そしてそのもとにニーチェの念頭にあるのはプラトン的理想主義と、「その大衆版」のキリスト教、そしてその近代版・現代版としての民主主義や社会主義である。だが実際は、前の二つは現実の価値として世の中を動かしたことはなく建前に過ぎないことがずっと多かったし、後の二つは当時のドイツでは力を増してきたとはいえ支配的とはとうてい言えない。ただこれら四者は彼にとっては「脅威」と映っており、「転換」あるいはむしろ阻止したかった。そう考えていたニーチェは「反時代的」な孤高の思想家でなく、当時の現実の支配者達の代弁者である。ビスマルクが理想主義を嘲笑して「鉄と血」、すなわち金の力と武力による政治を進めたことは中学生でも知る。また高校生なら、彼が「文化闘争」という名でキリスト教のなかでも「助け合い」的精神がより強いカトリックを圧迫したこと、そして「社会主義者鎮圧法」を制定したことも知る。ニーチェはビスマルクをあざ笑うようなことも書くが、価値観はぴったりなのである。ニーチェの「価値転換」は驚天動地の哲理などではなく、ビスマルクや、彼を英雄としてかついでいくビール腹のドイツの地主貴族やブルジョワの本音に過ぎない。これを「誤解」「曲解」とするかもしれないニーチェ・ファンのために、彼自身の言葉を少しだけ引こう。「現代性を阻止するのに最も効果あるもの、すなわち1 現実の戦争を伴う国民皆兵」。「私は、ヨーロッパの軍国主義の発達を〔…〕喜ぶ。個性的男性的、肉体的な有能性が再び価値を得、評価はより肉体的となる」(『力への意志』)。

(五) キリスト教への反対　伝統的ニーチェ・ファンにとっては、ニーチェの第一の取り柄はキリスト教批判であり、ニーチェと言えば「**神は死んだ**」である。しかしキリスト教の批判は何もニーチェがはじめてではない。たとえばフォイエルバッハがいるが、ニーチェのキリスト教批判はこれとだいぶ違う。むしろ正反対であるとさえ言える。

まずフォイエルバッハは宗教を人間性の疎外として批判するヒューマニズムの立場からの批判であるのに対し、ニーチェはヒューマニズムに反対する立場から、神をなくした現代人は、究極の価値がなくなるという**虚無主義**（Nihilismus）に至っているというむしろ神学的論理に乗っかっている。そしてそれを克服する道として、むしろ自己神格化であり、人間性の疎外の極点である「**超人**」（Übermensch）を理想とするのである。自伝に『この人を見よ』と題し、しかも原語「エッケ・ホモ」はキリストに対して言われた言葉である。救世主を気取った著者は、「なぜ私はこんなに賢いのか」「なぜ私はこんなによい本を書くのか」「なぜ私は一個の運命であるのか」などを見出しにしており、哲学より精神病理学の対象ではないかと思わせる。

彼がキリスト教を批判するのはそれが人間的な面を持つからであり、まさにそれが同情を重んじることに向けられる。「およそ罪悪より有害なものは何か？――すべて出来損ない的人間と弱者に対する同情的行為――キリスト教」（『アンチ・クリスト』二：文献（4））。キリスト教は弱者の宗教と言える。少なくとも成立期の信者が、身体的・経済的・政治的な意味での弱者が中心であったとは言えよう。しかし弱者を助けるのはもとより、いたわったり思いやったりすることも「有害」であるとするのは価値判断であり、ニーチェの「好み」である。彼にとっては弱者は「滅亡せしめよ」であり、その「滅亡に手を貸してやらねばならぬ」とさえ言う（同所）。ショーペンハウアーのキリスト教批判はその最善観（Optimismus、楽天主義）批判が軸であり、彼自身の最悪観（Pessimismus、悲観主義）はニーチェが継ぐものである。この最善観とは、わかりやすく言えば「最後に正義は勝つ」というような思想であり、ショーペンハウアーはこれを「ユダヤ的」原理とも言う。悪が勝つという「悲劇」の原理こそが真理なのであり、その認識＝諦念によってこそ救済があるとするのである。これに強い影響を受けたニーチェの『悲劇の誕生』では、この「悲劇」の源を、プロメテウスの反逆＝悪を肯定するギリシャ神話にみ、アダムの反抗＝悪を罪として否定するユダヤ―キリスト教神話に対置している。彼はこうしたキリスト教的思想を、弱者の恨み（**ルサンチマン**）とする。すなわちこの世の弱者や敗者こそがあの世で救われるのだという「どんでん返し」狙いであると言うのである。確かにそのような信者の存在はあろう。使徒ヤコブとヨハネの母でさえそうであった。しかしイエス自身はその思想を否定している。「異邦人の間では支配者たちが民を支配し、偉い人たちが権力をふるっている。しかしあなたがたの間では、そうであってはならない。あなたがたのなかで偉くなりたい者は、皆に仕える者になり、いちばん上になりたい者は、皆の僕になりなさい。人の子が、仕えられるためでなく仕えるために、また多くの人の身代金として自分の命を捧げるために来たのと同じように」。このようなイエスや、それに従った信徒等（むろんキリスト教徒以外にもこのように生きた人々は数多く存在する）も、偽善であるとする。しかし論証はなく、彼はキリスト教徒をルサンチマンによって「説明」しているのでなく、そう「決めつけ」ているに過ぎない。そして彼はその「決めつけ」で彼等を非難するが、それは「どんでん返し」で支配や権力を得ようとするからではない。そうした「力への意志」は普遍的とする彼が、無欲や清貧を説くなら自己矛盾であろう。論点は、キリスト教徒が自らの本音を自覚または公言せず、「真理」「正義」として示すことが偽善であり退廃であるというのが、ニーチェの言い分なのである。しかしこれが決めつけに過ぎない以上、彼の「ルサンチマン論」はキリスト教の側よりも彼の側から説明されよう。すなわち彼は、支配や権力を欲しがらないということが考えられない人間なのであり、よってそうしたものがない世の中を志す者は詐欺師としか思えないのである、と。キリスト教徒が「神の国」をめざすほどではないにしても、ソクラテス以来の哲学者も、それぞれ理想を命がけで求めてきた。私としても、金や地位が欲しくないとは言わないが、それより大事なものを優先してきたつもりではある。そしてそういうものを欲しくない人々がいることはまったく疑わない。しかし、北大路魯山人が「有名になりたくないとか、金がほしくないというような人は、偽善者」という「不動の信念」があったと言われる（鶴見俊輔『柳宗悦』二〇四頁）ように、そのようにしか考えられない人もいるようなのである。

ここから三つのことがわかる。第一に、ニーチェ自身がキリスト教を「大衆版のプラトン主義」と言うように、現実否定という共通性があり、まさにこの点で強者＝勝者の立場としての現実主義者であるニーチェがそれらを嫌うということである。第二に、この意味での「キリスト教」は当然ユダヤ教も含まれるということである。確かに、ニーチェは師ショーペンハウアーやワーグナーと違って「反ユダヤ主義」そのものは明言せず、むしろその運動は嫌った。しかし彼がユダヤ人に全体として好意的であったとは思えない。「ユダヤ人とともに道徳における奴隷一揆は始まる」（『道徳の系譜』I―七以下）と言うように、大きな枠組みとしては否定的にみているのではないか。第三にこれも比較対象としてショーペンハウアーを考えると、彼は実は「同情」を高く評価しており、ここからキリスト教も部分的には（特に神秘主義的なものを）評価する。これは彼の哲学のすぐれた点なのだが、ニーチェはこれは捨て去りむしろ否定し、彼の哲学の悪い点を継承したのである。

（六）平等への反対

ニーチェは人を価値づける「第一の基準」として、人間観の「位階、等級、順序を見ているかどうか、差別をすることを知っているかどうか」であるとし、それを知る者が「貴族」、知らなければ「賤民」とする。これは比喩的、精神的な意味で言っているのではない。「ヨーロッパではキリスト教とともにはじまり」「普通選挙に、言い換えれば低級な人間の支配に有利なように働いている」とはっきりと現実の民主主義を敵視して、「大衆に対する高級な人間の宣戦布告こそ必要である」と叫んでいる。そのニーチェを擁護すべきなのか。

第一に、「大衆社会の弊害」という観点からの擁護論に、その意図は認めるとしても、それは普通選挙に代表される民主主義の否定を伴わざるを得ないのか。第二に、主体性を重んじる実存主義の思想という観点からの擁護論も、その意図は了とできるが、それはニーチェが、安定した日常生活や親密な人間関係を求める民衆を「末人」（der letzte Mensch、おしまいの人間）と蔑視することを、必然とするであろうか。むしろまさに切実な生活実感のなかから、穏やかでふつうの暮らしこそが最高のものであると感得することもある。ニーチェ擁護論者のほうが、価値あるものは稀であるというような貴族意識に、没主体的に酔っているのではなかろうか。第三に、「個性」を殺す「平均性」や「悪平等」への批判という観点からの擁護論があろう。①事実問題として、前近代より近代のほうが「個性」に肯定的であり、また十九世紀以降「個性」を殺している力は民主主義でなく産業革命以降の資本主義である。しかしニーチェは資本主義は批判しない。②a 少なくとも普通選挙のような民主主義は「悪平等」ではない。b ニーチェはそもそも平等一般に反対であり、「悪平等」論からのニーチェ擁護は成り立たない。③「個性」尊重は平等と矛盾せずむしろ一致する。ニーチェが求めているのは個性や多様性でなく、上下の「位階秩序」である。

ニーチェは男女平等にも反対する。「女を治療する」ことは子供を産ませることであり、「女性解放」は、出産の力を失った「すなわち一人前になれなかった女」の子持ちの女性に対する憎悪であると言う。女性の高等教育や参政権に反対し、男女同権を「病気の兆候」とする（文献(5)八九頁）。女のところに行くときは鞭を持って行け、と言う（文献(2)上一一二頁）。女は強い男に支配されることを欲している、と考えているのである。

いわんやニーチェは障害者の抹殺を公言する。（自分が生ませた?・）障害児を抱く男に対して「聖者」は殺せと言いこどもをつくるなと命ずる。失望して文句を言う男に、「聖者」は、「その子をこのまま生かせておくほうがもっと残酷」だと答える（『楽しい知識』）。この箇所を引用した精神医学史研究者の小俣和一郎氏は、「ナチスによってのちに実現されることになる障害者大量『安楽死』の思想的背景には、このようなニーチェ思想や社会ダーウィニズムの考え方が存在していた」こと、精神病を発症した「彼がナチスの時代に生きていたとすれば、皮肉にも彼自身が『安楽死』の犠牲者になっていた」ことを指摘している（『精神医学とナチズム—裁かれるユング、ハイデガー』講談社現代新書）。

（七）暴力に賛成　「力」の信者ニーチェは、むき出しの暴力を礼賛する。「生そのものは本質上、他者や弱者をわがものにすることであり、侵害することであり、圧迫することであり、抑圧・峻酷であり〔…〕搾取である」。彼が賛美する「金髪の野獣」は、「殺人、放火、凌辱、拷問」にも「昂然」とする。彼は毒殺者としてボルジアを賞賛し、そのような暴力も正当化する性悪説の思想家としてマキャベリを

（政治学の創始者や隠れ共和派としてでなく）評価する。同時代では、ロシア皇帝の暗殺に喝采するが、それは抑圧的な帝政への批判からでなく、（普通選挙要求のような女々しい運動でなく雄々しくも）テロという手段に訴えたことによる（川原栄峰『ニヒリズム』講談社現代新書、九三頁以下、参照）。弱者への差別、攻撃とこのような暴力の礼賛は、最悪の思想である。

ファシズムの創始者ムッソリーニはニーチェの愛読者であった。ヒトラーも政権をとるとニーチェ記念館を支援し、ニーチェはナチス時代の国定思想家的な存在であった。これは彼等の「悪用」であり彼自身の責任でないとしても（私はそうは考えないが）、差別や暴力の礼賛だけでも彼を最悪の思想家とみなすのに十分である。ニーチェの専門家や祖述者の中には、そういう面も含めて彼を評価する反動的な「文化人」、こうした面があることにはまったくふれずに多くの現代人にうけそうなところだけの紹介で「偉人」の価値保存に手を貸す者、さらにはアクロバティックな「解釈」で、彼を進歩的思想家に仕立て上げようとする者などがいる。そのような人々も責任を問われないであろうか。

文献

（1）ニーチェ『悲劇の誕生』西尾幹二訳、中公文庫、一九七四年
（2）同『ツァラトゥストラはこう言った』（上・下）氷上英廣訳、岩波文庫、一九六七年、一九七〇年
（3）同『偶像の黄昏』阿部六郎・竹山道雄・氷上英廣訳、新潮文庫、一九五八年
（4）同『善悪の彼岸』木場深定訳、岩波文庫、一九七〇年
（5）同『この人を見よ』手塚富雄訳、岩波文庫、一九六九年

(6)『世界の大思想Ⅱ―9 ニーチェ〈権力への意志〉』原佑訳、河出書房、一九六七年
(7) 工藤綏夫『人と思想22 ニーチェ』清水書院、一九六七年
(8) ルカーチ『理性の破壊』(上・下)河出書房、一九五六年
(9) フェリー/ルノー『反ニーチェ』遠藤文彦訳、法政大学出版局、一九九五年
(10) 仲島陽一「ニーチェの同情批判について」『国際地域学研究』第一〇号、東洋大学国際地域学部、二〇〇七年

22　フッサールとハイデガー

（一）大きな影響　二十世紀のドイツで活動したフッサールとハイデガーの哲学は、大きな影響を与え続けている。両者に共通する特徴は、近代合理主義と科学的な人生観とへの反対である。

（二）フッサールの生涯　フッサール（Edmund Husserl, 1859-1938）はオーストリア（現在はチェコ）のプロスチェフ）に生まれた。ユダヤ系の出身だが一八八六年に福音派キリスト教の洗礼を受けた。はじめ数学に志したが、ウィーン大学でブレンターノの講義を聴き哲学に転じた。一八八七年ハレ大学私講師、一九〇一年ゲッチンゲン大学助教授、〇六年同教授、一六年フライブルク大学教授を務め、二八年引退。研究を続けつつ、同地で七十九歳で没した。著作には『算術の哲学』（I, 1891）、『論理学研究』（I, 1900; II, 1901）、「厳密な学としての哲学」（1911）、『イデーン』（I, 1913）、「デカルト的省察」（1931）、『ヨーロッパの学問の危機と先験的現象学』（1936、未完）などがある。ユダヤ系のためヒトラー政権（一九三三―四五年）下では著書の刊行、論文の発表、講演は禁止された。

（三）厳密な学としての哲学　フッサールは哲学が「厳密な学」であることを求める。これによれば「プラトン哲学」とか「ヘーゲル哲学」のような個人名を冠した複数の哲学があるべきではなく、ただ一つの哲学があるべきことになる。彼がそれを求めたのは、もともと数学に志し、数学や論理学の「基礎づけ」を哲学に求めようとしたからであろう。だが数学や論理学の真理の根拠がアプリオリな認識形式にあるという彼の（多くの哲学者に共通する）前提は間違いである。それらは一部は自然そのものの性質の反映であり（ルザービン『数学論』参照）、一部は人間の思考の（発達する）構造に依存する（ピアジェの諸研究を参照）。また彼の誤った試みの根底の一つには、数学や論理学の原則が絶対的な必然性を持っているという（プラトン以来観念論が多く共有している）間違った想定がある。フッサールの意味での「厳密な」学問は不可能である。

（四）意識から外に出ない現象学　フッサールによれば、「厳密な学としての哲学」の出発点は、絶対に無前提の経験であることになり、これは個人の意識体験ということになる。彼はこれを「事柄そのものへ！」（Zu dem Sache selbst!）という標語にし（世間の言葉遣いとは逆である）、ここに出発するこの「哲学」を現象学（Phänomenologie）と名付けた。つまり彼の言う「事柄そのもの」とは客観的な事柄そのものではなく、主観的な意識体験のことであり、この「現象学」はヘーゲルのそれとは別物である。私達はある種の対象は客観的に存在していると素朴に思い込んでいる（「自然的態度」）が、現象学では、こうした客観的実在性については判断停止し、対象はあくまでも意識活動（ノエシス）に相関する意識内容（ノエマ）として扱わなければならない。この「判断停止」は客観的実在性の否定ではなく方法的なものである。この「素朴」な意識の前提を中断することは確かに哲学の方法として理解できる（デカルトも行った）。そしてまた、この認識内容が単に認識主体にそう思われているだけの主観的なものなのか、それとも客観性を持つものなのかを判別することが、まさに科学の主眼でもある。（この意味で科学は――フッサールはそう思っているようだが――「自然的態度」の延長上にあるものではない。）しかし現象学はそこには最後まで赴かず、この「判断停止」は一時的なものでなく最終的なものである。だから「厳密な学問」であるという現象学は科学ではなく科学の方法論でもない。それでもフッサールは科学を否定するものではなく、むしろ科学の基礎づけだと言うが、科学はそのような「基礎」は必要としていない。

（五）本質直観　現象学の（直接の）対象は（具体的・個別的な）意識である。フッサールは（ある事柄の意識からその事柄の）本質を「直観」によって得ることを次に求める。（諸々の）現象から（それらの）本質に進むのは学問に共通する過程であるが、それは直観によってではなく、帰納・演繹・分析・総合といった方法による。ところがフッサールは直観は個別的事物しか与えないというのは「経験主義的な偏見」だと主張し、範例として数学の公理などを挙げる。しかし公理が直観的に本質を示すというのは誤りであり、私達は（一方では）それを諸々の経験可能な具体例にあてはめたり、（他方では）他の公理などとの無矛盾性を確認したりして、その普遍的妥当性を確認するのである。フッサールの永遠の「判断停止」が無意味であるように、その「本質直観」は誤謬である。フッサールは「学問」にこだわっているが、それが客観的認識としての科学とは異なることは既に述べた。ではそれは現象学が「本質学」であろうとすることにあるのか。しかし直観によって本質をとらえることは不可能である。それゆえこの意味でも彼の哲学が学問であることはできない。

（六）経験科学批判　フッサールの「一貫したモチーフ」は「実証主義的風潮に対する批判である」（文献（7）一七頁）。数学や論理学の原則を経験的に導くことに彼が反対して持ち出す理由は、そうするとこれらの原則が「必然性」を持たなくなり、その立場自体が学問的でなくなり、懐疑に陥るからという。しかし彼の言う「必然性」にあらずんば非真理の懐疑論というのは無理にこしらえた二者択一である。蓋然的な真理も、（絶対的ではないが）いままでの経験からする必然性もある。学問は何かアプリオリで無前提な「真理」から始まるのでなく、誤りも含んだ感性的な直観からたえず高度な普遍性や客観性に向かう認識の発展過程である。そう言うと、フッサールは今度はそれは悪しき歴史主義でやはり相対主義と懐疑論に陥ると言う。彼はここでヘーゲルも念頭におくが、ヘーゲルを理解していない。単なる変化でなく「発展」があるということは、各時代に相対性があるだけでなく、（いわば相対的な）絶対性がそこに貫かれていることが示されている。経験に依拠し発展するものとしての学問をフッサールが「懐疑論」「相対主義」と非難するのは、無理解によるか、詭弁かである。（現に経験科学はそうなっていない。）したがってその裏返しとしての「現象学」の必要性や有用性の主張も説得力を持たない。

（七）「生活世界」の現象学　後期のフッサールは、「自然的態度」を単純に判断停止するのではなく、むしろこの自然的態度によって体験される世界を「**生活世界**」として、位置付けていくことになる。後期フッサールに依拠するメルロ＝ポンティはこれを評価して「真の哲学とは、世界を見ることを学び直すこと」だと言う。「自然的態度」では、地球は不動で太陽はその回りを巡っている。科学によって私達は、しかし客観的には地球のほうが太陽の回りを動いているのだと学ぶ。（この学習は、たとえばジェット機やロケットを遠くまで飛ばす際に有用であろう。）そこに現象学者が来て、そうした「客観的」知識を得る前には実は人間は天動説を信じていたのだと親切にも教え直してくれることは、はたして何の役に立つのであろうか。

（八）歴史哲学　晩年のフッサールはいまや諸学が危機に陥ったと言う。プラトン以来の「ヨーロッパ的学問」の理想は、それ以上溯れない絶対的な洞察である第一原理によってすべての認識を理性的に根拠づけることであったと言う。本当にそうであったのか。たとえばアリストテレスもそうだと言えるのか。近代科学（ガリレオが典型）はこの「理想」を放棄した。それはその通りである。しかしこのような不可能でむしろそれ自体不合理な「理想」を放棄したことは、進歩であって「危機」ではない。また近代科学が「事実」の問題に対象を限定し「価値」を扱わなくなったというのも、フッサールの言う通りである。認識内容の（認識動機のではないが）没価値性はまさに科学の条件であり、これを嘆くフッサールは科学が成立する以前の「哲学」が望ましいというのであろうか。しかしそれなら（学問から追放された）「価値」はどうなるのだ、と反問されるかもしれない。何ということだろう。無学な人にも良心はあり、学問によってはじめて善悪が「根拠づけられる」などと言うのは、学者の思い上がりも甚だしいものであることを、カントも力説しなかったのか。経験科学にも問題点はあり、その全面賛美がよいわけではないが、フッサールの問題意識はまったくはずれている。

（九）フッサールの評価　フッサールは今日でもおおいに評価されているが、「厳密な学」とか「諸学の基礎づけ」という彼の本来の課題はあまり重視されているようではない。これはこのもくろみが無理であったことを示しているのではなかろうか。むしろ現象学が注目されてきた分野は、いまのところ客観的な研究が及びにくい分野、すなわち羞恥心や罪責感や不安や吐き気や「いき（粋）」や美意識や感官または脳に障害を受けた者の知覚や心の病や教育やといった、複雑な意識現象に多い。しかしこれらの分野においても､地道な科学的な研究が続けられていることが軽視されてはならない。サルトルが「このカクテルについて語る哲学」としての現象学に魅惑された話はよく知られているが、その意味はあまりはっきりしない。現象学が語れるのは「彼が触れるがままの」「このカクテル」ではなく、それについての意識であるから、文字通りに解釈すればこれは誤解である。好意的に解釈すればここでサルトルが求めているのは、主知主義的哲学の原理論・抽象論でなく、個別的具体的な対象について語ることであり、しかもそれが単に経験的な日常会話や文芸でもなく「学」でもあるという事態であろうか。こうしてみると現象学は、現実的な人間の意識体験をとりあげ、そしてそれを科学的な方法で考察することからそらし、しかし自らをある種の（あるいはすぐれた）「学」であると唱えて意義づけることに役立ってきた、と言えそうである。現象学がイデオロギーや世界観に「中立的である」という主張（文献(1)四一頁）には賛成できない。フッサールは物質論は（それが自然的または自然主義的態度に属するという不正確な断定で）明瞭に退け、はっきり観念論を示すところ（たとえば文献(3)七七頁）もある。人生は短い。私達は現象学に関わることで時間を無駄にすべきではないであろう。

（一〇）ハイデガーの生涯　ハイデガー（Martin Heidegger, 1889–1976）は、ドイツ西南部の町メスキルヒに生まれた。父は教会の堂守り兼樽作り頭で、おそらく宗教的—保守的な心情を持ち、また機械技術による産業化には希望よりも没落の不安を抱いていたのではあるまいか。ブレンターノの著作により哲学に関心を持つ。高校卒業後イエズス会の修練士になったが病弱のためすぐに除籍され、一九〇九年、フライブルク大学神学部に入学、二年後に哲学部に転部、一三年に卒業。キルケゴールやニーチェの影響を受ける。一五年、同大学私講師。一六年、フッサールが同大学に着任したのに伴いその指導を受ける。二三年、マールブルク大学教授。二七年『存在と時間』(Sein und Zeit)を発表、大きな反響を呼ぶ。二八年、フライブルク大学教授。三三年、フライブルク大学総長に就任(三四年辞職)し、ナチスに入党。恩師フッサールに研究室への立ち入りを禁止した。就任記念講演「ドイツ的大学の自己主張」で、学問とともに、勤労奉仕と兵役の義務を説き、大学の自治に替えて「指導者原理」(民主主義を否定しヒトラーへの服従を要求するナチス運動の原理)を説いた。秋には選挙演説でもヒトラーへの投票を呼びかけ、三五年の「形而上学入門」では「この運動の内的真理と偉大さ」が深遠に説かれた(ハイデガーとナチスの関わりについて、文献(8)一六七頁以下：文献(9)二八—三二頁：文献(10)一二—一七頁、第七章)。四五年、占領軍により教職禁止となるが、その後も精力的に講演や執筆を行い、ドイツのアカデミズムでの人気を保持した。彼の「一九三三年から三四年にかけての態度や発言は、たしかに胸のむかつくようなものではあるが、まだ扱いうるものだ。なんとしても耐えがたく許しがたいのは、〔戦後〕一九四五年以降におけるハイデガーのヒトラー主義および大量虐殺についての完全な沈黙である」(文献(8)一七七頁)。八十六歳、フライブルクで没。

（一一）ハイデガーの存在論（1）　ハイデガーはまず「存在」（存在すること）と「存在者」（存在するもの）との区別を求める。それは一応は認めてよかろう。そして「存在の意味」を探求しようとする。これは常識的には馬鹿げている。「意味」があるのは人間の意志的な言動と制作物だけ（「毎度ばかばかしいお笑いを」はこれから落語を演ずるという「意味」、生命保険には遺族の支出に備えるという「意味」がある）で、「存在」には「意味」がないからである。「存在」の「意味」を知るには、それを既に漠然と「了解している」人間という存在者（彼は「現存在」(Dasein) という）が手掛かりになるという。ここにはすりかえがある。人間が「存在」を「了解」しているというのは、「存在」という言葉の意味を了解しているということであり、両者は同じではない。（ソクラテスの死の「意味」と「ソクラテスの死」という言葉の意味とは同じではない。）このすりかえは、ハイデガーが客観的な方法を排し（ここに彼の合理主義批判・科学批判がある）、現象学や解釈学という意識内在的な手法に持っていくためである。

（一二）ハイデガーの人間論　このすりかえに目をつぶれば、解釈学そのものは有害とか無効とかいうわけではない。そこでこの手法での彼の人間論（「現存在」の分析）をみると、最大の力点はその有限性（「現存在」とは「死への存在」である）におかれている。この点はキリスト教的である。この場合の「人間」というのは実は個人、それも社会から切り離された個人であることに留意する必要がある。この点は実存主義的であり、ハイデガーの人間概念はフォイエルバッハのそれよりも一面的である。第二の力点は感情面の重視である。感情の重視自体ならむしろ評価できようが、それを理性と対立させるところに反合理主義があり、この点でもフォイエルバッハに劣る。第三の力点は、人間が日常的には非主体的な「世人」(das Man、中性の冠詞で非人格性・物象性を示した彼の造語)というあり方に「頽落」(verfallen)しているとみる点にある。これは一面ではキルケゴールやニーチェの大衆批判を継ぐものであり、他面ではマルクスやルカーチの疎外論・物象化論につながるものがある(ゴルドマン『ルカーチとハイデガー』参照)。(三木清はこれをうまく逆用して進んだ面がある。)しかしハイデガー自身は高踏的ないしアカデミズム的で、「世人」の分析は(彼が「存在的」なおしゃべりとして貶める)社会科学的ないし道徳的な言説とは無関係だと言う。しかしこれらに、つまり客観的真理にも価値評価にも結びつかない分析こそ何の役に立つのか。(ハイデガー的「真理」(aletheia)の開けというありがたい出来事にでも役立つのか。)いずれにせよそうした「人間」が死(つまり「存在」しなくなること)を前にすると「不安」という感情を抱くと言う。(いままでの「実存論的分析」なしでも言えることだ。)そしてそれによって「頽落」から「本来の自己」に回帰できるのだと言う。(ありがた屋がよく言うことだ。)それが「先回りした決断」だと言う。私の死んだ祖母は、哲学どころかまったく無学の百姓であったが、晩年ある区画に植樹して、自分の死後に成長した孫達が切るのを楽しみにしていた。この「先回りした決断」は感情的なものであるとともに理性的なものでもある。一般庶民も、ハイデガー哲学なしで、それ以上のことをなしている。英雄的で悲劇的で孤独な「決断」でなければ「非本来的」なものなのであろうか。この本の読者が「私は決断した、しかし何を決断したのかはわからない」と言ったのは有名な挿話である。ハイデガーの「決断」の無内容性は、彼の哲学自体の無内容性(またはご都合主義)

からくるだけでなく、この「先回り」ということに「時間」の了解が含まれている、というところに話を進めたいためでもある。ところで、死から目をそらすのでなく直視するほうが、またサルトル流に言えば「人間とは人間の将来である」から、将来の死に先回りしつつこの「瞬間」を生きるのが「本来」の人間的な時間だとしてもわからなくはない。しかし人間は自分（現存在）の前にも後にも時間はあり、むしろ自分の存在は時間そのものには関係がないことも知っている。しかしこう言うとハイデガーは、それは世界のほうから現存在を解釈する誤りだと言うであろう。しかしここには、フッサールにも共通する問題点がありはしないのか。すなわち人間（意識）の側から対象を考察するということは、はじめは方法に過ぎなかったはずである。そして彼等は、意識から独立した存在者がある（自分の出生前や死後にも世界が存在する）ということが言えるかどうかを検討せずに、これを認める立場を誤りだとするのである。これは「解釈学的循環」といったものではなく、論点先取の悪しき循環論法ではなかろうか。（なおすべての認識内容が、たとえば「私の死後にも世界はある」といった認識を含めてやはり私の意識対象であるということは、同義反復的真理である。しかしある種の認識が私の意識、あるいは誰の意識からも独立して成り立つ、ということ、あるいは「と言うこと」は、少なくとも論理的矛盾でも遂行的矛盾でもない。）

（一三）ハイデガーの存在論（2）『存在と時間』は以上で中断しており、目標とする「存在の意味」に答えは出ていない。端的な「存在の意味」とは、「机の地下鉄」「心理学のアンパン」のような、二単語の不条理な連結に過ぎないが、「存在という言葉の意味」なら、それはあらゆる「在り方」を総括したもの、としか言えず、またそれで十分であろう。しかしこれにハイデガーは満足せず、彼が求めている「存在」とは「あらゆる存在者を存在者たらしめるもの」だと言う。そして「存在は了解のうちにある（es gibt）」といった言葉に示されるように、あくまでも人間（主観）の側から存在を規定しようとする。「客観的存在者」（または実在）でなく「主観的存在者」も含む「存在一般の意味」にあらかじめ問題設定してしまえば、西洋哲学史にそのやり方がみられるのは「奇妙」（ブリタニカ論文への第二草稿）でなく当然の帰結である。この「存在一般」が問題にされたのは「人間（現存在）」一般にではなく古代ギリシャ哲学においてであったということに、彼が注目するのはよい。ただしその理由を知るためには、（彼が退ける）経験的探求により、なぜニューギニア人やスキタイ人でなくギリシャ人にだったのか、卑弥呼やクサンチッペでなくプラトンやアリストテレスにだったのか、それらのどこが違うのかを問わなければならない。その答えは、一方では商業等の発展による合理的で抽象的な思考能力の発展、他方では純粋な思考活動を評価するイデオローグ層とその共鳴板たる有閑自由層の出現に求められる。勿論彼はこうした探求へは（「世界」の側から「現存在」を、「存在者」の側から「存在」を導くこととしてであろう）赴かない。

（一四）後期ハイデガーの思想　むしろこの後ハイデガーの関心は、プラトン以降の西洋哲学に（無自覚でしたがって不成功であれ）うかがえる「存在の意味」の追求を完成させることよりも、それとは違うやり方で（ソクラテス以前の思想家や何人かの詩人の言葉の独自な解釈を通じて）「存在」が「生起する」仕方を追求することに、少なくとも力点が転換していった。これはフッサールが経験科学に対して行った批判をより遡って、それと共犯関係にある、あるいはそれを生み出したという（これらは強引な主張だ）「形而上学」ないし「哲学」一般を批判するという形で進めるものと言える。これらの考え方は存在者を素材としてまた製作されたものとしてみる技術的態度によるとする。少し単純化されているが、そう言える面はある。問題はそれがなぜ悪いのかであり、それをハイデガーは説得的に示さない。電気も水道もガスもない生活のほうがよいと言うのか。伝染病がはやれば誰かを悪霊の人身御供にする風習をよしとするのか。出刃包丁で人を殺せば、悪いのは道具であってその使い方ではないと言うのか。さらにフッサールも超えて彼はヒューマニズム批判を行う。（しかし「存在」をあくまでも言葉からだけとらえる彼の人間中心主義は変わらない。）こうした合理的思考と異なる彼の思考（denken）は、イメージとそれが喚起する気分に頼った、神秘的な託宣になる。「存在忘却」「故郷喪失」といった彼の言葉は、何か現代人の疎外状況を鋭くとらえているかのような雰囲気を与えるが、その何が、またはなぜよくないのかは明瞭に規定しない。むしろこのように「明瞭に規定する」ような態度こそ、否定すべき、プラトン以来の西洋文化全体に組み込まれている「技術的な」思考法だという。教祖やこれにかぶれた信者達が、こうした大袈裟な身振りに自己陶酔しているだけなら、見捨てておこう。ただそれが私達の多くが苦しんでいる現代社会の現実的諸問題に寄与するようなものではなく（だがもともとこういう人々は多数者でなく選ばれた少数者にこそ価値を与えるのだ）、およそ誠実に「思考する」ことでもないと言おう。

（一五）ハイデガーの影響　『存在と時間』以後の三十年は、彼が評価されたのは「実存主義者」としてであった。しかし彼の「実存主義」は、その人間概念の抽象性や反合理主義によって有益なものでなかった。次の二十年に評価されたのは、「構造主義者」達によってその反ヒューマニズムと近代批判が買われた。三島憲一氏は彼について、「ナチスへの、哲学的に思い入れた生きのいい、美辞麗句に酔ったすり寄り、ナチスの暴走によって現実を思いしらされてからの逃避もしくは離脱、それにともなう抽象的な現代批判、技術批判へのすりかえ、戦後の静観的瞑想的な態度への隠棲、こうした知的サバイバルの戦略としかいいようのない方途」を、戦後ドイツの知的歴史一般の問題性として批判的にとりあげている（『戦後ドイツ』岩波新書、一九九一年、七二頁以下）。さらにその後は、「ポスト構造主義者」達によって、彼の「西洋形而上学の解体（「脱構築」）」が、言葉を発言者の意図や内的外的な文脈からはずして言葉そのものが語る「テキスト」として、恣意的で遊戯的な解釈を展開する手本とされている。彼を二十世紀最大の思想家と持ちあげる専門家も少なくないが、はたして将来そのこと自体が二十世紀の迷妄の一つになることはないであろうか。

文献

（1）『世界の名著62 ブレンターノ、フッサール（厳密な学としての哲学／デカルト的省察／ヨーロッパの学問の危機と先験的現象学（抄訳））』中央公論社、一九八〇年
（2）フッセル『純粋現象学及現象学的哲学考案』（上・下）池上鎌三訳、岩波文庫、一九三九年、一九四一年
（3）ハイデガー『存在と時間』（全三冊）桑木務訳、岩波文庫、一九六〇年
（4）『ハイデッガー選集23 ヒューマニズムについて』佐々木一義訳、理想社、一九七四年

（5）『ハイデッガー選集18 技術論』小島威彦・アルムブルスター訳、理想社、一九六五年
（6）『30年代の危機と哲学』〔フッサール「ヨーロッパ的人間性の危機と哲学」、ハイデガー「ドイツ的大学の自己主張」「なぜわれらは田舎に留まるか?」、ホルクハイマー「社会の危機と科学の危機」〕清水多吉・菅谷規矩雄・他訳、イザラ書房、一九七六年
（7）木田元『現象学』岩波新書、一九七〇年
（8）スタイナー『ハイデガー』生松敬三訳、岩波書店、一九八〇年
（9）木田元『ハイデガー』岩波書店、一九八三年
（10）同『ハイデガーの思想』岩波新書、一九九三年

23　二十世紀の哲学思想（その一）

（一）序説　科学時代の哲学　かつて「哲学」は語源の「知恵への愛」が示すように、知的な営みのかなり広い部分を占めていた。今日日本語で「科学」「学問」と言われるものも、少なくとも十八世紀までは「哲学」の一部と思われていた。古典力学を確立したニュートンの著作名には「自然哲学」の語があり、経済学の祖アダム・スミスは「道徳哲学」の教授であった。十七世紀末に物理学の根幹部分がつくられ、十八世紀末には「質量保存の法則」などによって化学も独立の「科学」になってきた。このような状況のなかで、十九世紀になるとこれらは哲学の一部というより別の知的体系としての「科学」であるという意識が現れた。**scientist**（科学者）という英語がつくられたのは一八三四年である。同時代のフランス人**コント**（Auguste Comte, 1798–1857）は、「三段階の法則」として、人間の知的活動が、神話的段階から科学的段階に進歩する過渡期のものとして哲学（形而上学）を位置付けた。そして自らの思想を**実証主義**（positivisme）と名付けた。

十九世紀後半になると、植物および動物の細胞説が出て、生物学も博物学から独立し、またエネルギーの保存則や転換則によって、生命現象を含む自然現象全体を実証科学の方法によって統一的に理解する展望が開けてきた。そのなかでドイツには**俗流物質論**者達（ビュヒナー、フォークトなど）が現れたが、彼等は非科学的・思弁的な哲学つまり形而上学を嫌うあまり、あるいは物理現象に、あるいは生理現象に、生命現象はもとより精神現象も性急に還元した。イギリスの生物学者ダーウィンの『種の起原』（1859）によって進化論は科学上の真理として認められるようになった。しかし進化論そのものとは別にスペンサーをはじめ各種の社会進化論が現れ、ヘッケルは「一元論」の名で、社会ダーウィニズムを含む思想の普及運動を進めた。これらは自然の諸階層間の連続面だけをみて断絶面をみない一面的把握である。ただし二十一世紀の今日、脳科学や人工知能の発達によって、このような自然主義の現代版も現れており、多くの哲学者を悩ませている。

新カント派はこのような動きに強く反対する。とはいえ形而上学には帰れないので、カントの批判哲学にならい、科学の「基礎づけ」というところに哲学の主要な課題をみる。しかし、科学者自身は科学に（哲学的な）「基礎づけ」が必要とは思わず、実際その後も科学はそのようなものなしに（そう言いたければよかれあしかれ）発達していったので、この問題設定に魅力が感じられなくなった。むしろ次世代の（フッサールやハイデガーの）勇ましい科学「批判」のほうが関心を集めることになった。ただし彼等の多くに関係し、当時の政治の「修正主義」問題ともつながりがあった、倫理と社会主義の論議などは、なお見直される面もあるかもしれない。今日の時点で、最も読まれているのは、単なる「新カント派」を超えた独自の観点と広さを示したカッシーラーであろう。

この時期、科学に関する哲学的論議で重要な意味を持ったのは、**数学基礎論**の誕生である。しばしば哲学を含む諸学の範型とみなされた数学も、その根底を問い直されるようになってきた。非ユークリッド幾何学が生まれ、これは二十世紀になると相対性理論とも結びついて、単に形式的に可能な理論というだけにとどまらない意味を持つようになり、ここから幾何学の性格への反省も促された。また集合論が生まれ、この中でいわゆる「ラッセルの逆説」は論理学に対しても衝撃を与えた。ラッセルは論理主義の立場から解決をめざし、他にヒルベルトの形式主義、ブラウアーの直観主義など、「数学の基礎」が論じられた。ゲーデルが数学体系が無矛盾であることの証明不可能性を示したことは、現在もいろいろな論議を呼んでいる。

(二) 実用主義　西洋としてのアメリカはコロンブスの渡航によって一四九二年に始まり、アメリカ合州国（以下単に「アメリカ」と言うときにはこの国をさすことにする）は十八世紀末に独立した。しかし長い間哲学は振るわなかった。北米のイギリス植民地などは知的に優秀な人々も早くから移住しており、かの「独立宣言」や合州国憲法を含む建国前後の思想運動には欧州啓蒙思想の影響などがうかがわれるが、認識論や存在論など、いわば純哲学的な関心は薄かった。富と暇を合わせ持つ者が少なかったこともあろうが、開拓期や建国期には人々は直接に実用的な事柄に関心を向けたからとも言えよう。支配的な宗教も、理論的な教義よりも、世俗的「成功」に役立つ「倫理」の支えに向かう傾向が強かったことは、マックス・ヴェーバーの研究からもうかがわれる（『プロテスタンティズムの倫理と資本主義の「精神」』におけるフランクリンの考察など）。これはアメリカ人の「非哲学的」な国民性をつくったようである。建国百年を過ぎて現れた「**実用主義**」（pragmatism）がアメリカ生まれの、またアメリカ的とも言われる哲学であるが、ある意味ではこれは「非哲学」の思想とも言えなくない。なぜならこれはまさにアメリカ的とされる「結果オーライ」の態度を思想化したようなものだからである。ヨーロッパ大陸的な伝統からはそんなものは哲学でないとも言われかねないが（ただしイギリス功利主義はこれに近い。実用性重視はアングロサクソン的性格と言えるかもしれない）、それもまた「人生と世界に関する根本的考察」として表現される限り、一つの哲学として扱い得る。実用主義の名付け親は**パース**であり、彼は記号論の提唱者としても今日再評価されている。

しかしそれを広く紹介し、またその基本理論を構築したのは**ジェームズ**（William James, 1842-1910）である。心理学者としても名を上げた彼は、講演集『実用主義』（1907、文献（3））を出版して哲学者としても名乗り出た。彼は真理とは有用性であるとする。真理は有用である、少なくとも有用であり得る、というのはふつうの考えである。ジェームズが敢て定義を変更するのは、「無用」な思考（つまり形而上学）を退けたいからである。

デューイ（John Dewey, 1859-1952）はジェームズの実用主義をすべての概念は道具であるとする道具主義として展開した。この立場から教育の改革に積極的に取り組んだ。

定義は真偽の問題でないので、自己矛盾でない限り「反駁」はできない。よって実用主義への批判としては、そのような「定義」の採用で生じる帰結の不都合を指摘することになる。ジェームズ自身の例で言えば、「神は実在するか」という問題は、然りと答えて役立つ人には肯定が、否と考えて有用な人には否定が「真理」ということになる。もっと言えば、同じ人にとっても、信じて有用なときには神の実在が、信じないことが役立つときにはその否定が「真理」だということになる。確かに、信念そのものによって（その真偽によってでなく）元気が出たり失望したり、またその結果として「成功」ないし「失敗」したりすることはある。偽薬（プラシーボ）効果と言われるものである。しかし、効果がよければいいというのが前向きで建設的で、その真偽を問うことは無意味で無駄だ、となるのであろうか。これは宗教に対してに限らず、科学一般の根本の否定である。知性は遠回りできる能力である。鶏は餌の前に柵をおかれると突進してじたばたするだけである。遠回りできる犬も、柵で囲まれるとお手上げになる。猿は見えるところに棒があれば、それを柵の隙間に入れて餌を取れるが、そのような事態に備えて棒のような道具をつくっておくことまではしない。科学は、多くの人にとっては、技術の手段かもしれないが、ひとまず「有用性」を離れることでかえって対象をよりよく利用できるようにもさせる「否定的媒介」である。また利害関心を次第に離れて客観そのものに無限に近づいていく営みであるという点で「脱中心化」の過程とも言えよう。実用主義もベルクソン（次節）もハイデガーも（意図や帰結は違うが）、「科学」をあまりにも「技術」と一体視している。ラッセルが実用主義をアメリカ的な拝金教と罵った（ジェームズ自身、真理を「現金価値」にたとえている）のは、単に欧州人的偏見とは言えない。けれども、ジェームズやデューイに即して言えば、二十世紀初期の、アメリカの健全性や進歩性の表れという面もみなければ公正ではないであろう。これは彼等の純哲学よりも、政治論や教育論によりよく示されている。彼等の実用主義に影響を受けてわが国で活躍した者、たとえば大正デモクラシー期の田中王堂や、戦後市民運動に大きくかかわった鶴見俊輔などにもこのことは表れている。

(三)ベルクソン　ベルクソン(Henri Bergson, 1859–1941)はユダヤ系のフランスの哲学者である。「**生の哲学**」(Lebensphilosophie)を代表する一人である。ドイツのニーチェ(第21章)、ジンメル(社会学者としてより重要)、ディルタイ(現代「解釈学」の創始者として重要)などもほぼ同時代にあってこの思潮に属する。これは、「理性」や理性的なものとしての「精神」でなく、「生」(Leben)を中心とする立場である。これは生物学的(特に進化論的)な「生命」であるとともに、非理性的な面も含む人間の現実「生活」でもある。ベルクソンの最初の著作『意識の直接与件に関する試論』(1889)では、まだ「意識」が中心的主題である。時間の本質を純粋な「持続」として、時間を意識の側から考えるのは、アウグスティヌスやカントの流れに沿うもののようにみえる。しかしその「流れる時間」を、空間化されて理解される「流れた時間」と強く区別することで、カントにもある科学的(物理的)時間との連続性を彼は断ち切り、またそこにこそ自由があるとした。「科学」とは別の領域を設けることでなおも「哲学」固有の領域を認めようとする点では、既に世紀末以降の「現代哲学」の特徴を備えている。『物質と記憶』(1896)では心身問題に取り組み、科学の成果を学びつつも、脳の面からだけでは、つまり科学的手法では十分にとらえられない精神作用を追求した。『創造的進化』(1907)では、機械論と目的論をともに否定して、「生の飛躍」(élan vital)を唱えた。『道徳と宗教の二源泉』(1932)では、「閉じた社会」と対照的な「開いた社会」においてはこの「生の飛躍」が道徳と合致すると考えた。対象を「内側から理解する」というベルクソンの「哲学的直観」の説は、神秘主義的な面もあり全面的には納得しにくい。相対性理論への態度なども含めて、彼が「哲学」を科学と過度に切断する傾向はあるが、それでもニーチェや実用主義などと比べれば「科学」をより偏らずに位置付けてはいる。また彼の「生の哲学」は形而上学一辺倒でないわかりやすさや説得性もある。たとえば「笑い」の本質を、人間が「生きした」姿を失って機械的にふるまう（バナナの皮で転ぶのから、権威主義的な「しゃちこばった」態度まで）のを見るときに生じ、それへの批判として教育的作用を持つといった指摘（『笑い』）などは、笑い論の一つ（他の笑い論としてホッブズ、ハチソン、カント、フロイトなどのものがある）として興味深いものがある。

（四）分析哲学など　一九二〇年代後半、ウィーンを中心とする新たな哲学運動が起こった。「**論理実証主義**」とも言われ、後には「**分析哲学**」とも称される。思想はすべて命題で表されるとし、命題間の関係の分析を重視する面では、論理主義である。ここでは記号論理学を用いる。命題は要素命題と複合命題に分けられ、後者は記号論理学的演算により前者に還元可能である。要素命題は直接検証にかけられるものであり、これが根底とされることに実証主義がある。コントの「実証主義」とは意図が異なる。直接にも間接にも検証できない言明は「偽命題」であり、検討すること自体を拒否する。

ここに問題が二つある。一つは、彼等の言う「検証」が無媒介の感覚的所与への還元に過ぎないことである。真理とはふつうは観念内容の実在世界との対応を言うのだが、彼等は客観的認識については語らない。それを言うのは「形而上学」だとして退ける。「オッカムのカミソリ」やマッハの「思考経済」のような方法だけにとどまるのをよしとする。一見「科学的」な哲学にみえるが、この意味で現象学と同じで、哲学上の「実証主義」は、実証科学と結びついている哲学的実在論とは異なる。もう一つは、哲学が言語分析に還元されることである。諸科学の統一性の探求は（科学時代の哲学の課題として）有意義であるが、それを彼等は、世界そのものの統一性においてでなく、言語的統一によって見いだそうとした。また彼等によれば、いままでの哲学的言説のほとんどは真でも偽でもない「無意味」なものとして捨てられる。そのようにして実際に行われた、たとえば同派のカルナップによるハイデガー『存在と時間』の言説がいかに「無意味」であるかの「分析」（論文「言語の論理的分析による形而上学の克服」）などは、確かに痛快さを覚えさせる。しかしそのような処置がハイデガーを「解決」したことになるのか。論理的実証的には無意味であるようなハイデガーの言説が、少なくとも若干の人々には重要と思えるのはなぜか、むしろそこにこそ哲学の問題があるのではないか。そのことはまた別の（たとえば心理学や社会学などの）問題だと言うのかもしれない。言語の分析は哲学にとってはじめから重要な側面であった。しかし経験諸科学（やその根底にある日常的経験）から切断された言語分析のみの「哲学」は、あまり実りがなくつまらない。

ラッセル（Bertrand A. W. Rusell, 1872–1970）はイギリスの哲学者である。ホワイトヘッドとの共著『プリンキピア・マテマティカ』（1910–13）は論理主義の立場からの数学基礎論の構築である。第一次大戦に反対して有罪となり、第二次大戦後もアメリカのヴェトナム侵略戦争に抗議する運動にも大きく働いた。ソ連の体制にも批判的で相対的には「西側」陣営に身をおきながらも、核戦争の防止が何より（ヤスパースと異なりつまり体制選択にもまして）優先されるべきとするなど、平和主義の思想と行動を貫いた。

ウィトゲンシュタイン（Ludwig J. J. Wittgenstein, 1889–1951）はユダヤ系オーストリア人の哲学者である。渡英してラッセルに学んで著した『論理哲学論考』（1921）は直接には分析哲学に、広くは現代哲学一般に大きな影響を与えた。戦後は「言語ゲーム」という別の観点から哲学を再検討し、哲学の「言語論的転換」と呼ばれる事態の一つの中心となった。

(五)フランクフルト学派　一九二三年、ドイツのフランクフルト大学の付属機関として「社会研究所」が設立された。初期の構成員であった、ホルクハイマー、アドルノ、ベンヤミンなどは、あるいは共同で、あるいは協力しつつ「批判的理論」の構築を進めた。「**フランクフルト学派**」と呼ばれるようになった彼等の多くはユダヤ系であったので、ナチスの迫害を受け、一時はアメリカに研究所を移した。ただしベンヤミンは亡命に失敗して自殺し、フロムとマルクーゼは大戦後も帰国しなかった。フランクフルト学派の理論的な源としては三つ挙げられる。第一は、フロイトの深層心理学である。学派の初期の構成員や協力者には、フロム、マルクーゼなど、広義のフロイト派に属する者の存在が重要であり、ホルクハイマーやアドルノもその思考法や手法を取り入れている。第二はマックス・ヴェーバーである。特に「合理化」をめぐる彼の歴史的分析の悲観的な面は、フランクフルト学派の問題意識にそのまままつながっている。第三は、ルカーチを代表とする「西欧マルクス主義」である。マルクスの資本主義批判の態度を継ぎつつも、ソ連のスターリン体制の現実と理論に対しても批判し、ヘーゲル哲学を重視して「科学主義」に抗する。

ホルクハイマー（Max Horkheimer, 1895–1973）が提唱した「批判的理論」は、学派を主導する理念となった。この「批判的」には、実証主義への対抗がある。実証主義的に中立的と解された理論は、現存するものを固定的にとらえることでそれが現存しなくなる過程を捨象し、現実を永遠化・正当化しているとする（「実証的」の positiv は「肯定的」でもある）。「批判的」理論は現実を弁証法的に把握することでその批判に資することをめざす。

アドルノ（Theodor W. Adorno, 1903–69）は芸術家一家に生まれ、自身もはじめ音楽家をめざし現代音楽のベルクに師事したが、理論家に転じ、ホルクハイマーとの共著『啓蒙の弁証法』（1947）は学派を代表する著作となった。そこではまず「啓蒙」ないし「合理化」が、歴史上の近代というより、古代に遡って批判的に反省される。すなわち「神話がすでに啓蒙で」あり、また「啓蒙は神話に退化する」という命題を、ホメロスの物語に即して提起する。ここで問題にされているのは、客観（自然）に対する主体（人間）の支配や社会的分業が、人間性（人間的自然）を疎外するという側面である。（ここにはマックス・ヴェーバーの合理化論の摂取がみられる。）ここから同時代の反ユダヤ主義に対しても、単に非合理な神話的思想とするよりも、この合理化（生活と思考の規格化）への抑圧された怒りが、ユダヤ人という「差異への怒り」へと偽りの投影に転じているとみる。（ここにはフロイトの深層心理学の摂取がみられる。）彼等はこの著作を亡命先のアメリカで書いたのだが、そこも反ファシズムの「自由の国」とはみなさない。ハリウッドに代表される「文化産業」は、芸術を娯楽化することで、民衆を愚昧にし現状と和解させ、また広告などによっても（ナチスよりソフトなかたちではあるが）やはり「批判的」に思考したり行動したりすることを威嚇し現実「肯定」へと洗脳しているとする。(ここにはマルクス主義の資本主義批判の摂取がみられる。) 後期のアドルノは、「否定的弁証法」の論理と倫理の展開に努めつつも、芸術論では、技術的合理性と違う「ミーメーシス的合理性」に肯定の契機も探ろうとした。そこには「自然」や「物質論」に関する興味深い観点もみられるが、同じ学派でもベンヤミンの芸術論(「複製芸術論」が特に有名)と比べると、高踏的でありつづけているとは言えよう。

(六) サルトル　サルトル(Jean-Paul Sartre, 1905–1980)はフランスの哲学者、文筆家である。現象学に魅力を感じ、ドイツに留学した。初期の主要な研究課題が想像力についてであったことは、いかにも創作家らしい。帰国後、高校の教員を務めながら小説や戯曲を執筆した。第二次大戦(一九三九―四五年)により従軍し、ドイツ軍の捕虜となった。またフランスが敗北してドイツの支配下にあったときは、抵抗運動(レジスタンス)に加わった。このような体験から、彼の思想の根本理念である「自由」は、芸術的な面と社会的な面を含んでいる。『吐き気』(1938)は彼の思想小説である。主人公はたとえばとちのきの根を見て、その「存在」の無意味さに吐き気を覚える。人間が与える「意味」なしの生の自然あるいは「存在」そのものに「不安」や「醜さ」を覚えるのは西洋的な心性であろう。東洋人からすれば、「意識」こそ余計なもので自然より人間のほうがよほど醜いとも感じるのだが。無論西洋人といえどもこのような気持ちはふつうは持たない。よって外から「説明」するなら、これは自分の存在の無意味さの意識(つまり虚無主義)にさいなまれた現代の文化人が、その気分を外的世界に投影しているのである。またこの小説には小市民的道徳への反感があちこちで漏らされている。ボードレール的な、自らを特権的とみなす芸術家の（裏から言えば根無し草の）観点が感じられ、平凡な日常生活の中で泣き笑いし、小市民的安定にむしろ憧れる庶民の側からは共感できない。現象学という手法、つまり「意識」の優位、そして西洋的で文化人的な「人間主義」が、彼の哲学上の主著『存在と無』（1943）の基盤にある。意識を意味する「対自存在」（l'être-pour-soi）でないもの（つまりふつうの言葉では「自然」か？）を意味する「即自存在」（l'être-en-soi）とは、「それであるところのもの」と規定される。意識は「それであるところのものでなく、それでないところのものである」とされる。サルトルからすれば、「小市民」は自分は公務員「である」とか夫「である」という形で自らを即自存在化しているということであろう。官僚主義や人間疎外への批判としてはわからなくはない。しかし親切な売り子「である」ことや貞節な妻「である」ことに努める「くそまじめな精神」は自己欺瞞とまで決めつける必要があるのだろうか。サルトルの二元論を人間存在論としてみると、要は、「～でない」→「否定」→「無」が意識からくるということである。ハイデガーでは「無」は「不安」という特別の気分によって現れてくるが、サルトルでは意識の作用そのものに「無」の由来をみる。ここには、自然そのものには「否定性」はない、言い換えれば自然に「秩序」（強く限定すれば「意味」）を与えるのは人間であるという、（存在論的には）観念論または（比較思想的には）西洋的人間中心主義がある。ともあれ彼は人間の絶対的自由という思想から、「実存は本質に先立つ」を「**実存主義**」の定義とし、自らの立場と宣言する。これはキリスト教と物質論の両方に距離をおくもので、したがってその両方からその主観主義や個人主義を非難された。これに対し彼は、無神論自体が問題でなく神を信じるにしても人間の決断が先行するとし、また人間は自分個人の決断を通じて人類全体に関わっているとし、自由は自己拘束かつ社会参加の「投企」(engagement)であるとした。むしろそれを神や宿命や本能や社会のせいにするのが自らの「即自存在」化であり「自己欺瞞」であるという。同じ「無神論的実存主義」と規定するニーチェとも違い、超人をめざすのでなくあくまでもそのような人間的自由の立場から「実存主義はヒューマニズムである」と唱えて社会批評や社会運動を活発に行い、後期は『弁証法的理性批判』(1960)でマルクス主義との総合も試みた。

ボーヴォワールは同様の思想から、サルトルとの、法律によらない自由な結合としての男女関係にあって、作家、評論家として活躍した。『第二の性』では、女性を抑圧してきた社会と思想を批判的に検討し、女性も自由な主体の位置に解放しようと促した。

メルロ=ポンティも現象学から出発したが、フッサールのむしろ後期の思索に定位し、科学的知見もより取り入れ、サルトルの二元論的思想に対しより一元論的な現象学をめざした。

文献

(1)『世界の名著36 コント、スペンサー』中央公論社、一九七〇年
(2)ルザービン『数学論』山崎三郎・柴岡泰光訳、岩波書店、一九七七年
(3)W・ジェイムズ『プラグマティズム』桝田啓三郎訳、岩波文庫、一九五七年
(4)『世界の名著64 ベルクソン』中央公論社、一九七九年
(5)ベルクソン『笑い』林達夫訳、岩波文庫、一九七六年

（6）『世界の名著70　ラッセル、ウィトゲンシュタイン、ホワイトヘッド』中央公論社、一九八〇年
（7）ホルクハイマー『哲学の社会的機能』久野収訳、晶文社、一九七四年
（8）ホルクハイマー／アドルノ『啓蒙の弁証法』徳永恂訳、岩波書店、一九九〇年
（9）松浪信三郎『実存主義』岩波新書、一九六二年
（10）サルトル『実存主義とは何か』伊吹武彦訳、人文書院、一九六九年

24 二十世紀の哲学思想（その二）

（一）大戦前後の社会と哲学

ヤスパース（Karl Jaspers, 1883-1969）はドイツの哲学者である。主著『哲学』（1932）は三巻からなり、第一巻は「世界定位」、第二巻は「実存開明」、第三巻は「形而上学」と題されて、およそ次のことが説かれている。普遍的な理念や客観的な法則を強調する旧来の哲学によっては、現存在（Dasein、人間の現実的存在）を含む世界の全体的認識は不可能である。非対象的な「実存」が示されるのは、死、苦悩、争い、負い目のような「限界状況」によってである。ここに一種の飛躍によって、「包越者」が開示され、その暗号を解読することによって哲学的信仰が得られる。このとき、諸々の実存は孤独、単一でありながら連帯が開け、包越者の諸様態の紐帯として「実存理性」がある、云々。キルケゴールやニーチェの思想を取り入れ、かなりの点でハイデガーの『存在と時間』を先取りしていることがわかり、実存哲学の一つとされる。ここでまず問題になるのは、やはり「科学」の限界を指摘することで独自の領域としての「哲学」を位置付けようとする意図である。彼は（フッサールやハイデガーと違って）科学を誤った、また近代に禍をもたらしているような知的営みとして否定はしない。（ベルクソン同様に、またはじめは精神医学を専門としただけにさらに）科学を独自の存在意義を持つものとして肯定する。しかし哲学は、ふつうの人間理性の健全な働きとしてとらえるのではない。第一にある種の「学」とし、諸科学よりも「高い」ないし「深い」価値を持つありがたいものとしたいようである。そして第二に、その「哲学」は「暗号解読」という宗教的秘儀めいたものと結びつく（諸既成宗教とははっきり区別するが）。

東西「冷戦」の戦後、彼は「自由」の名において、核戦争の決断もあり得ることとして、反核の思想や運動には否定的な立場をとった（『原爆と人類の将来』その他）。多くの思想家に、特に実存主義にみられる、過度の一般化（裏から言えば「経験的」考察の軽視）による性悪説が彼にもみられる。「限界状況」ということで、彼はたとえば争い一般を「人間」に不可避なものとする。だが夫婦げんかも戦争も争いであるが、これを限界状況とくくることにどんな効能があろうか。ほとんど争わない夫婦もいばかりの夫婦もあるが、その違いの理由こそ、私達が知りたいことではなかろうか。江戸時代の日本は二百五十年平和であったが、それを倒した政権は戊辰以来十年ごとに戦争を行った。この違いの原因こそ、探究されるべき問題ではないのか。超越論的哲学者にとっては、二百五十年も十年も五十歩百歩と言うかもしれない。譲歩した反論としても、そうではない。二百五十年可能なら二千五百年も可能ではあろう。そしてこれは生身の人間にとっては、戦争がないということと同じである。生身の人間にとってつまり「実存的」によりも「実存論的」にのほうが重要だというなら、まさに哲学の疎外であろう。愛しながらさえ「争い」が不可避なのは、「人間」にとってというより「男」にとってのことではないかと、フェミニズムなら言うかもしれない。(より厳密に言えば、「人間性」を「男性性」と同一視しているとの嫌疑がかけられ得よう。)

アーレント(Hannah Arendt, 1906-75)はユダヤ系ドイツ人の女性哲学者である。ヤスパース、ハイデガーに師事し、ナチス政権成立によりアメリカに亡命した。ナチスのユダヤ人絶滅政策の実行犯として被告になったアイヒマンの裁判を傍聴し、彼が極悪な確信犯としてでなく小心翼々たる能吏として自己弁護したことに、むしろ深刻な問題をみてとった(文献(2))。彼女はこれを「悪の凡庸さ」と言ったが、官僚主義や管理社会の中で思考放棄することに、現代の「全体主義」の深い根を指摘した。彼女は人間の行為を、生物学的必要を満たす「労働」、消費を超えた物的財貨を生み出す「仕事」、言葉を通じて他者と関わる「活動」の三種に分け、後のものをより高く価値づけた。経済重視の近代に対してむしろ古代に範を求めるが、他方で人々の複数性や多元性をよしとする。革命も貧困の解決としてでなく新しいものを「始める」行為として評価する。「同情」はむしろ強く否定し感情の主体としての「私達」を認めず、自らの卓越性を求めるギリシャ的争い(アゴーン)をよしとする。師のヤスパースと同様、個人主義的な自由主義が基本であり、大衆民主主義には警戒や反感のほうが強いように思われる。

ポパー(Karl R. Popper, 1902-94)はオーストリア生まれの哲学者である。科学的知識の条件として、「反証可能性」を提唱した(『探求の論理』(1934))。「検証された」知識もそれだけでは蓋然的であるとする彼の「批判的合理主義」は懐疑主義の一歩手前である。その狙いは肯定的な科学理論というよりもこの基準による疑似科学否定にある。形而上学否定という点では他の「現代思想」と重なるが、科学や合理主義も「形而上学」だというわば急進的な態度でなく、科学も合理主義も認め、技術もそれなりに使っていこうというわば穏健な態度である。この「穏健さ」はマルクス主義に対する激しい攻撃と一体であり、「プラトン以降の」形而上学として彼が主な標的とするのは「開かれた社会」の敵とされ、社会科学における「歴史法則主義」も彼によれば占星術とそう変わらない似非科学となる。救済史的な歴史観や社会全体の設計思想を抑圧的とみなすものであり、部分的な改良の積み重ねをよしとする保守主義に与する。この意味で新自由主義とも重なり、その教祖とされるハイエクらによって創設されたモンテルラン協会の第一回参加者の一人である（新自由主義については拙稿「新自由主義批判の基礎視座について」『国際地域学研究』第一三号、二〇一〇年、参照）。社会民主主義の初志よりもさらに「現実的」になって政権入りした西独社会民主党（ＳＰＤ）は、一九七二年、シュミット首相の指示によってポパーの「漸進的社会工学」を採用し、同党の公認哲学的位置に付けた。同国は同年から、思想・信条を理由に公職への採用拒否・追放を行う就業禁止令が行われた。ボン基本法の「違憲政党条項」（これにより共産党は禁止され、約四百の団体が解散させられた）を継ぐもので、「過激派条例」と称されたが、以後十六年間で一万件を超える適用があり、テロリスト対策に名を借りた反体制派の抑圧である。このことは、ようやく一九八七年に導入時の首相ブラントが、民主主義に打撃を与え寛容の精神を傷つけたと、その社民党の機関誌で自ら認めて反省した。この時期、ドイツ社民党と友好関係にあった日本の民社党も、「左右の全体主義に反対」を看板にし、同党支持が強制されていた労組では、第一組合員への暴力を含む差別やいじめが問題になった。この労組の学校では、教科書にヤスパースやポパーが大きくとりあげられていた。旧ソ連やその傘下の「東側」諸国が、「社会主義」を看板にしながら、マルクスの思想に反する強権的体制になっていったが、マッカーシズム以降のアメリカを含め多くの「西側」諸国でも、「自由世界」が多くの偽りを含む看板であり、体制の広告役を務めてしまった哲学者が（東同様西にも）いた。

（二）**構造主義**　構造主義哲学の前提には、「構造主義的」な人文諸学がある。**フロイト**の**深層心理学**は、心を「意識的な自我」「無意識のイド」および「超自我」の構造を持つものとした。また根底の「イド（またはエス）」は非理性的で意志によらない力に動かされる領域であり、人間の本質を「理性」とする理論を脅かした。**ソシュール**（Ferdinand de Saussure, 1857–1913）は言語を理性的・意志的でない体系としてとらえたが、これが「**構造主義言語学**」とされる。この際彼は、音声や文字（能記）と意味（所記）との関係も、この両者からなる記号とそれが指示する対象（意識外の世界、外的現実）との関係も「恣意的」であるとした。前者に関しては、既成言語の基本はそうであろうが、擬音・擬態語や漢字などを考えると、もとは自然的基礎があるのではないかと思いたくなる。後者に関しては、単語の意味内容が外国語と同一でないことなどが例証とされるが、翻訳可能、つまり共役関係があることや、諸言語による違いは、それぞれの民族の風土や生活様式で説明される面があることなどを考えると、「恣意的」というのは言いすぎと感じられる。ソシュールが、自分は「共時的」面を扱い、つまり歴史的変化は方法的に捨象している、同様に言語を方法的に言語外のものとの関係を捨象してその体系内の関係性を研究している、と言うのなら、方法論として認められないことはない。しかしそれは科学におけるまさに主体の側からの方法的限定として、対象そのものの全体像でないことが留意されなければならない。ソシュールはおそらく、そして彼を援用する構造主義者ははっきりと、けれども外的現実そのものに「分節」はないと考える。これは新カント派やサルトルらにも共通する観念論である（文献(7)一一三頁参照）。外界への引照を禁じるのであるから、ある言葉の意味は他の言葉の意味との違いによってだけ示され、こうして「言葉のなかには差異しかない」と主張される。そしてこの差異の自然的・社会的基礎も捨象されて恣意的な構築とされることで、主観主義や相対主義につながっていくのである。

ピアジェ（Jean Piaget, 1896–1980）はスイスの心理学者である。人間精神の発達が、たとえば知識の増大といった単に量的なものでなく、各段階固有の「構造」の移行であるとして、発達心理学の祖とされる。この移行は生物が環境に対して同化と調整を通じた均衡の高次化という弁証法的過程であり、「脱中心化」という方向性を持つ。「発達段階」「発達課題」といった概念がこれ以降重要になったように、ピアジェは構造主義者の中でも歴史（通時）的観点も重視する理論家である。またそもそも彼は知能を行為の内化としてとらえており、生物主体とその環境との相互関係によってそれ自体発達するものととらえる。この見地は半ば思弁的なかたちでヘーゲルによって得られたもので、マルクスの歴史的物質論はそれを人間社会においていわば系統発生的に展開したものであった。ピアジェの認識論は、これを生物一般に広げ、主にいわば個体発生の次元で裏付けた。

レヴィ＝ストロース（Claude Lévi-Strauss, 1908–2009）はフランスの人類学者である。パリ大学で哲学を学んだがブラジルに行って未開社会のフィールドワークを行い、『親族の基本構造』（1949）で「構造主義人類学」の祖とされる。彼によれば親族呼称はソシュールにおける言語と同様な差異の体系からなる「構造」である。神話なども同様であり、彼はそうした「未開の思考」が、（それまでの人類学で想定されていたような）呪術的で非合理な、近代人に「劣った」ものと決めつけるのでなく、「器用仕事」（ブリコラージュ）のなかにむしろ近代の科学技術を反省させる契機があると評価した。

アルチュセール（Louis Althusser, 1918–90）はフランスの哲学者である。「構造主義的マルクス主義」を標榜した。マルクスの思想を初期と後期の間に発展でなく「認識論的切断」があるとした。「人間性」や「疎外」を語る初期のものでなく、資本主義社会（重層的決定による構造）の科学的理論を確立した『資本論』のマルクスを有効なものとし、「理論的反ヒューマニズム」を唱えた。

クーン（Thomas S. Kuhn, 1922–96）はアメリカの科学史家である。科学史を発展や進歩ととらえることを否定した。彼によれば科学は客観的真理でなく、それぞれの時代に科学者が共同主観的に認める枠組みがある。これを彼は「パラダイム」と呼んだが、これは構造主義者の「構造」にあたる。この内部での知識の増大や問題の解決は「通常科学」と呼び、パラダイム自体の転換を「科学革命」と呼ぶ。後者は一回的な歴史的出来事としてのそれ（第10章）でなく（それも含む）何回も起こることであり、またそれはより客観的な知識への接近とかより深い階層からの自然の認識といった方向性を持つものでなく、スポーツやゲームのルールの変更（あるいはむしろ新しいルールを持ったものとしての新しいスポーツやゲームの創設）にたとえられるものである。すなわち彼は、単に主観的な信念や価値観とは異なる「科学」の特有性とその価値を擁護するが、そこにおいても相対主義をうちだす。

フーコー（Michel Foucault, 1926-84）はフランスの哲学者である。「進歩」を認めない相対主義的で非連続的歴史観に立つ。ニーチェの手法を継ぎ、各時代の思想や理論を「知の系譜学」とし、その「知」は主として「言説」（ディスクール）としてとらえられ、「権力」によるもの、あるいはそれ自体が一つの「権力」として（真理や妥当性の観点からでなく）「解釈」される。『狂気の歴史』（1961）では、狂気の側から近代合理主義が批判され、『言葉と物』（1966）では、近代のエピステーメー（知の「パラダイム」）である「人間」の終焉を宣言した。『監視と処罰』（1975）では、ベンサムが監獄に提案した一望監視装置（パノプティコン）が近代の管理社会一般の雛型として批判された。このような近代化を進歩でなく否定的にとらえ、またその源をキリスト教にみて批判する（彼によれば「牧人支配体制」）点でも、彼はニーチェを継ぐ。彼によれば「主体」（sujet）化をめざすヒューマニズム（サルトルにその極限をみてとれる）は人間の「臣従」（sujet）化なのである。近代の権力の重要な側面として、人口・性・健康などに関わる「生権力」という観念を提起した。

人間的な世の中に少しでも近づけようと努めている人々に対して構造主義者は言う。人間性などはない、進歩などはない、と。

(三) ハーバーマス　ハーバーマス（Jürgen Habermas, 1929-）はドイツの哲学者である。フランクフルト学派（第23章）の第二世代と呼ばれる。第一世代同様、資本主義批判の観点を持ちながら、公式マルクス主義の「労働」ないし生産力の偏重に対して、「相互行為」の独自の意義を唱えた。『公共性の構造転換』（1962）はその観点から市民的公共性の成立を歴史的に考察し、『コミュニケーション的行為の理論』（1981）では、社会学・心理学・言語学などを広く摂取して、現代社会の批判理論に取り組んだ。第一世代が近代理性を「道具的理性」として非合理主義に傾斜したのに対して、彼は「コミュニケーション的理性」の意義づけを通じて、近代や啓蒙を「未完のプロジェクト」としてむしろ批判的に継承しようとする。そこから、伝統を重視する解釈学の現代の代表者でハイデガーに近いガダマーに対しても、合理主義の側だが反歴史主義を標榜するポパーに対しても、批判的観点が弱いと考えて論戦を張った。現象学に対しては、後期フッサールの「生活世界」概念を社会的にとらえなおして、生産力の効率化にはしる「システム」によって生活世界が「植民地化されている」ことを現代の根本問題とする。その克服の道を示唆する「コミュニケーション的理性」とは、対話の可能の条件としてアプリオリに想定される「普遍的語用論」を社会的にとらえるもので、「理想的発話状況」の考察と構築をめざすものである。ここから、倫理学においても、必然的な道徳法則を演繹する義務論でなく、かといって自然主義的な功利主義でもない、「討議倫理」（Diskursethik）を提唱する。このようなハーバーマスの思想は、戯画化すれば「話せばわかる」ということをこむずかしく言ったものともとりたくなる。この場合の問題点は、まず、話し合う気がなく暴力に訴えるような相手には無力でないかというものであろう。これに対して彼は、目の前のテロリストに彼の理論は有効でないとしても、そのような人間をつくらないために有効である（コールバーグの理論なども使って道徳意識の発達に関しても考察している）、と答えるかもしれない。しかしまた、「非理性」は理性に反対する暴力的なものだけでなく、理性を支えるものとしても必要なのではなかろうか（愛ややさしさのような）。ハーバーマスもまた、「西洋形而上学のロゴス（理性・ことば・男性）中心主義」に組み込まれている面もないと言えないであろう。この点は、ギリガンやヌスバウムなどの批評が参照されてよいと考えられる。

（四）ロールズと政治哲学　ロールズ（John B. Rawls, 1921–2002）はアメリカの哲学者である。『正義論』（1971）は大きな影響を与えた。主に政治哲学の分野で活躍し、古典主義的自由主義（リベラリズム）を受け継ぎつつ、新自由主義（ネオリベラリズム）や自由至上主義（リバータリアニズム）を批判した。この後の二者は倫理思想的には功利主義と結びついており、それが現代アメリカにおいては（ミルの場合とは違って）強者・支配者のイデオロギーに堕していることへの批判がある。このため彼はむしろカント的な人間の尊厳に結びつく自由主義と社会契約説を再評価する。ただし古典的社会契約説のように国家設立を問題にするのでなく、一般的な社会制度の公正性の原理として契約説的観点を用いる。すなわち自己の属性（人種・性別・生得的能力など）がわからないものとして（「無知のヴェール」）社会関係に入るとしたら、それらによる差別のない平等な社会を選ぶはずであるから、そのような社会が望ましいとする。基本的自由を平等に与えるこの第一原理に、第二原理として補われるのは、不平等が、誰でも得ることが許されている地位や職務によって、またそれが全員の利益になると考えられるときにだけ与えられるとするものである。

ノージックらが唱えたリバータリアニズムは、個人と私企業の自由を至上のものとする。徴税一般を強制労働と同一視するので、福祉政策を敵視し、市場経済を維持する「最小国家」をよしとする。結果の不平等一般を自己責任として切り捨て、規制緩和を求める新自由主義の哲学・倫理学版と言えよう。

コミュニタリアニズムは、サンデル、マッキンタイアー、テイラーらによるもので、一九八〇年代から、リバータリアニズムの対極として論じられるようになった。共同体重視の立場から、リバータリアニズムはもちろん、ロールズらの自由主義も、個人主義の弊害を持つとする。「負荷なき自我」は幻想であり、自我の形成や自立自体が、共同体のなかで可能だとし、その再建をめざす。

(五) ポストモダン　「ポストモダン」とは「近代の後」の意味であるが、この語が用いられるようになったのはリオタールからとされる。ふつう哲学史ではヘーゲルが近代哲学の総決算と言われ、それ以後が「現代」哲学ないし思想とされる。しかし「ポストモダン」は、これら「現代」の、実存主義、マルクス主義、分析哲学や、ある意味で構造主義までも広義の「モダン」としてくくり、それらは「終わった」という認識、またはその「後」を考えようとする態度をさしている。

レヴィナス（Emmanuel Lévinas, 1906–95）は年代からはサルトルの同時代人であるが、実存主義や次の構造主義の「ブーム」が過ぎた後注目が高まり、むしろポストモダンにつながる思想家とみられもする。フランスに帰化したユダヤ人で、故郷の親兄弟すべてがナチスの収容所で殺された。「第一哲学」は存在論でなく倫理学であるとし、その最高命題は、理性からでなく、「殺すなかれ」と命令する他者の「顔」であると、現象学の手法で説いた。カント的義務論とも、英米功利主義とも違い、自己と他者との非対称性を重視し、強くなることでなく人の「傷つきやすさ」（vulnérabilité）を重くみる。

ロラン・バルト（Roland Barthes, 1915–80）はフランスの批評家である。記号論に基づく形式主義的な文芸批評から始め（『零度のエクリチュール』（1953））、基本は構造主義的と言えよう。しかし、対象を文芸作品だけでなくモードなどすべてを「エクリチュール」とする観点、そして「作者の死」という命題（ニーチェの「神の死」、フーコーの「人間の終わり」に対応する）に示される、主体的世界なしの「体系」内差異の分析にとどまる手法、したがってその分析に真偽や善悪はないのであって、面白ければよいのだという快楽主義（『テキストの快楽』）においてポストモダンの文芸版でもある。

ドゥルーズ（Gilles Deleuze, 1925–95）はフランスの哲学者である。西洋合理主義を同一性の思考として批判し、「差異」に一面的に固執することでポストモダンの哲学的基礎をつくった。精神分析家ガタリとの共著『アンチ・オイディプス』（1972）は、構造主義的なフロイト利用を超えることをめざし、「欲望機械」としての人間を肯定し、遊牧民（ノマド）的生を価値づけようとした。

デリダ（Jacques Derrida, 1930–2004）はポスト・モダンの最も代表的な哲学者でユダヤ系のフランス人である。ハイデガーの影響を受け、それまでの「西洋形而上学」を「ロゴス中心主義」としてその「脱構築」をめざす。「西洋形而上学」では「ことば」としての「ロゴス」でもその本質は音声とされ、文字はその「代補」と位置付けられた。音声は「同一性」のゆえに起源とされたのだが、デリダによれば常に既に「差延」があるのであり、これが根源的な意味での文字言語（エクリチュール）をなすという。ここでまず言えることは、彼の哲学は同一性に反対して差異の一面に固執する思考だということである。これは「言語のなかには差異しかない」としたソシュールの思想を一般哲学化したものである。自然そのものに秩序（分節）を認めない観念論の哲学的基盤をそこに示唆したが、現代思想において「差異」が一面的に称揚されるのは社会的背景もある。いわゆる「全体主義」への批判である。ファシズムが、そしてそれぞれある観点からすればスターリニズムもアメリカニズムも、「同化」ないし「同一化」の悪を示しているということは理解でき、既にフランフルト学派がそうであったが特にユダヤ系の人々がそこに敏感になるのはさもあらんことである。しかし同一性の完全な拒否は、そもそも論理的思考を不可能にする。思考の単位である概念とは多様な対象を観念においてある観点でくくること、つまり同化によって成り立つからである。よって既に現象学では、本質の認識でさえ概念でなく「直観」によろうとする。そしてフッサールのように「近代」科学に反対し、ハイデガーのように「近代」技術に反対する。構造主義のレヴィ＝ストロースが「野生の思想」や「器用仕事」（ブリコラージュ）を称揚するのも、同じ性格を持つ。デリダのポストモダンはこの流れをつきつめたものともみられる。

ローティ（Richard M. Rorty, 1931-2007）はアメリカの哲学者である。認識を客観的実在の主観における対応とする立場（観念論であれ物質論であれ）を形而上学として退ける点で、多くの「現代思想」と共通する。はじめヘーゲルから入ったが、「必然的発展」や「弁証法的総合」でなく、それぞれの哲学が前のものに独自に「上書き」することで移行していくというかたちで摂取した。アメリカ的実用主義の立場からのポストモダン思想を展開した。公共的な正義を求める思想としてはマルクスやロールズを評価し、（社会）民主主義を支持するが、偶然性による同感（sympathy）を推進力とするもので組織的運動には赴かない。他方哲学は趣味的で私的なものとしつつ、その領域ではニーチェやハイデガーを評価する。そして二つの領域、あるいはハーバーマスとデリダとの折合わせが可能と考えた。

真理や正義を求めて考えている人々に対してポストモダン派は、クライねとくさし、イタイぜと嗤う。

文献

(1) ヤスパース『哲学入門』草薙正夫訳、新潮文庫、一九七二年
(2) アーレント『エルサレムのアイヒマン』みすず書房、二〇一七年
(3) ボーデン『ピアジェ』波多野完治訳、岩波現代選書、一九八〇年
(4) ハーバーマス『公共性の構造転換』細谷貞雄訳、未來社、一九七三年
(5) ハーバマス『近代の哲学的ディスクルス』(全二冊) 岩波書店、一九九〇年
(6) 川本隆史『ロールズ』講談社、二〇〇五年
(7) 浅田彰『構造と力』勁草書房、一九八三年
(8) イーグルトン『ポストモダニズムの幻想』森田典正訳、大月書店、一九九八年
(9) フェリー/ルノー『68年の思想』小野潮訳、法政大学出版局、一九九八年
(10) ソーカル/ブリクモン『「知」の欺瞞―ポストモダン思想における科学の濫用―』田崎晴明・大野克嗣・堀茂樹訳、岩波書店、二〇〇〇年

あとがき

近頃の大学は「哲学」が減っている。一世代前の「教養（学部・科目）」廃止に続き、文科省の人文系への冷たい方針や、大学自体がより「実用的」な方向への「改革」を行うなどで、大学の就職予備校化、専門学校化が進んでいる。これは日本国民の劣化を助長するものではなかろうか。

しかし一般国民には各地での「哲学カフェ」の流行など逆の動きもある。思想や教養なしの「実用」圧力への違和感や対抗の表れでもあろうが、これが哲学の初志であるとも言える。もともと哲学は、専門知識なしでも入門でき、権威ある「学者」から伝授されるというより、自ら考え議論していくものと言えるからである。こうした「カフェ」での「哲学者」は、議論の交通整理や論理の解きほぐしに携わる支援者である。とはいえ生身の人間の営みは常にゆがみの危険も含む。知識の優越を競ったり、単に他者を「論破」する快を求めたりするようになっては、せっかくの企ても残念な結果になってしまう。「カフェ」つまり茶飲み話であっても「哲学」とつけば、「仲間意識の確認儀式」でなく、真っ向からの反対もときにはむしろ必要である。ただその場合も、「真理追求」のような大義名分で、他の参加者をその「単なる手段」にしてはならない。この人は何を大切にしているのか、何が嫌いなのかを理解することに努め、「敬意」をもって論議することが大切で、テレビの論争「ショー」をまねるべきではない。

「現代思想」「現代哲学」は、きわめてニヒルでシニカルな傾向が強い。教えるとは「ともに希望を語ること」であるどころか、そのようなことは「もう終わった」とあざ笑ったり、それは「危険だ」と水をかけたりすることを教えているようにみえる。一面ではそれは正しい。カルト教団も「ともに希望を語る」し、雷同せずに立ち止まって自分で考えるのは、哲学の本質に属する。しかし「現代思想」が仲間うちの「知」の戯れになりがちであることが、かえって、金と力だけを「リアル」とする哲学無用論に導いてはいないのか。

難解さに魅力を感ずる「教養主義」が減ったのは健全である。しかし「サルでもわかる」ものしかうけつけないなら（そういうことはＡＩがするようになって）、人間不要論になるであろう。大きくは温暖化や核戦争による人類の危機から、身の回りではたとえば「ブラック校則」など、多くの問題がある。それらは、科学・技術の面、政治・経済の面、法律や文化の面などが結びついている。そしてＡＩで回答が出る面もあろうが、最終的には、人間自身が、その知恵・感情・意志で対処しなければならない。哲学はそれだけですべてを解決する魔法の杖ではないが、すべてはどこかで哲学につながっている。ときどきはスマホを離れて哲学しよう。

本書のもとになったのは、放送大学「人文研究友の会」の会誌『おきな草』への連載である。二〇〇一年発行の第一〇号に「フッサールとハイデガー」（本書第22章）を載せたのをはじめとして、だいたい一年に一度、順不同で続け、二十四章のうち十七章分を書いた。途中より本にすることを望む声をいただき、出版を決意した。残っていた章を急いで書き、前に出した分もだいぶ直したかったのだが、時間と能力が及ばず、あまり変わっていない。今日、私のような浅学の者がひとりで哲学史を書くなど暴挙であることは、十分承知している。出版事情の厳しい中で、お引き受けいただいた行人社の野澤幸弘社長にはこの場をかりて篤くお礼申し上げたい。本書は氏と「友の会」会員の方々のたまものであり、良書を出してきた行人社から拙著が出ることになったのは私の喜びである。手にとった方にとっても何か得るものがあるならば、これにまさることはない。

仲島陽一

二〇一八年一月

［た］

［な］

［は］

［ま］

［や］

索 引

著者略歴

（なかじま　よういち）

1959年東京都大田区出身。早稲田大学大学院文学研究科哲学専攻博士課程単位取得。学習院大学、早稲田大学等の講師を経て、現在、東洋大学、東京医科大学等で講師。
著書：『共感の思想史』（創風社、2006年）、『共感を考える』（創風社、2015年）、『ルソーの理論』（北樹出版、2011年）、『入門政治学』（東信堂、2010年）
共著：掛下栄一郎・富永厚（編）『仏蘭西の智慧と藝術』（行人社、1994年）、富永厚（編）『仏蘭西の思想と倫理』（行人社、2001年）、その他
訳書：フランソワ・プーラン・ド・ラ・バール（著）『両性平等論』（共訳、法政大学出版局、1997年）

仲島陽一

哲学史

2018年4月25日　第1刷発行

（定価はカバーに表示してあります）

発行者　野澤幸弘

発行所　株式会社行人社

〒162-0041　東京都新宿区早稲田鶴巻町539

電話　03(3208)1166　振替　00150-1-43093

ISBN978-4-905978-95-4 C1010　新日本印刷㈱